抖音

全域兴趣电商运营一本通

车寿玲　孟律臻◎编著

内 容 提 要

本书是抖音全域兴趣电商运营实战类图书，笔者结合自身运营抖音账号的大量实战经验，总结过往孵化多位抖音网红的技巧，倾力打造。本书从零开始对抖音全域兴趣电商进行全面讲解，帮助读者快速玩转抖音全域兴趣电商的运营。

全书共分为12章，分别从基础入门、平台扶持、账号运营、内容打造、橱窗管理、视频带货、直播带货、店铺运营、商城搜索、营销推广、数据分析、抖音盒子等方面入手，全方位、手把手地教读者玩转抖音全域兴趣电商运营。

本书不仅适合普通抖音运营者学习，还适合抖店和其他店铺的商家阅读——普通抖音运营者可以通过学习本书，掌握带货技巧，增加自身的带货收益；抖店和其他店铺的商家可以通过阅读本书，掌握抖店的运营技巧，利用抖音全域兴趣电商获得更多利润。此外，本书还可供高等院校相关专业作为学习教材。

图书在版编目(CIP)数据

抖音全域兴趣电商运营一本通 / 车寿玲，孟律臻编著. — 北京：北京大学出版社，2023.5

ISBN 978-7-301-33801-8

Ⅰ. ①抖… Ⅱ. ①车… ②孟… Ⅲ. ①电子商务 – 运营管理 Ⅳ. ①F713.365.1

中国国家版本馆CIP数据核字（2023）第037237号

书　　名　**抖音全域兴趣电商运营一本通**
DOU YIN QUANYU XINGQU DIANSHANG YUNYING YIBENTONG

著作责任者　车寿玲　孟律臻　编著

责任编辑　滕柏文

标准书号　ISBN 978-7-301-33801-8

出版发行　北京大学出版社

地　　址　北京市海淀区成府路205 号　100871

网　　址　http://www.pup.cn　　新浪微博：@ 北京大学出版社

电子信箱　pup7@pup.cn

电　　话　邮购部 010-62752015　发行部 010-62750672　编辑部 010-62570390

印 刷 者　北京宏伟双华印刷有限公司

经 销 者　新华书店

720毫米×1020毫米　16开本　12.75印张　265千字

2023年5月第1版　2023年5月第1次印刷

印　　数　1-4000册

定　　价　79.00元

前言

INTRODUCTION

近年来，刷短视频、观看直播成为许多人闲暇时的娱乐选择。在这一背景下，许多短视频平台获得了快速发展。随着用户的大量涌入，短视频平台的掌舵人看到了商机，渐渐地，很多短视频平台着力于发展电商，在平台上添加了许多电商功能。

抖音短视频平台就是其中的典型代表。近年来，抖音大力推动平台电商的发展，不仅给短视频和直播添加了带货功能，更提出了“兴趣电商”这一概念。

提出“兴趣电商”这一概念不久，抖音平台的电商发展便显现了巨大的潜力，截至2022年4月底，抖音平台上，年销售额过亿元的商家超过了1200个，其中包括134个新锐品牌；年交易总额超过1000万元的达人达到了1.2万名；年销售总额过亿元的商品达到了175款……抖音电商总裁表示，会在兴趣电商方面继续发力，将兴趣电商推向全域阶段。

看到全域兴趣电商中潜藏的巨大市场后，越来越多的商家入驻抖音平台，做起了兴趣电商，很多有一定粉丝量的抖音账号运营者则变身带货达人，快速入局兴趣电商，通过帮商家宣传商品获得佣金。兴趣电商的市场确实很大，但需要注意的是，抖音平台上，销售商品的商家和带货达人很多，想获得可观的收益，对相关运营技巧的掌握是必不可少的。

为了帮助大家更好地玩转抖音全域兴趣电商，笔者结合个人实战经验，推出了本书。本书共12章，通过介绍130多个干货技巧，对抖音全域兴趣电商的运营方法进行了全面解读，读者只需要读懂并运用书中的知识，便可以快速玩转抖音全域兴趣电商。

此外，本书的讲解非常详细，对于很多兴趣电商的运营技巧，展示了具体的操作步骤。所以，即便是不了解抖音兴趣电商的读者，也能快速读懂本书，并运用书中的技巧，提升自身的带货能力，实现年收入百万元、千万元的梦想。

需要特别提醒的是，虽然在编写本书时，笔者截的实际操作图片均基于各平台和软件的最新版本，但书从编写到出版需要一段时间，在这段时间里，软件界面与功能可能会有调整与变化，比如有的内容删除了，有的内容增加了。这是软件开发商做的更新，笔者无法左右，请读者在阅读时，根据书中的思路，举一反三地完成学习。

本书由车寿玲与孟律臻编著，参与编写的人员还有高彪等，在此表示感谢。

由于笔者的知识水平有限，书中难免有错误和疏漏之处，恳请广大读者不吝批评、指正。

目录
CONTENTS

第1章 基础入门：从零开始认识全域兴趣电商 ······1

1.1 快速入门：了解有关兴趣电商的基础知识 ·····1
1.1.1 了解概念：什么是兴趣电商？ ············1
1.1.2 电商发展：兴趣电商的前世今生 ········1
1.1.3 加强认知：兴趣电商的商业生态 ········4
1.1.4 价值体现：运营兴趣电商的意义 ········5
1.1.5 提高效率：入局之后要怎么做？ ········6
1.2 不断发展：兴趣电商走向全域阶段 ············· 7
1.2.1 电商升级：开启全域兴趣电商时代 ·····7
1.2.2 运营核心：发布内容，激发潜在兴趣 ·····9
1.2.3 三种场域：内容场、中心场和营销场 ·····10
1.2.4 营销理论：FACT+全域经营方法论 ···· 11

第2章 平台扶持：助推兴趣电商走向全域阶段 ······15

2.1 扶持举措：抖音官方助推兴趣电商发展 ······ 15
2.1.1 注重内容："春雨计划"··················· 15
2.1.2 履行责任："萤火计划"··················· 16
2.1.3 实现共赢："抖音电商UP计划" ········ 16
2.1.4 营造氛围："全民好书计划" ············ 17
2.1.5 恢复生产："商家复产护航计划"······· 18
2.1.6 品牌发展："抖品牌成长扶持计划" ··· 20
2.1.7 塑造名片："抖in域见好货"计划······ 20
2.1.8 公益助农："山货上头条"活动 ········· 21
2.1.9 好物推荐："美食原产地"项目 ········· 23
2.2 推动发展：抖音积极进行各种商业布局 ······24
2.2.1 抖音商城：抖音App提供商城入口 ··· 24
2.2.2 电商软件：推出抖音盒子App ·········· 26
2.2.3 沉淀用户：大力发展抖音私域电商 ··· 27
2.2.4 其他动作：进行线上线下业务布局 ··· 29

第3章 账号运营：确定全域兴趣电商的入局方向

第3章 账号运营：确定全域兴趣电商的入局方向……30

3.1 定位方法：抖音账号的5维定位法……30
3.1.1 行业定位：确定账号的所属领域……30
3.1.2 内容定位：确定账号的内容方向……31
3.1.3 商品定位：确定要销售哪些商品……32
3.1.4 用户定位：了解账号的粉丝画像……33
3.1.5 人设定位：塑造出镜人物的形象……33
3.2 信息设置：吸引目标用户的关注……34
3.2.1 创建账号：获得自己的专属抖音号……34
3.2.2 账号名字：体现自身的行业定位……35
3.2.3 账号头像：展示标志性的内容……36
3.2.4 账号简介：展示各类重要信息……38
3.2.5 账号背景：为自身的运营目的服务……39
3.2.6 其他信息：完善运营者的各项资料……40
3.3 蓝V认证：获得更多的运营权益……42
3.3.1 为何认证：申请蓝V的主要价值……42
3.3.2 认证方法：申请蓝V的具体操作……43
3.3.3 核心权益：蓝V账号的实用功能……45
3.4 把握要点：普通人运营账号的技巧……47
3.4.1 运营基础：遵守抖音平台的规则……47
3.4.2 把握时机：选择内容的发布时间……48
3.4.3 管控内容：不要随意删除短视频……49
3.4.4 避免踩雷：规避账号运营的误区……49

第4章 内容打造：快速提升账号的电商变现能力

第4章 内容打造：快速提升账号的电商变现能力……51

4.1 内容策划：优质内容是这样来的……51
4.1.1 商品为重：围绕商品策划脚本……51
4.1.2 立足话题：根据话题策划脚本……51
4.1.3 热度优先：围绕热点策划脚本……51
4.1.4 具体实施：将脚本内容细节化……52
4.2 拍摄视频：带货内容的制作技巧……54
4.2.1 选择设备：保证带货短视频的画质……54
4.2.2 镜头表达：突出带货短视频的主体和主题……55
4.2.3 拍摄技法：不同带货内容的拍摄思路……57
4.2.4 构图技巧：合理安排各种物体和元素……59
4.2.5 注意事项：拍摄带货短视频的关注点……61
4.3 注意要点：内容要符合平台的要求……63
4.3.1 主动查看：熟悉平台的相关规则……63
4.3.2 创作规范：了解内容创作的要求……65

第5章 橱窗管理：为全域兴趣电商带货提供便利

第5章 橱窗管理：为全域兴趣电商带货提供便利……67

5.1 快速认知：从零开始了解抖音商品橱窗……67
5.1.1 了解概念：什么是抖音商品橱窗？……67
5.1.2 开通原因：为何要开通抖音商品橱窗？……68
5.1.3 开通方法：获得专属的抖音商品橱窗……68

5.2 橱窗运营：在移动端管理商品橱窗 …………70
5.2.1 橱窗管理：提高用户的购买欲望 ……70
5.2.2 查看数据：了解账号的带货能力 ……76

第6章 视频带货：通过“种草”激发用户的购买欲望 ……………………83

6.1 带货选品：选得好等于赢了一半……………83
6.1.1 立足定位：根据自身优势做选品 ……83
6.1.2 注重口碑：根据评分和评价做选品 …84
6.1.3 参考榜单：根据排行情况做选品 ……86
6.1.4 借鉴经验：参照带货达人做选品 ……86
6.2 带货文案：用短视频内容赢得信任 …………90
6.2.1 树立权威：塑造自身的专业形象 ……90
6.2.2 借力顾客：展现商品的良好口碑 ……90
6.2.3 事实力证：获得更多用户的认可 ……91
6.2.4 消除疑虑：认真解答用户的疑问 ……91
6.2.5 扬长避短：重点展示商品的优势 ……92
6.2.6 缺点转化：利用不足凸显优势………92
6.3 带货技巧：提高商品对用户的吸引力 ………92
6.3.1 展示魅力：打造出镜人物的人设 ……93
6.3.2 展示细节：拍摄商品的局部设计 ……93
6.3.3 植入场景：让营销和内容完美融合 …94
6.3.4 制造反差：增加短视频的趣味性 ……95
6.3.5 展示功能：突出商品的神奇用法 ……95
6.3.6 开箱测评：展示商品的使用体验 ……95
6.3.7 实地拍摄：记录商品的生产过程 ……96

第7章 直播带货：借助互动实现用户的高效转化 ……………………98

7.1 能力培养：提高主播的带货能力……………98
7.1.1 专业能力：扎根直播的必备素养 ……98
7.1.2 语言能力：直播带货的重要武器 ……100
7.1.3 心理素质：应对好各种意外情况 ……101
7.2 开启直播：了解直播间的搭建方法 ………102
7.2.1 队伍构建：直播团队的人员角色 ……102
7.2.2 快速开播：了解开启抖音直播的方法……………………………………103
7.2.3 直播设置：掌握基本的操作方法 ……105
7.3 直播带货：提高购物车商品的销量 ………107
7.3.1 挖掘卖点：重点讲解商品的主要优势……………………………………107
7.3.2 口碑打造：借助用户树立良好的形象……………………………………108
7.3.3 同类比较：通过对比展示价格的优势……………………………………108
7.3.4 内容增值：增强用户看直播的获得感……………………………………109
7.3.5 严选主播：选用专业的抖音直播导购……………………………………110
7.3.6 提前造势：通过直播预告吸引自然流量……………………………………110

第8章 店铺运营：让进店用户忍不住想下单消费 …… 111

8.1 商品管理：提高店铺的运营效率 …… 111

8.1.1 单个商品：单独创建一个商品 …… 111

8.1.2 组合商品：同时创建多个商品 …… 114

8.1.3 运费模板：统一设置计算规则 …… 115

8.2 店铺装修：抖店的装修技巧 …… 116

8.2.1 页面版本：创建、修改、下线和删除的方法 …… 116

8.2.2 具体方法：抖店页面的装修 …… 119

8.2.3 保存生效：应用已装修的版本 …… 122

8.3 客服管理：提高消费者的回头率 …… 123

8.3.1 客服服务：为潜在消费者答疑解惑 …… 123

8.3.2 发货履约：提高订单的管理效率 …… 124

8.3.3 售后处理：提高消费者的满意度 …… 126

第9章 商城搜索：提高带货内容和商品的曝光量 …… 128

9.1 借力营销：借助商城提高曝光量 …… 128

9.1.1 主动出击：参加官方推出的活动 …… 128

9.1.2 界面内容：设计好商品详情信息 …… 129

9.1.3 承接流量：做好用户转化和留存 …… 133

9.2 搜索优化：利用关键词提高排名 …… 134

9.2.1 了解搜索：熟悉搜索界面 …… 134

9.2.2 深入研究：找到更合适的关键词 …… 137

9.2.3 做好预测：积极发挥关键词的作用 …… 139

第10章 营销推广：增加账号、内容和店铺的流量 …… 141

10.1 常用工具：利用抖店后台做好营销 …… 141

10.1.1 购买优惠：给用户提供购买优惠 …… 141

10.1.2 限时限量：适当给用户制造压力 …… 142

10.1.3 满减活动：让用户享受一些福利 …… 144

10.1.4 定时开售：通过售前预热进行造势 …… 145

10.1.5 拼团活动：引导大量潜在消费者同时下单 …… 146

10.1.6 定金预售：开售前先获得一些保障 …… 147

10.1.7 拍卖活动：有效地提高商品成交价 …… 149

10.1.8 裂变营销：提高用户分享直播的意愿 …… 151

10.2 引流技巧：掌握推广的实用方法 …… 153

10.2.1 评论引流：解答用户的疑问 …… 153

10.2.2 矩阵引流：多账号合力推广 …… 154

10.2.3 互推引流：互相借势实现共赢 …… 154

10.2.4 直播引流：获得更多人的关注 …… 154

10.2.5 分享引流：增加内容的曝光量 …… 155

第11章 数据分析：及时复盘，寻找高效的带货方案 ······ 158

11.1 账号数据：分析抖音号的带货情况 ······ 158
11.1.1 直播数据：判断直播的带货效果 ······ 159
11.1.2 视频数据：分析短视频的带货效果 ······ 161
11.1.3 带货数据：评估整体的带货效果 ······ 161
11.1.4 粉丝数据：了解账号的粉丝画像 ······ 163
11.1.5 数据监控：及时掌握带货的效果 ······ 164
11.2 店铺数据：了解抖店的运营情况 ······ 168
11.2.1 基础数据：了解店铺的大致情况 ······ 168
11.2.2 达人数据：判断哪些达人更值得合作 ······ 169
11.2.3 商品数据：查看各商品的销售情况 ······ 170
11.3 商品数据：评估单个商品的受欢迎程度 ······ 171
11.3.1 基础数据：分析商品的总体带货效果 ······ 171
11.3.2 达人数据：了解哪些达人的贡献比较大 ······ 173
11.3.3 直播数据：评估商品的直播销售情况 ······ 174
11.3.4 视频数据：评估商品的短视频销售情况 ······ 175
11.3.5 观众数据：了解商品购买者的相关信息 ······ 176

第12章 抖音盒子：增加全域兴趣电商的带货渠道 ······ 178

12.1 入门须知：快速了解抖音盒子 ······ 178
12.1.1 快速认知：什么是抖音盒子？ ······ 178
12.1.2 入驻方法：使用抖音号进行登录 ······ 179
12.1.3 了解平台：抖音盒子的界面介绍 ······ 180
12.1.4 入驻原因：为何要入驻抖音盒子？ ······ 184
12.2 流量获取：快速提高带货效果 ······ 185
12.2.1 口碑引流：将带货好评转化为流量 ······ 186
12.2.2 账号引流：通过信息编辑获得流量 ······ 186
12.2.3 红包引流：增加用户的停留时间 ······ 187
12.2.4 福袋引流：引导用户分享直播间 ······ 188
12.2.5 同步引流：借助抖音平台做营销 ······ 189
12.3 灵活变现：多种方法获得带货收益 ······ 191
12.3.1 视频“种草”：提高商品的曝光量 ······ 191
12.3.2 逛街推荐：直接展示商品信息 ······ 191
12.3.3 直播销售：获取佣金和礼物收入 ······ 192
12.3.4 内容搜索：借助关键词精准引流 ······ 192

第1章 基础入门：从零开始认识全域兴趣电商

什么是兴趣电商？可能很多人听说过，但不清楚它的具体含义。在这一章中，笔者会对兴趣电商和全域兴趣电商的基础知识进行讲解，帮助大家了解兴趣电商，快速提升自身的兴趣电商运营能力。

1.1 快速入门：了解有关兴趣电商的基础知识

“兴趣电商”是出现于2021年的概念，因为这个概念出现的时间不是很长，有的人可能至今都没有听说过，更不用说对其有什么了解了。这一节，笔者带大家快速了解有关兴趣电商的基础知识。

1.1.1 了解概念：什么是兴趣电商？

在2021年第一届抖音电商生态大会上，抖音电商总裁提出了“兴趣电商”这一概念，他表示：“兴趣电商即一种基于人们对美好生活的向往，满足用户潜在购物兴趣，提升消费者生活品质的电商。”

对于商家来说，借助兴趣电商可以更加精准地找到潜在消费者，获得更多发展机会；对于消费者来说，借助兴趣电商可以发现自己的潜在需求，挖掘新的商品和服务，从而提高自身的生活质量。

因为“兴趣电商”是抖音电商总裁提出的概念，且抖音平台拥有巨大的流量，所以很多人认为兴趣电商是未来的风口。如今，很多商家和品牌开始入驻抖音平台，希望借助抖音的力量，加速自己的推广与营销。

1.1.2 电商发展：兴趣电商的前世今生

字节跳动已经在电商领域探索了8年之久，从最初的“今日特卖”，到后来的“放心购”“值点商城”，再到如今的抖音兴趣电商和抖音盒子，就像阿里巴巴的“社交梦”一样，字节跳动的“电商梦”一路发展，从未放弃。下面，笔者为大家简单地讲讲字节跳动的电商探索之路，帮助大家了解兴趣电商的前世今生。

1. 推出“今日特卖”电商板块

2014年，基于今日头条平台，字节跳动推出了“今日特卖”电商板块，这是一个拥有电商导购功能的板块，主要通过今日头条为第三方电商平台导流。

“今日特卖”是字节跳动试运营电商业务的第一次探索，采用的是类似淘宝客的佣金模式，运营者可以在该平台上插入天猫、京东、唯品会、1号店等平台的商品链接。在今日头条的“推荐”界面中，“今日特卖”板块中的商品会以消息流的形式展现，用户点击商品链接，即可跳转到相应的电商平台，完成购买。

2. 推出“京条计划”

2016年，字节跳动旗下的今日头条成为仅次于腾讯应用的第二大流量池。因此，字节跳动希望通过电商业务，充分发挥流量的价值。2016年9月27日，字节跳动与京东宣布合作推出“京条计划”，即京东在今日头条App上开设一级购物入口“京东特卖”，为京东及其平台上的商家导流。

3. 上线“放心购”栏目

2017年9月，字节跳动再次扩大电商业务，在今日头条App中上线“放心购”栏目。该栏目包括“放心购3.0”和“放心购鲁班”两个商品线，其中，“放心购3.0”主要负责传统电商业务，“放心购鲁班”则类似于淘宝直通车，在推荐页上展示广告商品。

“放心购”栏目下的两个商品线主要依托自媒体平台的流量，商家可以与头条号达人进行付费合作，或者运营自己的头条号，通过发布文章的形式，为商品页面导流，引导用户进行在线支付。在今日头条后台的“发表文章”页面中，除了可以插入图片、音频、视频等多媒体文件之外，还可以插入第三方平台的商品链接，这样，用户可以通过点击文章中的商品图片实现快速购买，带货达人可以根据用户点击专属商品链接并完成购买的频次获取成交佣金收益。

4. 推出“值点商城”

2018年，字节跳动在电商领域做的动作很多。2018年9月，今日头条推出“值点商城”，其定位为“以用户为友，提供更好商品、更低价格和闭环服务”，上线面向不同人群的细分商品，以满足越来越个性化和多元化的用户消费需求。

“值点商城”是字节跳动电商业务布局中的一个重要组成部分，因为背靠今日头条，“值点商城”的流量优势十分明显，再加上今日头条本身的品牌号召力，“值点商城”吸引了大量头条号达人入驻。

兼容了电商功能与生活资讯的“值点商城”平台，一方面，可以提升用户黏性，延长用户的使用时间，从而促进更多的电商交易行为；另一方面，可以打通自媒体数据和电商数据，让今日头条的推荐算法更加精准，甚至做到让商品自己去“找”消费者。

与此同时，字节跳动开始着力发展抖音电商，不仅在抖音 App 中全面上线“购物车”功能，还支持达人搭建自己的店铺。此外，抖音和淘宝达成合作，通过为淘宝导流，抖音迅速发展成为字节跳动的电商“新沃土”。

5. 加强对抖音电商的布局

2019 年，字节跳动再度加强对抖音电商的布局，不仅在升级“放心购”品牌的同时，打通了抖音电商与“值点商城”业务，上线了“小米商城”“京东好物街”等多款电商小程序及头条小店，还向所有用户开放了商品橱窗功能。

其中，头条小店是字节跳动针对运营者推出的全新电商变现工具，运营者入驻后，可以同时在今日头条、西瓜视频、抖音、抖音火山版等平台的个人主页中设置橱窗类标签（有的平台显示为“店铺”）。例如，今日头条 App 的账号主页中会显示“橱窗”按钮，点击该按钮，即可进入账号橱窗，查看账号运营者销售的商品，如图 1-1 所示。

图 1-1　查看账号运营者销售的商品

头条小店支持个体工商户入驻和企业入驻。个体工商户入驻后，仅可使用在线支付结算形式，需要个体工商户提供资质信息，并接受店铺信息审核；企业入驻后，则可使用货到付款和在线支付两种结算形式，企业只需要接受资质信息审核即可。

头条小店可以拓宽内容变现渠道，运营者可以通过微头条、视频、直播、文章等形式曝光商品，吸引粉丝购买，提升流量价值。同时，不是运营者粉丝的用户可以通过购买直接转化为运营者的粉丝，从而形成完整的流量闭环。

6. 谋求更大的独立性

在 2019 年年底推出抖店后，字节跳动开始逐步做自己的独立电商应用，减少对淘宝等第三方电商平台的依赖。

2020 年 6 月，字节跳动成立电商事业部，正式将抖音作为落实电商战略业务的核心平台。同时，抖音电商推出“精选联盟”选品平台，以期更好地撮合商家和达人之间的合作，并推出搜索功能等功能，增加商品的曝光量。

2020 年 10 月，抖音开始全面禁止第三方平台的商品链接，直播间购物车中只能挂抖音小店的商品，这一动作降低了用户流失率，意味着抖店的红利到来。

2021年，除了提出“兴趣电商”这个概念之外，字节跳动还为商家提供了抖店、巨量百应、巨量千川、抖店罗盘等经营工具，如图1-2所示，于是，越来越多的品牌开始在抖音开辟新阵地、开拓新人群。

图1-2 抖音电商的经营工具

2021年12月，字节跳动不仅推出了抖音盒子这个独立电商App，还开始在抖音App首页内测商城入口。不缺流量、不缺资源，毫无疑问，抖音电商是字节跳动可持续深挖的业务线之一。

1.1.3 加强认知：兴趣电商的商业生态

虽然抖音兴趣电商中潜藏着巨大的生意机会，但是很多商家对抖音兴趣电商的商业生态知之甚少，很难把握风口，让自己获得快速发展。下面，笔者分别从逻辑思维和经营方法的角度，对抖音兴趣电商的商业生态进行介绍。

1. 逻辑思维

传统电商的购物逻辑是用户本身就有消费意图，为了购买到自己想要的东西，他们会主动在电商平台上进行搜索，并从中选购合适的商品；兴趣电商的购物逻辑则是用户本身可能没有消费意愿，但在刷短视频、看直播的过程中发现了优质商品，并且被带货内容激发了购买兴趣，于是完成购买。

除了购物逻辑不同之外，传统电商和兴趣电商的营销思维也存在着明显的差异。传统电商一般是用商品思维进行营销推广，即用商品自身的优势打动用户；兴趣电商则是用内容思维进行营销推广，借助优质的带货内容激发用户的购买兴趣。

相比于传统电商，兴趣电商获得的流量更多，因为传统电商获得的流量基本来自有购物需求的人群，而兴趣电商获得的流量除了来自有购物需求的人群之外，还来自那些对短视频和直播感兴趣的人群，再加上抖音平台会结合大数据给不同的用户匹配不同的、高兴趣度的内容，商家借助抖音平台做营销推广，可以获得很多精准的流量和生意机会。

2. 经营方法

对于商家来说，注册抖音号发布内容并不难，难的是持续经营账号和店铺，让商品获得更高的销量。具体怎么做呢？商家可以使用“FACT+全域经营方法论”来进行账号和店铺经营，让自己的生意获得长效增长。笔者将在本书1.2.4小节中对“FACT+全域经营方法论”进行介绍，这里不再赘述。

1.1.4 价值体现：运营兴趣电商的意义

对于商家和运营者（带货达人）来说，兴趣电商包含了诸多价值，下面，笔者分别解读。

1. 兴趣电商对于商家的价值

对于商家来说，兴趣电商的价值主要体现在4个方面，具体如下。

（1）增加商品的曝光量。在抖音平台上，商家可以发布带货内容对商品进行营销推广，让更多用户看到商品，从而有效地增加商品的曝光量。如图1-3所示，是通过发布短视频增加某款荞麦面皮的曝光量的实例。

图1-3 通过发布短视频增加某款荞麦面皮的曝光量

（2）提高商品销量。商品曝光量增加，配合优质内容对用户购买兴趣的激发，越来越多的用户会下单购买商品，商品的销量自然会提高。例如，某品牌的比萨店使用抖音平台进行宣传推广，成功获得了许多用户的关注，多款团购商品的销量可观，如图1-4所示。

图1-4 团购商品的销量可观

（3）实现对新品牌的孵化。对于新品牌来说，抖音平台是一个不容错过的营销推广渠道。品牌方不但可以主动发布内容对商品进行营销推广，还可以通过广告投放快速获得更多的流量推荐，有效地提高品牌知名度，让更多用户了解并购买其商品，实现品牌的快速孵化。例如，某新家电品牌连续多日投放如图1-5所示的抖音信息流广告，用户通过其投放的广告了解了这个新家电品牌，有需要的用户自然会点击抖音信息流广告进入其直播间和官方店铺，购买相关商品。

图 1-5 某新家电品牌投放的抖音信息流广告

（4）实现快速迭代。商家注册抖音号之后，可以直接发布内容对商品进行营销推广，并为用户提供反馈渠道。这样，用户的意见可以直达商家，而商家可以根据用户的意见进行改进，实现商品的快速迭代。商品评价、短视频评论、直播弹幕等，都是商家接受用户反馈的渠道。

2. 兴趣电商对于运营者（带货达人）的价值

兴趣电商对于运营者（带货达人）的价值，主要体现在以下3个方面。

（1）找到更多带货机会。兴趣电商的发展使越来越多的商家和品牌入驻抖音平台，为运营者（带货达人）带货提供了更多选择和机会。

（2）提高带货收益。带货机会增多，运营者（带货达人）获得带货收益的机会随之增多；发布的带货内容越多，运营者（带货达人）的带货收益越多。

（3）评估内容对用户的吸引力。通常来说，运营者（带货达人）发布的内容对用户的吸引力越强，被激发潜在兴趣的用户就越多，购买运营者（带货达人）推荐商品的用户也会随之增多。因此，运营者（带货达人）可以根据带货效果，评估内容对用户的吸引力。

1.1.5 提高效率：入局之后要怎么做？

商家和品牌方注册抖音号并入局抖音兴趣电商之后，可以从如图1-6所示的5个方面对自身的抖音电商组织能力进行升级，提高自身的运营效率和生意增长速度。

图 1-6 抖音电商的组织能力升级

例如，商家和品牌方可以与多位带货达人签订长期的合作合同，借助这些带货达人的力量，组成营销矩阵，快速提高营销推广内容的覆盖面和影响力，从而达到提高商品销量、提升品牌知名度的目的。

带货达人入局兴趣电商之后，则可以通过发布短视频作品和开直播快速积累粉丝，提升自身的影响力和带货效果。这样，等粉丝足够多、影响力足够大时，自然会有商家和品牌方主动来谈合作。

另外，带货达人可以主动出击，借助兴趣电商获取更多收益。例如，带货达人可以主动选择合适的商品进行带货，通过发布带货短视频向用户推荐商品，从而获得佣金收益。

1.2 不断发展：兴趣电商走向全域阶段

目前，抖音的兴趣电商正在向全域阶段不断发展，在此过程中，出现了许多新机遇。如果商家能够把握机遇，积极进行营销推广，提升商品的转化率，便能迎着风口，轻松做好生意。

1.2.1 电商升级：开启全域兴趣电商时代

“兴趣电商”的概念被提出后，抖音平台的兴趣电商获得了快速发展。于是，在2022年5月的第二届抖音电商生态大会上，抖音电商总裁提出，要在短视频、直播、商城、搜索等方面发力，优化商品的营销推广效果，提升店铺的商品转化效果，将兴趣电商升级为全域兴趣电商。所谓“全域兴趣电商”，即通过打通“货找人”和“人找货”的双重模式，实现全局营销，让用户的全场景、全链路购物需求得到满足。如图1-7所示，是全域兴趣电商示意图。

图 1-7　全域兴趣电商示意图

在抖音平台上，商家可以在短视频、直播、搜索、商城等多种场景中进行营销推广，并借助巨量千川、巨量云图等经营工具提升自身的营销能力，实现全能力矩阵覆盖全场景需求，如图1-8所示，从而提升品牌价值（品牌资产）。

图 1-8　全能力矩阵覆盖全场景需求

下面，笔者从短视频场景的角度对营销推广的相关技巧进行简单介绍，帮助商家提升营销能力和营销效果。

短视频是抖音营销推广的重要内容传播形式之一，使用短视频进行商品和品牌的营销推广，不仅可以提高品牌知名度，还可以激发用户对商品的兴趣，让更多用户产生购买欲望。

因此，商家可以自主发布短视频对相关商品进行营销推广，增加用户对商品的了解，激发用户的消费欲望。例如，商家可以使用品牌旗舰店官方账号发布商品营销推广短视频，并在短视频中添加购物车链接，如图1-9所示。这样，用户被短视频的内容勾起购买兴趣时，可以快速完成购买。

当然，除了自主推广之外，商家还可以与带货达人合作，让带货达人帮忙推广商品。如果商家的品牌具有一定的知名度，部分带货达人甚至会主动、免费推广其商品。

例如，某品牌奶茶近年来知名度比较高，许多人到长沙旅游时会喝几杯。借助抖音平台的宣传，该品牌奶茶甚至成为到长沙旅游必须“打卡”的美食之一。正是因为如此，很多到长沙旅游的人会自发地拍摄与该品牌奶茶相关的短视频，部分达人甚至会特意乘飞机前往长沙，只为品尝该品牌奶茶并发布短视频进行“打卡”。

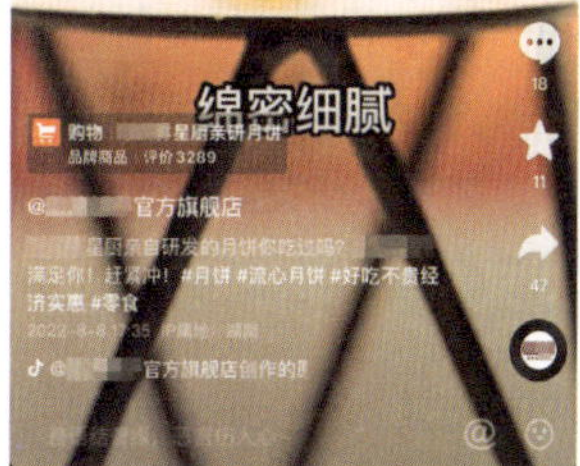

图 1-9　在短视频中添加购物车链接

另外，发布短视频之后，商家和带货达人还可以积极与用户进行互动，增加用户对商品的了解、提升用户的购买兴趣。例如，某带货达人在发布商品推广短视频之后，便通过评论区与用户进行了互动。

1.2.2 运营核心：发布内容，激发潜在兴趣

很多用户打开抖音App时，可能只是想在闲暇时刷刷短视频，没有购物意愿。但是，如果商家或带货达人发布的内容激发了用户的潜在兴趣，用户便很有可能下单购物。

因此，商家和带货达人可以在发布的短视频中展示商品的优势，让用户觉得短视频中推荐的商品很实用。这样，用户很可能会觉得自己也需要买一个用用看。

除此之外，商家和带货达人还可以将价格作为激发用户购买兴趣的点，通过低价销售打动用户。如图1-10所示，短视频中推荐的团购

图 1-10　通过低价销售激发用户的购买兴趣

商品的价格都比较低，因此很快吸引了许多用户的目光，即便购买之后需要到店消费，还是有很多用户愿意下单。

除了发布短视频之外，商家还可以充分发挥抖音直播的实时特性，使用官方账号，直播销售商品，并使用巧妙的营销策略激发用户的购买兴趣。

例如，某陶瓷品牌使用官方账号进行了抖音直播，在直播中给出了一些福利：购买某款带盖茶杯，附赠两个小一号的茶杯。因为是在原价的基础上附赠两个茶杯，并且附赠的茶杯和购买的带盖茶杯是同样的花色，可以当成一套来使用，所以很多用户觉得此时购买很划算，欣然下单购买。

1.2.3 三种场域：内容场、中心场和营销场

在推动兴趣电商向全域阶段发展的过程中，抖音官方提出要借助三种场域（内容场、中心场和营销场）协同提升商家的生意增量，让更多用户基于兴趣进行购物。下面，笔者对借助这三种场域进行营销推广，进而获得更多发展机遇的技巧进行介绍。

1. 内容场

借助内容场，即以内容建设场域，通过发布优质的内容来宣传商品和服务，提升品牌的营销推广效果，进而提升商品的转化率。例如，商家可以通过发布短视频让用户看到、听到商品的优势，真实地还原商品的使用场景，从而提高用户的品牌认知度，激发用户的购买欲。

2. 中心场

借助中心场，即通过使用搜索功能和抖音商城，打通人找货的消费链路，让更多用户主动寻找商品进行购买。例如，商家可以通过优化商品信息和店铺设计，提升入店用户的购买欲，让店铺获得稳定的销量。

3. 营销场

借助营销场，即通过品销协同，让商家更多地参与到商品的营销推广中来，从而帮助商家直接触达用户，提升营销价值。例如，商家可以直接发布短视频对商品和店铺进行宣传推广，创造更多的成交机会。某线下实体店通过短视频宣传，让店铺信息获得了超过180万次的曝光，如图1-11所示。

图 1-11　店铺信息获得了大量曝光

除了直接发布短视频和开启直播宣传商品之外，商家还可以借助账号主页的信息展示功能推广商品。例如，线下实体店商家可以在账号主页的“商家”板块中展示团购信息，吸引附近的用户购买外卖或到店消费。

商家将信息展示在账号主页的“商家”板块中之后，用户只需要点击其主页中的“商家”按钮，即可查看店铺的团购信息，如图 1-12 所示。如果用户被团购优惠吸引了，可以直接点击“抢购”按钮，支付费用，购买对应的套餐。这样一来，只要团购套餐对用户有足够的吸引力，商家便可以获得大量订单，薄利多销，提升自身的收益。

图 1-12　查看店铺的团购信息

1.2.4 营销理论：FACT+ 全域经营方法论

FACT 经营矩阵是指通过 Field（阵地，这里指商家的阵地自营）、Alliance（矩阵，这里指达人矩阵）、Campaign（活动，这里指主题活动）和 Top-KOL（顶部关键意见领袖，这里指头部“大 V”）经营内容场，让生意获得长效增长。

下面，笔者分别从阵地自营、达人矩阵、主题活动和头部“大 V”的角度讲解内容场的经营方法，帮助商家获得更好的营销效果。

1. 阵地自营

在借助抖音平台提升品牌知名度、提高商品销量的过程中，商家可以打造自己的经营阵地。例如，商家可以在注册总部官方账号的同时，引导旗下各地区的店铺注册自己的店铺账号，形成品牌营销矩阵。这样，同样的营销推广内容，可以使用多个账号同时发布、传播，获得良好的营销效果。

除此之外，商家还可以使用自己的营销阵地持续发布内容，让品牌、店铺和商品在抖音平台上不断曝光。某商家账号发布的部分短视频内容如图 1-13 所示，可以看到，其内容的发布间隔在半天左右，日积月累，曝光量可观。

图 1-13　某商家账号发布的部分短视频内容

2. 达人矩阵

所谓“达人矩阵”，就是使用多个达人账号对同一个品牌、店铺或商品进行营销推广，组成营销矩阵，让品牌、店铺信息或商品信息覆盖更多用户。当然，为了让更多达人愿意参与营销推广，商家需要做出努力，例如给予较高的带货佣金、主动寻找达人进行合作。

如图1-14所示，是部分达人账号发布的营销推广短视频，可以看到，这些短视频都向用户推荐了某款虾尾，这便形成了一个致力于商品营销的达人矩阵。因为同时有多位达人进行该商品的营销推广，所以用户很容易产生一种想法：这款虾尾真的这么好吃吗？竟然有这么多达人推荐，那我也买一份尝尝味道吧！

图 1-14　某商品的营销达人矩阵

3. 主题活动

通过主题活动经营内容场，就是通过推出活动来获得更多流量，从而提升相关商品的销量。例如，某品牌为了提升部分商品的销量，推出了补贴专场活动，用户只需要点击该品牌官方账号主页中的“官方网站”链接，便可以进入其官网，查看该活动的详细信息，如图1-15所示。

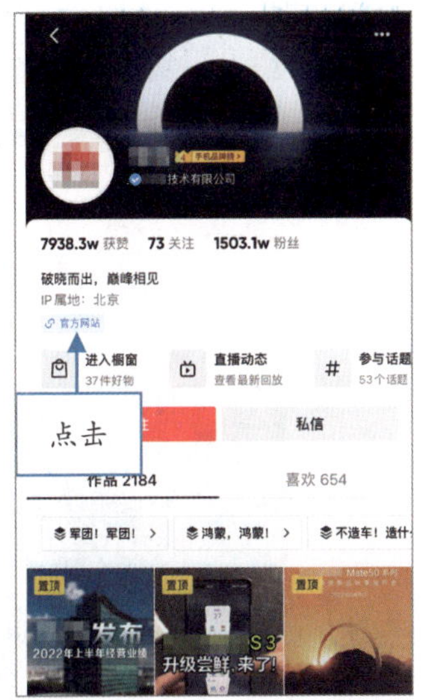

图 1-15　查看主题活动的详细信息

如果用户想了解有关该活动的更多信息，或购买活动中的商品，可以点击官网中的“了解更多”按钮。执行操作后，即可看到参与活动的全部商品，点击目标商品信息，可以进入商品详情页面，如图1-16所示。用户可以在商品详情页面中查看目标商品的各种信息，有需要的用户，可以点击“立即购买”按钮，支付对应的费用，下单购买商品。

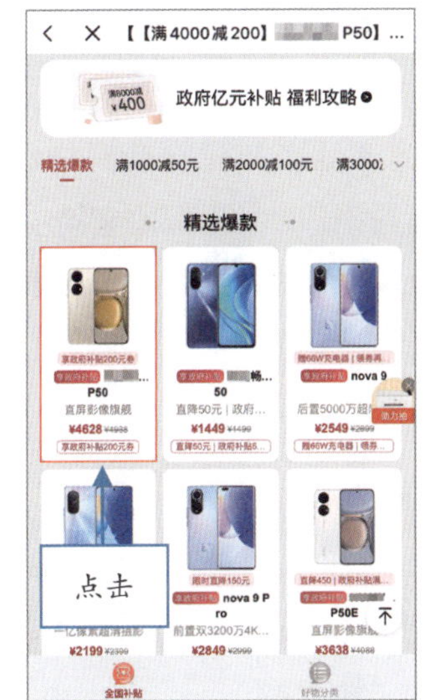

图 1-16　点击目标商品信息，进入商品详情页面

通常来说，主题活动都有明确的主题名称，而且活动的时间不会太长。商家可以根据自身的营销推广目的来举办主题活动，快速吸引用户的目光。当然，商家必须控制主题活动的举办频率，如果经常举办主题活动，会让用户觉得下次再买也没关系，这样，主题活动的效果就被削弱了。而且，举办的主题活动越多，商家需要花费的精力就越多，有的主题活动甚至会导致亏本，这就有些得不偿失了。

4. 头部“大V”

在抖音平台上，头部“大V”（包括各领域名人）的号召力很强，如果某款商品获得了多个头部“大V”的认可，很多用户会接受这些“大V”的建议，购买该款商品。因此，商家可以主动与头部“大V”合作，发挥“大V”的关键意见领袖作用，引导更多用户购买商品。

例如，某新款卸妆油上市后，品牌方与国内某位知名演员进行了推广合作，并使用官方账号发布了相关短视频。除此之外，该品牌还积极寻求与其他“大V”合作，沟通这些“大V”使用自己的账号发布这款卸妆油的宣传推广短视频，如图1-17所示，是某美妆博主发布的宣传推广短视频。

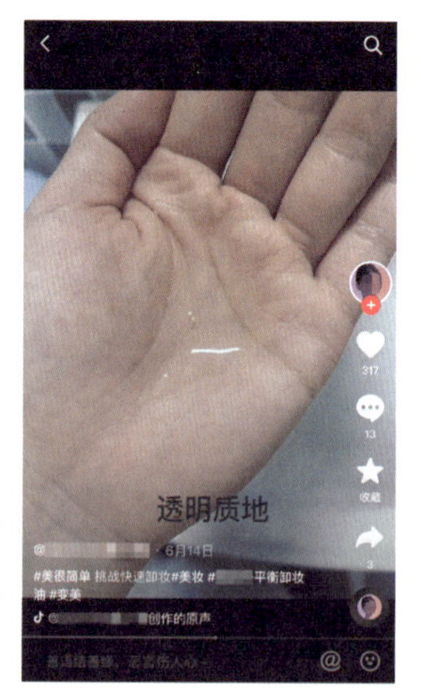

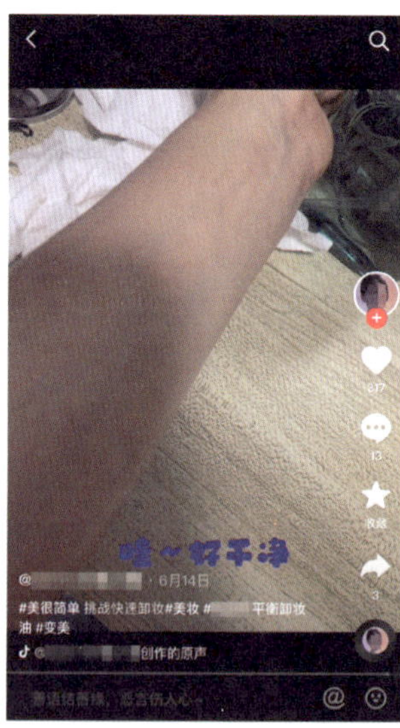

图 1-17　某美妆博主发布的宣传推广短视频

无论是知名演员，还是美妆博主，在化妆品的选择上都是比较慎重和专业的，因此，很多经常化妆的用户在选择卸妆油时，会觉得这款卸妆油被专业人士认可了，自己跟着买肯定不会错。在头部“大V”的带动下，这款卸妆油的曝光量和销量获得快速提升。

在第二届抖音电商生态大会上，抖音电商副总裁提出了“FACT+全域经营方法论”。“FACT+全域经营方法论”是指在FACT经营矩阵的基础上，充分发挥中心场和营销场的力量，进行全域经营推广，为用户提供便利的购买途径，让营销获得更好的效果，从而达到提升商品转化率的目的。

第2章 平台扶持：助推兴趣电商走向全域阶段

随着兴趣电商的发展，2021年、2022年，抖音平台相继推出了众多举措，并在线上线下积极开展多项电商业务布局。这些举动，不仅对很多商家进行了扶持，还助推兴趣电商走向了全域阶段。

2.1 扶持举措：抖音官方助推兴趣电商发展

为了让全域兴趣电商获得快速发展，抖音官方推出了一系列举措。这一节，笔者为大家讲解其中比较具有代表性的9项举措。

2.1.1 注重内容："春雨计划"

2022年3月，抖音启动"春雨计划"，对符合优质内容标准的商家和运营者给予资源倾斜，以期引起商家和运营者对内容创作的重视，让抖音平台上出现更多优质的内容。

另外，为了增加商家和运营者对"春雨计划"的了解，吸引更多人参与该计划，抖音电商平台治理小管家专门发布说明短视频，如图2-1所示。商家和运营者可以通过该短视频了解"春雨计划"的相关信息，并根据要求参与该计划，生产优质内容，从而提高内容的曝光量，获得更好的抖音兴趣电商变现效果。

图2-1 抖音电商平台治理小管家发布的说明短视频

2.1.2 履行责任："萤火计划"

2022年8月，抖音启动"萤火计划"，引导、鼓励运营者低佣金营销推广图书、农产品和非遗商品，助力更多运营者积极履行社会责任。

在该计划持续期间，运营者可以通过计划入口进入官方商品池，进行低佣金带货，变现成绩突出的运营者可以获得"助益社会电商作者"荣誉认证。另外，"萤火计划"结束之后，运营者可以继续为官方商品池中的商品进行带货，提升"萤火星"等级（运营者参与"萤火计划"获得的贡献值评级），并领取爱心证书。

具体操作如下。

抖音电商推出"我是万千萤火"话题后，运营者通过搜索关键词进入"#我是万千萤火"话题页面，点击"抖音电商萤火计划"板块，如图2-2所示。执行操作后，即可进入"抖音电商萤火计划"页面，该页面中会展示官方商品池，如图2-3所示，运营者可以从中选择合适的商品进行带货，为履行社会责任贡献自己的一份力量。

图2-2 点击"抖音电商萤火计划"板块

图2-3 "抖音电商萤火计划"页面

2.1.3 实现共赢："抖音电商UP计划"

为了让抖音平台上的电商参与者获得更好的发展，实现共赢，抖音专门提出"抖音电商UP计划"。这个计划分为3个部分，分别是商家UP计划、达人UP计划、商品UP计划。

（1）商家UP计划：2021年帮助1000个商家或品牌（包括100个新锐品牌）实现年销售额超过1亿元的目标。

（2）达人UP计划：帮助1万个电商达人实现年销售额超过1000万元、10万个电商达人实现年销售额超过10万元的目标。

（3）商品UP计划：帮助100款商品实现年销售额超过1亿元的目标。

该计划的启动对商家、达人和商品都起到了一定的扶持作用，截至2022年4月底，抖音平台上年销售额过亿元的商家超过1200个，其中包括134个新锐品牌；年交易总额超过1000万元的达人达到1.2万名；年销售总额过亿元的商品达到175款。

看到这些数据之后，更多商家开始入驻抖音平台，更多运营者开始借助抖音兴趣电商进行带货，变身为带货达人，这让抖音电商获得了快速发展，也让抖音平台成为越来越多人会选择的重要的购物渠道。

2.1.4 营造氛围："全民好书计划"

2021年4月19日至2021年4月25日，抖音电商推出"全民好书计划"，邀请50多位作家、名人和抖音创作者参与短视频荐书和直播荐书，营造了一个良好的读书氛围。

为了给"全民好书计划"造势，抖音电商使用官方账号发布了宣传推广短视频，如图2-4所示。许多用户通过该短视频，增加了对"全民好书计划"的了解，大量用户积极响应抖音电商的号召，变身好书推广达人，通过发布短视频来推荐自己认可的图书。

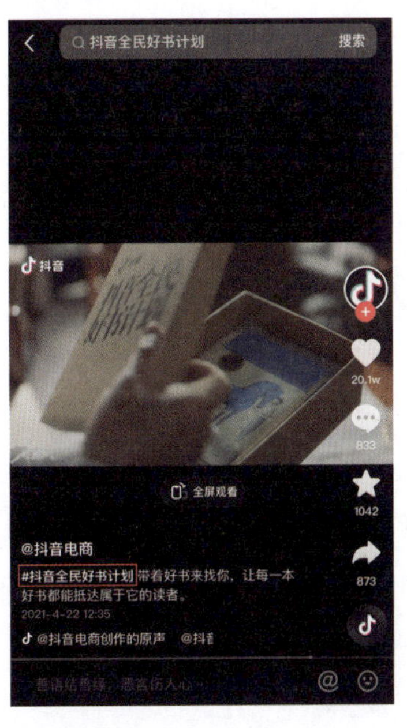

图2-4 抖音电商发布的"抖音全民好书计划"宣传推广短视频

很快，"全民好书计划"成为抖音平台的热点话题之一，相关短视频的播放量超过88亿次。如图2-5所示，是"#抖音全民好书计划"的话题页面。许多带货达人发布了带有该话题的带货短视频，为用户推荐优质图书，如图2-6所示。

图 2-5 "#抖音全民好书计划"话题页面

图 2-6 带有相关话题的带货短视频

2021年的"全民好书计划"充分发挥了抖音平台的兴趣电商优势，帮助很多用户发现并买到了新书、好书，丰富了用户的精神生活，营造了良好的阅读氛围。同时，该计划的实施推动了图书销售，提升了图书类商家的店铺销售额。

看到"全民好书计划"的良好效果之后，抖音平台又在2022年推出了更多图书阅读类活动，如"春天开阅季""夏日悦读会"等活动，这些活动进一步将"全民阅读"落到了实处。

2.1.5 恢复生产："商家复产护航计划"

2022年5月15日，抖音电商启动"商家复产护航计划"，对上海、北京、武汉、长春、沈阳等全国100余个县市的商家进行持续帮扶，为商家恢复生产和经营热度"护航"。具体来说，"商家复产护航计划"的帮扶举措主要体现在以下4个方面。

1. 政策扶持

"商家复产护航计划"通过对所在地区的商家进行多重补贴，缓解商家的资金压力，具体如下。

（1）为符合条件的商家提供运费险补贴和极速收款支持，并为其开通巨量千川账户，提供更多补贴，帮助受困商家缩短账期、缓解资金压力。

（2）延长对应商家的订单收货时效，取消超时判罚，并对店铺的流量体验分进行自动更新，商家不需要再花时间和精力进行报备。

（3）减免相关商家的企业认证费用，并为其提供零粉丝挂购物车的福利。

2. 物流扶持

从2022年3月开始，抖音电商沟通多家物流公司提供赔付兜底、履约保障、价格承诺等服务，为商家履约和消费者购物提供快递保障。除此之外，抖音电商还为相关地区的商家提供供应链云仓服务，保障商家的物流运营，并为商家提供物流费用补贴。

3. 专线服务

2022年5月15日至2022年6月底，抖音电商为相关商家开通了“7×24小时”在线服务和热线服务，帮助商家解决运营过程中遇到的各种问题，保障商家店铺正常运营。

4. 平台活动

从2022年5月15日起，抖音电商通过抖音平台开启“百城商品购”活动，投入25亿流量补贴和2亿元消费券，助力商家销售商品，提升用户购物体验。

具体来说，本次活动是通过平台达人、抖音电商官方直播间与商家进行合作直播，为商家免费带货，降低商家的运营成本。此外，本次活动推出了“任务赛”玩法，商家可以通过自主直播带货完成相关任务，来获得抖音电商提供的流量扶持和千川券补贴。

随着“百城商品购”活动的推进，抖音平台上出现了相关话题，如图2-7所示，是“＃百城商品购”的话题页面。相关商家和达人可以借助这个话题的热度进行带货，吸引用户购买相关商品，如图2-8所示，是某达人发布的带货短视频。

图2-7　“＃百城商品购”话题页面

图2-8　达人发布的带货短视频

除此之外，抖音电商还结合抖音平台上的其他活动（如“抖音618好物节”活动），为商家的复产复工提供扶持，让商家获得更多流量，从而有效地提升其店铺的商品销量。

2.1.6 品牌发展："抖品牌成长扶持计划"

从2022年3月开始，抖音电商启动了为期10个月的"抖品牌成长扶持计划"，该计划从经营政策、达人合作、服务商权益、活动营销、基础权益等方面对品牌的发展进行了扶持，以期在2022年吸引1000个新品牌入池，并打造100个销售额破亿元的品牌商家。

抖音电商学习中心平台对"抖品牌成长扶持计划"的具体内容进行了解读，品牌方可以在该平台上搜索关键词，查看该计划的相关内容。如图2-9所示，是"抖品牌成长扶持计划"从品牌经营政策和达人合作方面对品牌提供的扶持。

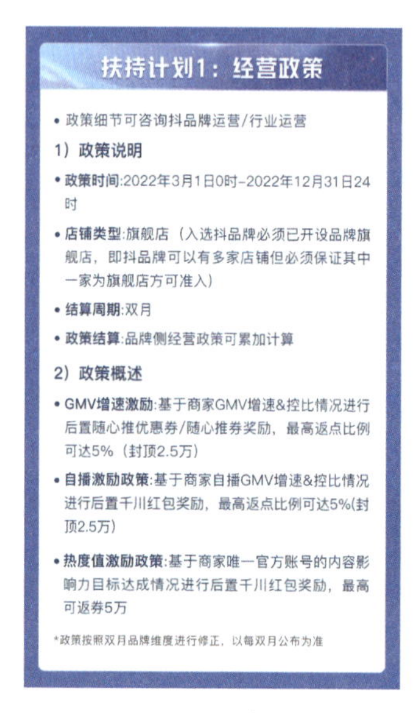

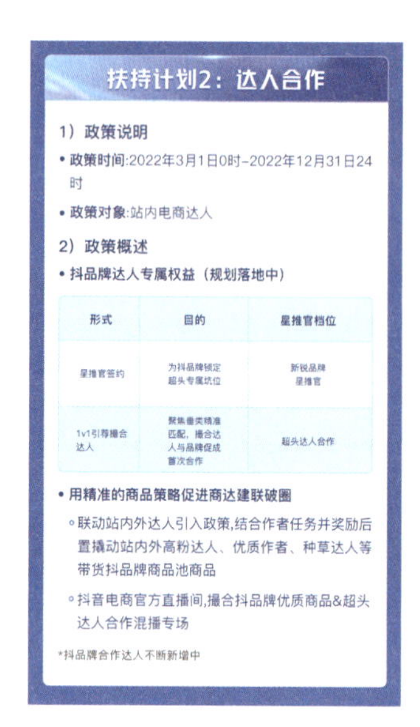

图 2-9 "抖品牌成长扶持计划"从品牌经营政策和达人合作方面对品牌提供的扶持

2.1.7 塑造名片："抖in域见好货"计划

随着商业的发展，全国已经形成上百个优质货品产业带（指带状链条产业集中区域，其显著特征在于形成了产业聚集效应，可以提供源头优质好货），这些产业带内入驻了大量商家。为了带动这些产业带和相关商家的发展，抖音电商启动了"抖in域见好货"计划，通过整合营销、商服培训、流量扶持、市场宣发等方式，塑造产业带名片。

抖音电商通过"抖in域见好货"计划，给产业带中的商家和服务商提供了3个方面的助力，一是通过平台大促，提高产业带的知名度；二是通过产业带主题活动，塑造产地名片；三是通过产业带日常活动，增加相关商家的曝光量。

例如，"抖in域见好货"计划针对产业带打造的首个主题活动"常熟服装•夏日织造节"期间，抖音平台多举措宣传造势，一方面通过话题打造、直播等方式，提高活动热度；另一方面通过邀请明星、达人制造和参与话题，以及组织商家参与排位赛等方式，让“抖in域见好货”计划出圈，提高产业带的销售总额。

在如图2-10所示的“#抖in域见好货”话题页面中可以看到，相关短视频的播放量达到了3.6亿次，话题热度极高。如图2-11所示，很多达人借势进行了营销推广，通过在带货短视频中添加相关话题并销售产业带中的商品，让更多用户关注和购买这些商品。

图2-10　“#抖in域见好货”话题页面

图2-11　添加相关话题并销售产业带中的商品

“抖in域见好货”计划启动期恰逢“618电商节”，因此，抖音平台结合“618电商节”举办了一次大型主题活动。这次主题活动将“抖in域见好货”和“618电商节”的热度聚合到了一起，吸引了大量商家、达人和用户的注意。商家和达人通过参与主题活动增加了自身的收益，而用户通过此次主题活动购买到了大量优质的商品。

2.1.8 公益助农：“山货上头条”活动

很多地方的农特产想走上消费者的餐桌，必须经历长途运输和多层分销。名气大的农特产销售起来相对容易，没有名气的农特产则可能很难走出方圆百里的范围，正是因为如此，即便收成好，农人也不一定能获得好的收益。

为了帮助农人把农特产卖出去，2021年12月24日至2022年1月16日，抖音电商联合平台上的众多美食达人推出了“山货上头条”活动，该活动涉及山东、山西、贵州、内蒙古等16个省和自治区，许多不太知名的农特产借助该活动走进了大众的视野。

为了给“山货上头条”活动造势，提高该活动的热度，也为了让更多商家、达人加入对山货的推广，抖音电商发布了如图2-12所示的宣传推广短视频。

图 2-12　抖音电商发布的“山货上头条”活动宣传推广短视频

虽然此次活动持续的时间不是很长，但是借助抖音兴趣电商的影响力，很多山货成功热销全国。其中，比较典型的热销山货有河南省开封市万隆乡的蜜薯和广西壮族自治区百色市田东县的沃柑。

抖音电商发布了如图 2-13 所示的短视频对以上两种山货进行了宣传推广。

图 2-13　抖音电商发布的热销山货宣传推广短视频

本次活动持续期间，“山货上头条”快速成为抖音平台上的一个热门话题，众多达人和农人借势发布带货短视频，成功帮助 3000 多款农特产销往全国各地，这不仅让许多农人感受到了兴趣电商的巨大市场潜力，也让更多带货达人主动加入到山货的推广活动中来。

2.1.9 好物推荐：“美食原产地”项目

“美食原产地”项目是抖音电商扶持食品生鲜行业的一个重点项目，致力于将全国各地的原产地好物带给消费者。为了提高该项目的关注度，抖音电商发布了专门的宣传推广短视频，如图2-14所示。

图2-14　抖音电商发布的“美食原产地”项目宣传推广短视频

该项目的目标主要集中在两个方面，一是挖掘源头好货，为用户提供优质商品；二是借助兴趣电商的优势，通过讲好故事来提高商品的购买率。为了更好地推进该项目，鼓励商家和达人主动推荐原产地好物，抖音电商特意设置了“美食原产地”话题。在如图2-15所示的“#美食原产地”话题页面中可以看到，相关短视频的播放量达到了34亿次。

图2-15　“#美食原产地”话题页面的部分内容

例如，某达人发布带货短视频推荐冻干粥，在该带货短视频中带上了“美食原产地”这个话题，而且为用户提供了购买链接，如图2-16所示。部分用户看到这个带货短视频之后，对其中的冻干粥产生了兴趣，便会进行购买。

图 2-16　带“美食原产地”话题的带货短视频

2.2 推动发展：抖音积极进行各种商业布局

为了推动兴趣电商的发展，除了推出各种扶持举措之外，抖音电商还积极开展了多项电商业务布局，这一节，笔者对此进行具体解读。

2.2.1 抖音商城：抖音 App 提供商城入口

提出“兴趣电商”概念之后，抖音官方开始在“人找货”消费路径上发力，其中一个重大举措就是在“首页”界面设置“商城”入口，商家上传到抖音平台的商品和运营者发布的商品推广内容都可以在“商城”中搜索到。这样一来，许多用户会主动搜索并购买商品，“人找货”的消费路径被抖音打通了。

具体来说，用户可以通过如下操作，进入抖音“商城”搜索并购买自己需要的商品。

步骤 01 打开抖音 App，自动进入“首页”界面后，点击界面上方的“商城”按钮，如图 2-17 所示。

步骤 02 执行操作后，进入“商城”板块，点击搜索框，如图 2-18 所示。

步骤 03 执行操作后，❶在搜索框中输入目标商品名称，如“洗面奶”；❷点击“搜索”按钮，如图 2-19 所示。

图 2-17　点击“商城”按钮

步骤 04　执行操作后，进入搜索结果界面，点击目标商品，如图2-20所示。

图2-18　点击搜索框

图2-19　输入搜索内容并点击"搜索"按钮

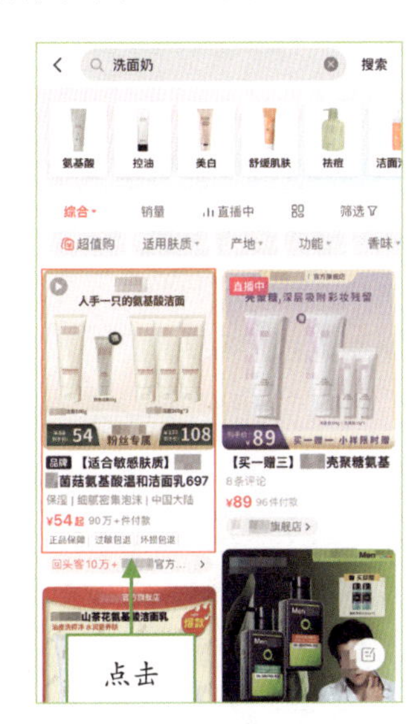

图2-20　点击目标商品

步骤 05　执行操作后，进入商品推广界面，同时弹出商品详情窗口，点击"立即购买"按钮，如图2-21所示。

步骤 06　执行操作后，弹出商品购买信息设置窗口，❶设置商品购买信息；❷点击"立即购买"按钮，如图2-22所示。

步骤 07　执行操作后，进入"确认订单"界面，查看订单信息。确认信息无误后，点击"提交订单"按钮，如图2-23所示，支付对应款项后即可购买商品。

图2-21　点击"立即购买"按钮

图2-22　设置商品购买信息并点击"立即购买"按钮

图2-23　点击"提交订单"按钮

2.2.2 电商软件：推出抖音盒子App

除了在抖音App"首页"界面中设置"商城"入口之外，抖音官方还推出了一个主打电商业务的软件——抖音盒子App。抖音盒子App主要是为电商带货服务的，运营者可以像在抖音平台上发布短视频和开启直播一样，在抖音盒子平台上发布带货短视频或开启电商直播。如果运营者使用抖音账号入驻抖音盒子平台，那么，运营者在抖音平台上发布的内容会同步发布到抖音盒子平台上。

与抖音App不同的是，抖音盒子App上的直播都是电商直播。也就是说，运营者在购物车中添加商品之后，才能在抖音盒子平台上进行直播。具体来说，运营者可以通过如下操作开启抖音盒子直播。

步骤 01 进入抖音盒子App的"首页"界面，点击⊞图标，如图2-24所示。

步骤 02 执行操作后，进入"分段拍"界面，点击界面下方的"开直播"按钮，如图2-25所示。

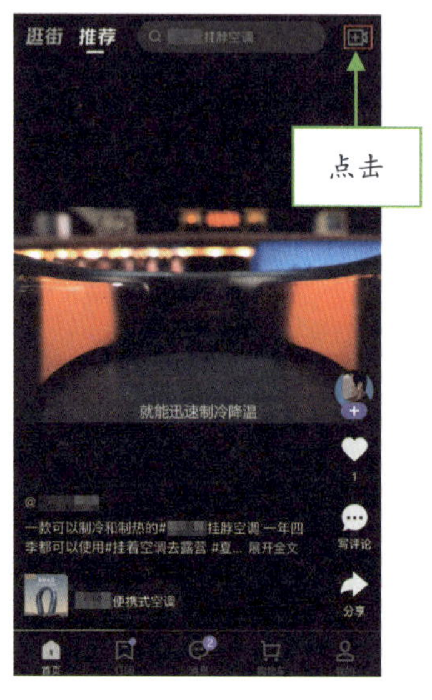

图 2-24 点击⊞图标

图 2-25 点击"开直播"按钮

步骤 03 执行操作后，进入"开直播"界面，点击"开播前请完成商品添加"按钮，如图2-26所示。

步骤 04 执行操作后，进入"添加商品"界面，❶选中目标商品对应的复选框；❷点击"确认添加"按钮，如图2-27所示。

图 2-26　点击“开播前请完成商品添加”按钮

图 2-27　选中目标商品对应的复选框后点击“确认添加”按钮

步骤 05　执行操作后，“添加商品”界面中会显示已添加商品的数量，点击＜图标，如图2-28所示。

步骤 06　执行操作后，返回“开直播”界面，点击“开始视频直播”按钮，如图2-29所示，即可开启直播。

图 2-28　点击＜图标

图 2-29　点击“开始视频直播”按钮

2.2.3　沉淀用户：大力发展抖音私域电商

为了帮助运营者和商家打造私域流量池，促进私域电商发展，抖音平台进行了一些尝试，例如开启电商会员功能：用户成为某店铺的会员之后，便可以在自己账号的钱包中查看会员礼包和会员权益。具体来说，用户可以通过如下操作加入店铺会员，并查看对应店铺给予的会员礼包和会员权益。

步骤 01 进入目标店铺的“首页”界面，点击“会员”按钮，如图2-30所示。

步骤 02 执行操作后，进入“会员”界面，点击“立即加入会员”按钮，如图2-31所示。

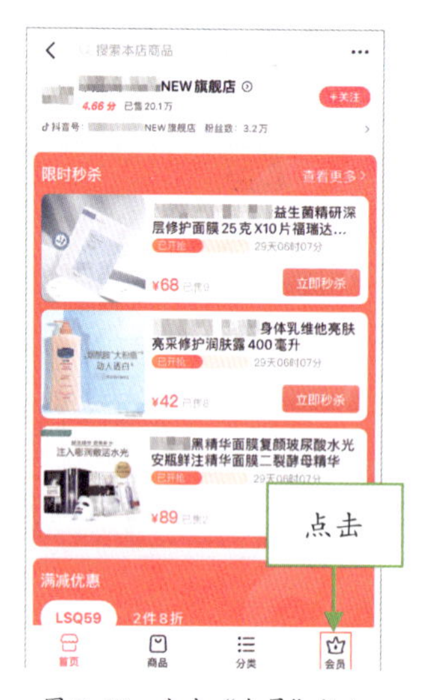

图2-30 点击“会员”按钮

图2-31 点击“立即加入会员”按钮

步骤 03 执行操作后，弹出邀请用户开通会员的窗口，❶选中“同意《会员授权协议》”对应的复选框；❷点击“开通会员”按钮，如图2-32所示，即可开通会员。

步骤 04 进入“我”界面，❶点击☰图标；❷选择“我的钱包”选项，如图2-33所示。

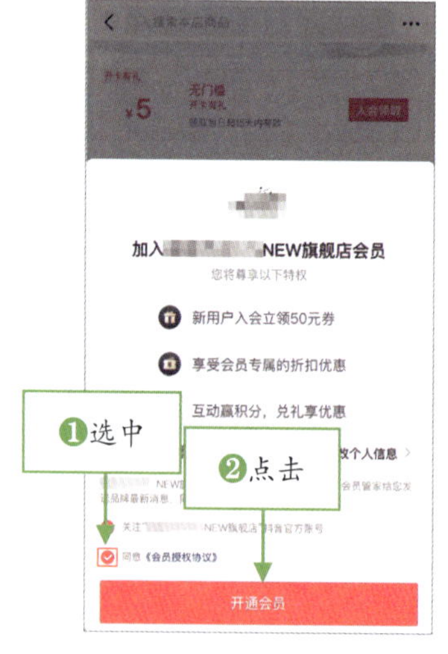

图2-32 选中“同意《会员授权协议》”复选框并点击“开通会员”按钮

图2-33 点击☰图标并选择“我的钱包”选项

步骤 05 执行操作后，进入“××（用户名）的钱包”界面，点击“电商会员”按钮，如图2-34所示。

步骤 06 执行操作后，进入“电商会员”界面，点击最新的店铺会员卡，如图2-35所示。

步骤 07 执行操作后，弹出“会员中心”窗口，如图2-36所示，用户可以在该窗口中查看该店铺给予的会员礼包和会员权益。

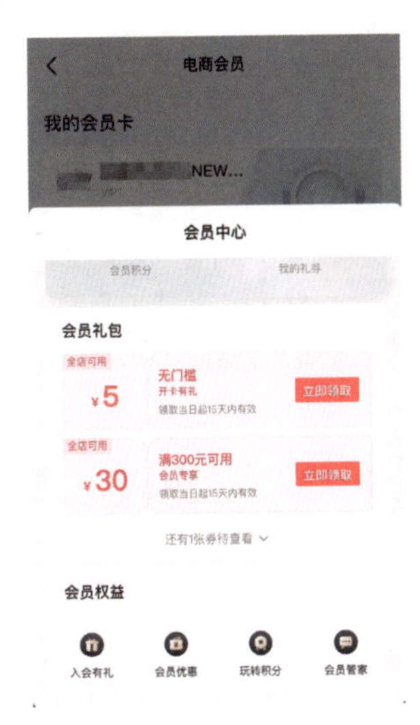

图 2-34 点击“电商会员”按钮　　图 2-35 点击最新的店铺会员卡　　图 2-36 “会员中心”窗口

2.2.4 其他动作：进行线上线下业务布局

除了上述举措之外，为了推动全域兴趣电商的发展，抖音还对其线上线下的业务进行了一些布局，具体如下。

（1）结合云零售和抖音平台的地址认领功能，通过线上下单、线下消费的方式，提高线下商家的商品销量，推动线下商家发展，从而实现兴趣电商的全局增长。

（2）建设供应链云仓，协调多地仓配资源，在供应链云仓端发布云仓商品，解决商家因爆仓而无法及时给用户发货的问题，为用户提供更好的购物体验。

（3）推出“DOU2000计划”，推动头部品牌发展，全面建设抖音品牌营销阵地，展现抖音电商的巨大发展潜力，让更多品牌和商家将更多精力投入抖音电商运营。

（4）针对国内的产业集群，打造百强产业带，扶持产业带内的商家，更好地推动区域经济发展。

第3章

账号运营：确定全域兴趣电商的入局方向

在运营全域兴趣电商的过程中，运营者需要根据账号情况确定入局方向，从而选择更适合自身的运营方案。在这一章中，笔者会为大家讲解账号运营的基础知识，帮助大家更好地找准全域兴趣电商的入局方向。

3.1 定位方法：抖音账号的5维定位法

在进行抖音电商运营的过程中，要重点做好账号定位。账号定位，简单地理解，就是确定账号的运营方向。抖音账号可以从5个维度进行定位，即行业定位、内容定位、商品定位、用户定位和人设定位。可以说，只要账号定位准确，运营者就能把握住账号的发展方向，获得更多用户的认可。

3.1.1 行业定位：确定账号的所属领域

行业定位就是确定账号所分享内容所属的行业和领域。运营者在做行业定位时，选择自己擅长的行业或领域，并在账号名字上加以体现即可。例如，擅长摄影的运营者可以选择将摄影领域作为行业定位方向；擅长美食制作的运营者可以选择将美食领域作为行业定位方向。

若某个行业包含的内容比较广泛，且抖音上做该行业内容的抖音号已经比较多了，运营者可以通过对行业进行细分，侧重从某个细分领域入手打造账号内容。

例如，摄影包含的内容比较多，而现在，越来越多的人开始直接用手机拍摄短视频，其中又有许多人对摄影技巧比较感兴趣，某抖音号便针对这一点，深挖手机摄影技巧，将账号定位为手机摄影技巧分享账号，如图3-1所示。

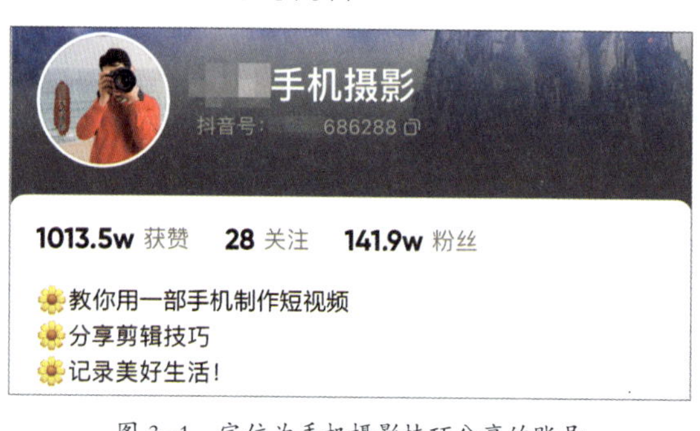

图3-1 定位为手机摄影技巧分享的账号

3.1.2 内容定位：确定账号的内容方向

内容定位就是确定账号的内容方向，据此有针对性地生产内容，并进行电商运营。运营者在做内容定位时，结合账号的行业定位确定需要发布的内容即可。例如，抖音号“手机摄影构图大全”的账号行业定位是手机摄影类账号，所以该账号发布的内容以手机摄影短视频为主，如图 3-2 所示。

图 3-2 抖音号“手机摄影构图大全”发布的部分内容

运营者确定账号的内容方向之后，便可以根据该方向进行内容生产了。在抖音号的运营过程中，内容的生产是有技巧的。具体来说，运营者可以运用如图 3-3 所示的技巧，持续生产优质的带货内容。

- 生产抖音短视频内容的技巧
  - 做自己真正喜欢和感兴趣的领域的相关内容
  - 做更垂直、更差异化的内容，避免内容同质化
  - 多看热门推荐的内容，思考总结其中的亮点
  - 尽量做原创的短视频内容，不要直接做搬运

图 3-3 生产抖音短视频内容的技巧

3.1.3 商品定位：确定要销售哪些商品

大部分运营者之所以做抖音号运营，是希望能够借此变现，获得一定的收益，而商品销售是比较重要的变现方式之一。在选择合适的变现商品的过程中，进行商品定位尤为重要，那么，运营者应该如何进行商品定位呢？在笔者看来，根据运营者自身的情况，可以将抖音号的商品定位分为两种，一种是根据自身拥有的商品进行定位，另一种是根据自身业务范围进行定位。

根据自身拥有的商品进行定位很好理解，就是先明确自己有哪些商品是可以销售的，再将这些商品作为销售对象进行营销。

例如，某位运营者拥有多种水果的货源，于是将自己的账号定位为水果销售类账号。实际运营中，他不仅将账号命名为“××水果”，还拍摄并发布短视频进行水果展示，为用户提供水果的购买链接，如图3-4所示。

图3-4　根据自身拥有的商品进行定位

根据自身业务范围进行定位，就是先制作与账号主题相关的短视频，再根据短视频内容插入合适的商品链接。这种定位方式比较适合自身没有商品货源的运营者，这部分运营者只需要根据短视频内容添加他人的商品链接，便可以借助该商品链接获得佣金收益。

例如，某美食类账号运营者自身是没有商品货源的，但他在发布的制作豆腐的短视频中对某品牌豆浆机进行了展示，并为用户提供了购买链接，便可以借助该品牌豆浆机的链接获得佣金收益。

3.1.4 用户定位：了解账号的粉丝画像

在抖音号的运营过程中，如果运营者能够明确用户群体，做好用户定位，并针对目标用户群体进行营销，那么账号生产的内容将更具针对性，内容的带货能力也将更强。

做用户定位时，运营者可以从性别、年龄、地域分布等各方面分析目标用户，了解账号的粉丝画像，在此基础上更好地制定运营策略，进行精准营销。

在了解账号的粉丝画像情况时，运营者可以适当借助一些分析软件。例如，运营者可以使用蝉妈妈抖音版平台了解抖音号的粉丝画像。具体操作方法，笔者将在11.1.4小节中进行介绍。

3.1.5 人设定位：塑造出镜人物的形象

人设，是人物设定的简称，运营者可以通过发布短视频或进行直播塑造出镜人物的典型形象和个性特征。通常来说，成功的人设能在用户心中留下深刻的印象，让用户能够通过某个，或者某几个标签，快速想到该抖音号及账号中的出镜人物。

人物设定的关键在于为出镜人物贴上标签。那么，如何才能快速为出镜人物贴上标签呢？其中一种比较有效的方法是通过短视频内容，突显人物某方面的特征，从而强化人物形象。例如，某运营者为了给自己贴上手工达人的标签，经常发布传授手工作品制作技巧的短视频，如图3-5所示。因为在其抖音号发布的短视频中，运营者制作的手工作品看上去很精致，而且短视频的发布频率比较高，展示的手工作品比较多，用户很容易产生这位运营者懂的手工制作技巧很多的印象，久而久之，该账号运营者的手工达人标签便成功贴上了。

图3-5 通过发布短视频强化人物形象

3.2 信息设置：吸引目标用户的关注

确定账号定位之后，运营者便可以创建账号，并通过对账号信息进行设置，展示自身的定位（兴趣电商的运营方向），吸引目标用户的关注。

那么，运营者应该如何创建抖音账号，又如何通过对账号信息进行设置，更好地推进电商运营呢？这一节，笔者对这两个问题进行解答。

3.2.1 创建账号：获得自己的专属抖音号

运营者不需要进行复杂的账号注册操作，只需要用手机号或微信号等账号直接登录，即可创建抖音号。具体来说，运营者可以通过如下操作，创建并登录抖音号。

步骤 01 进入抖音App的“首页”界面，点击“我”按钮，如图3-6所示。

步骤 02 执行操作后，进入账号登录界面。运营者可以点击“一键登录”按钮，用手机号登录抖音App。除了可以使用手机号登录抖音App之外，运营者还可以点击 ··· 图标，使用其他方式登录抖音App，如图3-7所示。

图3-6 点击“我”按钮

图3-7 点击 ··· 图标

步骤 03 点击 ··· 图标，会弹出使用其他账号登录抖音App的选项。例如，运营者要使用微信号登录，❶点击 图标；❷点击弹出的对话框中的“同意并登录”按钮，如图3-8所示。

步骤 04 执行操作后，进入微信登录确认界面，运营者只需要点击界面中的“允许”按钮，如图3-9所示，即可使用该微信号登录抖音App。

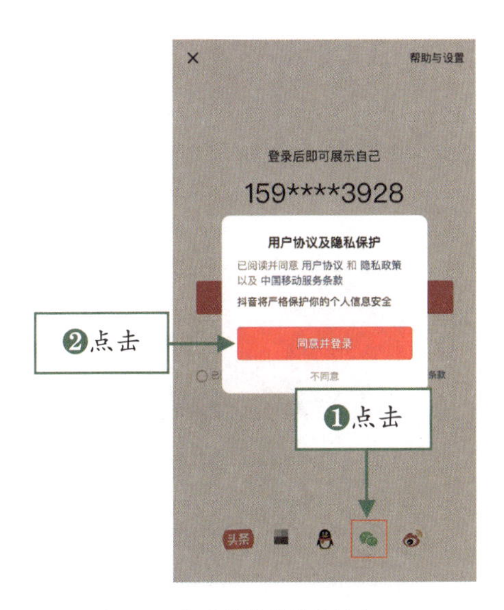

图 3-8　使用微信号登录抖音 App

图 3-9　点击“允许”按钮

3.2.2 账号名字：体现自身的行业定位

运营者可以自主设置和修改账号的名字，让用户一看到账号名字，就知道该账号的行业定位。具体来说，设置和修改账号名字的操作步骤如下。

步骤 01 登录抖音 App，进入“我”界面，点击“编辑资料”按钮，如图 3-10 所示。

步骤 02 执行操作后，弹出编辑资料窗口，点击该窗口中的“名字”设置区域，如图 3-11 所示。

图 3-10　点击“编辑资料”按钮

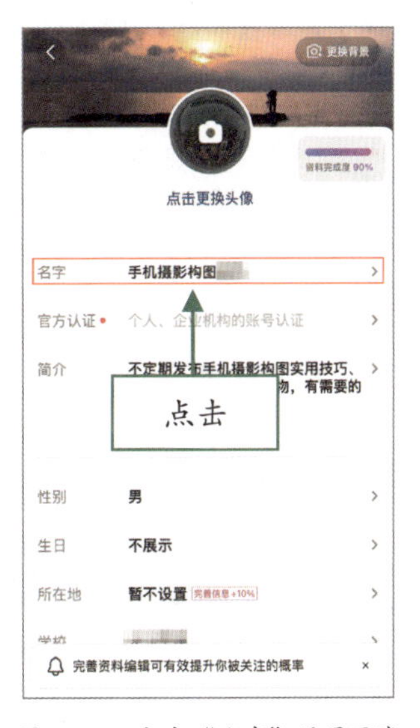

图 3-11　点击“名字”设置区域

步骤 03 执行操作后，进入“修改名字”界面，在“我的名字”下方的输入栏中，❶输入新的账号名字；❷点击“保存”按钮，如图3-12所示。

步骤 04 执行操作后，返回“我”界面，可以看到已完成了对账号名字的设置，如图3-13所示。

图 3-12 输入新的账号名字并点击“保存”按钮

图 3-13 完成对账号名字的设置

专家提醒

设置抖音号的账号名字时有两个基本技巧，具体如下。

（1）名字不能太长，应尽量控制在10个字以内，太长的话难以被用户记住。

（2）名字要体现账号的行业定位，让用户明白该账号主要在做哪方面的内容。

3.2.3 账号头像：展示标志性的内容

运营者可以在抖音App的“我”界面设置账号头像，具体操作如下。

步骤 01 进入抖音App的“我”界面，点击账号头像，如图3-14所示。

步骤 02 执行操作后，进入头像展示界面，点击界面中的“更换头像”选项，如图3-15所示。

步骤 03 执行操作后，弹出“所有照片”窗口，在该窗口中选择需要作为账号头像的照片，如图3-16所示。

步骤 04 执行操作后，进入账号头像裁剪界面，对照片进行裁剪后，点击“确定”按钮，如图3-17所示。

图 3-14 点击账号头像

图 3-15 点击“更换头像”选项

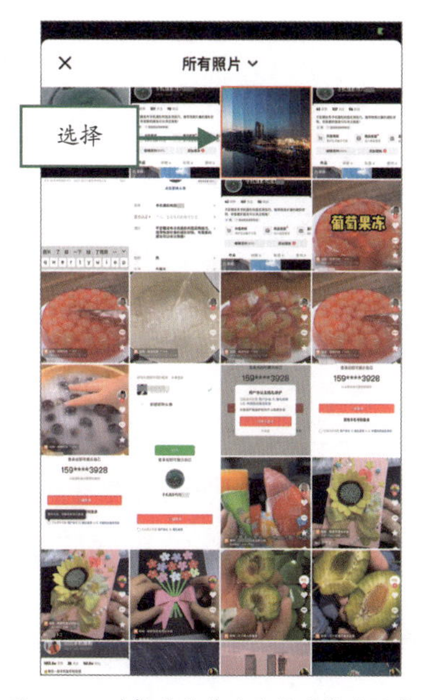

图 3-16 选择需要作为账号头像的照片

图 3-17 点击“确定”按钮

步骤 05 执行操作后，弹出“将新头像发布到日常”窗口，点击该窗口中的“完成”按钮，如图3-18所示。

步骤 06 执行操作后，返回“我”界面，即可看到头像修改完成，如图3-19所示。

图 3-18　点击“完成”按钮

图 3-19　完成头像修改

专家提醒

设置抖音号的账号头像时有两个基本技巧，具体如下。

（1）头像一定要清晰，可以在设置头像前调整目标照片的清晰度。

（2）个人账号可以使用运营者的肖像作为头像；企业账号可以使用企业代表人物的肖像，或者带有企业名称、品牌LOGO等标志性内容的照片作为头像。

3.2.4 账号简介：展示各类重要信息

在账号简介中，运营者可以对带货领域、品种、品牌等进行说明；可以留下微信号等联系方式，更好地与潜在消费者进行沟通；还可以写明账号直播时间，吸引更多用户观看直播。具体来说，运营者可以通过如下操作设置账号简介。

步骤 01 点击“我”界面中的“编辑资料”按钮，弹出对应窗口后，点击该窗口中的“简介”设置区域，如图3-20所示。

步骤 02 执行操作后，进入“修改简介”界面，❶在该界面中输入新的简介内容；❷点击“保存”按钮，如图3-21所示。

步骤 03 执行操作后，返回“我”界面，即可看到设置成功的简介内容，如图3-22所示。

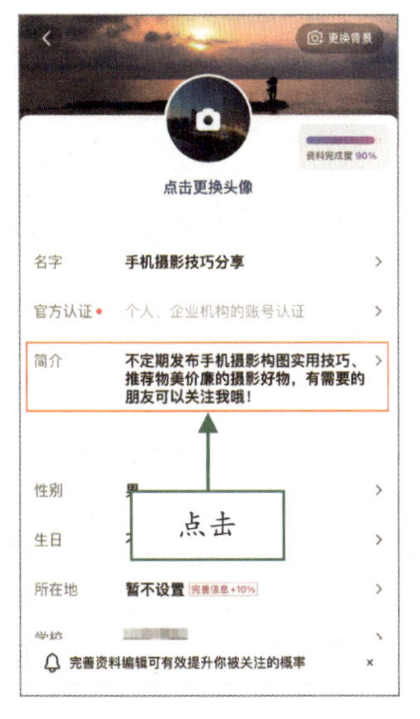

图 3-20　点击“简介”设置区域

图 3-21　输入新的简介内容后点击“保存”按钮

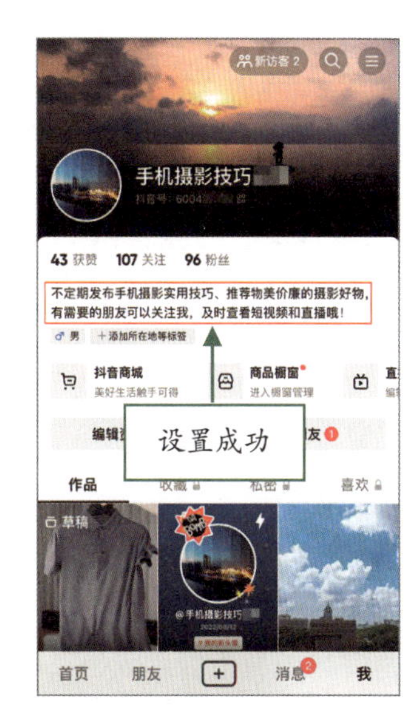

图 3-22　简介内容设置成功

专家提醒

抖音号的简介内容通常要简单明了，让用户看到之后能迅速把握重点信息，其基本设置技巧如下。

（1）为了更好地吸引用户关注账号，运营者可以在账号简介的前半部分描述账号特点及功能，在后半部分引导用户关注账号。

（2）在账号简介中引导用户添加微信号时，应尽量避免直接使用“微信”字眼，可以使用“VX”“V”“微X”等字眼代替“微信”，以防被屏蔽或限流。

3.2.5 账号背景：为自身的运营目的服务

账号背景即抖音号主页界面上方的图片。部分运营者认为是否设置账号背景不重要，其实不然。如果运营者使用抖音的默认背景，用户看到账号背景之后，很可能会觉得这个账号平平无奇，毫无特色。而且，运营者连账号背景都不设置，很容易让用户觉得这个账号没有被用心运营。

因此，即便是随意换一张图片，也比直接用抖音的默认背景好得多。更何况，账号背景本身就是一个很好的宣传场所。

例如，运营者可以设置带有引导关注类文字的账号背景，提高账号的吸粉能力；又如，运营者可以在账号背景中展示自身的业务范围，让用户一看就知道这一账号带的是哪类货，或提供的是哪方面的服务。这样，当用户有相关需求时，很可能会优先想起这一账号。

那么，运营者应该如何设置账号背景呢？下面，笔者对具体操作步骤进行介绍。

步骤 01 进入抖音App的“我”界面，点击界面上方背景图片所在的位置，如图3-23所示。

步骤 02 执行操作后，进入背景图片展示界面，点击界面下方的“更换背景”按钮，如图3-24所示。

步骤 03 执行操作后，弹出“所有照片”窗口，在该窗口中选择需要作为账号背景的照片，如图3-25所示。

步骤 04 执行操作后，弹出“裁剪”窗口，在该界面裁剪图片并预览背景展示效果，裁剪完成后，点击界面下方的“确定”按钮，如图3-26所示。

图 3-23　点击背景图片所在的位置

图 3-24　点击“更换背景”按钮

步骤 05 执行操作后，返回“我”界面，如果账号背景完成了更换，就说明设置成功了，如图3-27所示。

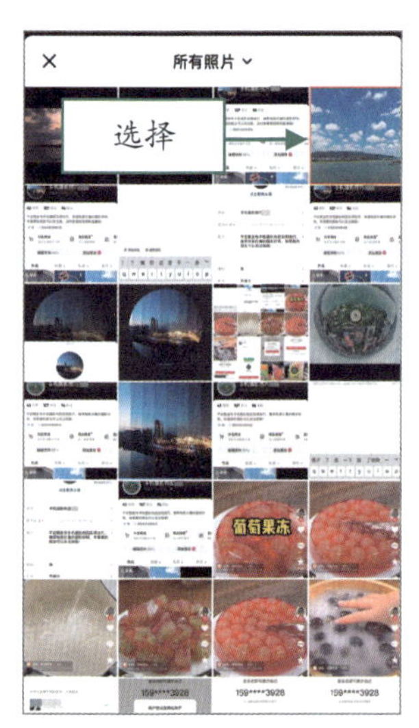

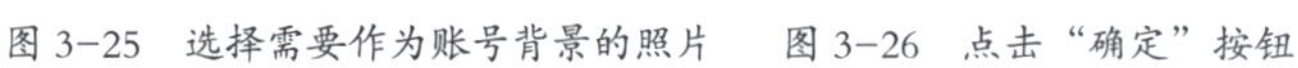

图 3-25　选择需要作为账号背景的照片　图 3-26　点击“确定”按钮

图 3-27　背景设置成功

3.2.6 其他信息：完善运营者的各项资料

除了设置账号名字、头像、简介和背景之外，运营者还可以对账号中自己的性别、生日、所在地、学校等信息进行设置。下面，笔者以设置所在地为例，介绍具体操作步骤。

步骤 01 点击“我”界面中的“编辑资料”按钮，弹出对应窗口后，点击该窗口中的“所在地”设置区域，如图3-28所示。

步骤 02 执行操作后，进入“选择地区”界面，点击“当前位置”下方的定位地址，如图3-29所示。

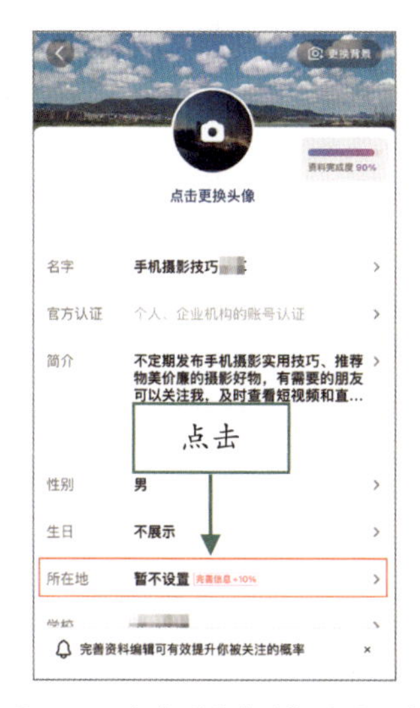

图3-28 点击“所在地”设置区域

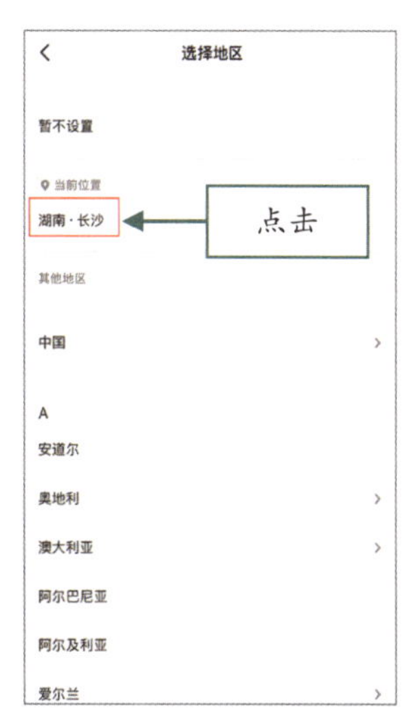

图3-29 点击“当前位置”下方的定位地址

步骤 03 执行操作后，账号资料中会显示修改后的所在地（位置具体到区），如图3-30所示。

步骤 04 返回“我”界面，账号简介下方会显示修改后的所在地标签（位置具体到市），如图3-31所示。

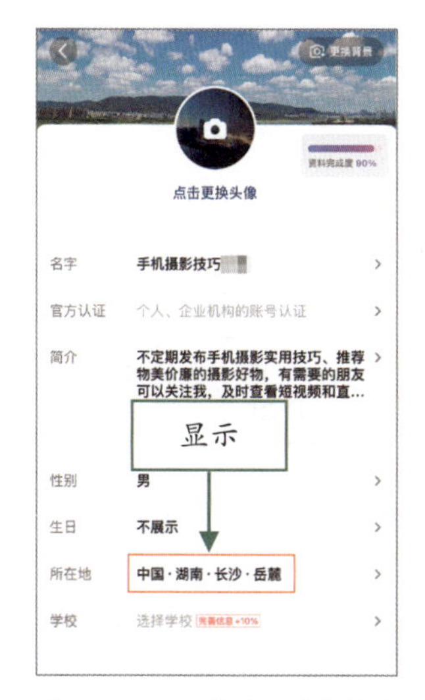

图3-30 显示修改后的所在地

图3-31 显示修改后的所在地标签

3.3 蓝V认证：获得更多的运营权益

不同群体运营抖音号的目的有所不同，但想达成目的，最重要的都是拥有一个能更好、更快达成目的的抖音号。对于企业（包括品牌方、公司和商家）来说，运营蓝V企业号可以说是运营抖音号的一种必然选择。通过蓝V认证，不仅意味着得到了抖音官方的认可，还能解锁更多有助于企业营销的玩法。

3.3.1 为何认证：申请蓝V的主要价值

蓝V企业号可以帮助企业借助抖音平台的多种营销推广功能，实现价值闭环。因为抖音平台具有信息密度高的特点，无论在抖音平台的成长历程是长还是短，企业均可通过使用蓝V企业号实现价值落地，满足自身的营销诉求。具体来说，蓝V企业号的价值落地体现在如下4个方面。

1. 品牌价值

通过蓝V认证，可以保证品牌账号的唯一性、官方性和权威性。通过蓝V认证之后，企业可以将蓝V企业号作为固定的抖音营销推广阵地，借助抖音的传播，发挥品牌的影响力。另外，通过认证的蓝V企业号有主页定制功能，能让宣传推广获得更好的效果，从而更加充分地发挥品牌的价值。

2. 用户价值

对于企业来说，认证蓝V账号后，每一个账号关注者都是目标用户。如果能够高效挖掘账号关注者的价值，便可充分发挥粉丝的影响力，实现用户对品牌的反哺。使用蓝V账号，可以通过粉丝互动管理，绘制粉丝画像，让内容触达用户，从而为用户营销提供全链路工具，更好地实现用户价值。

3. 内容价值

蓝V企业号拥有更丰富的内容互动形式及更强的内容扩展性，因此更加符合用户的碎片化、场景化需求，能让更多用户沉淀下来，在与企业的互动过程中充分发挥价值，为实现品牌目标提供助力。具体来说，企业可以借助日常活动、节日营销和线下活动，更好地实现蓝V企业号的内容价值。

4. 转化价值

蓝V企业号可以通过多种途径实现从吸引用户到转化用户的闭环，最大限度地发挥营销短路径的优势。利用蓝V企业号的视频入口、主页入口和互动入口，企业可以刺激抖音用户一边看一边买，实现转化价值。

3.3.2 认证方法：申请蓝V的具体操作

运营者可以通过认证企业号开通蓝V账号，获得更多营销权益。运营者要认证企业号，需要先找到企业号的认证入口，具体步骤如下。

步骤 01 进入抖音官网，将鼠标指针停留在“合作”按钮上，会弹出一个列表框，单击列表框中的“认证与合作”选项，如图3-32所示。

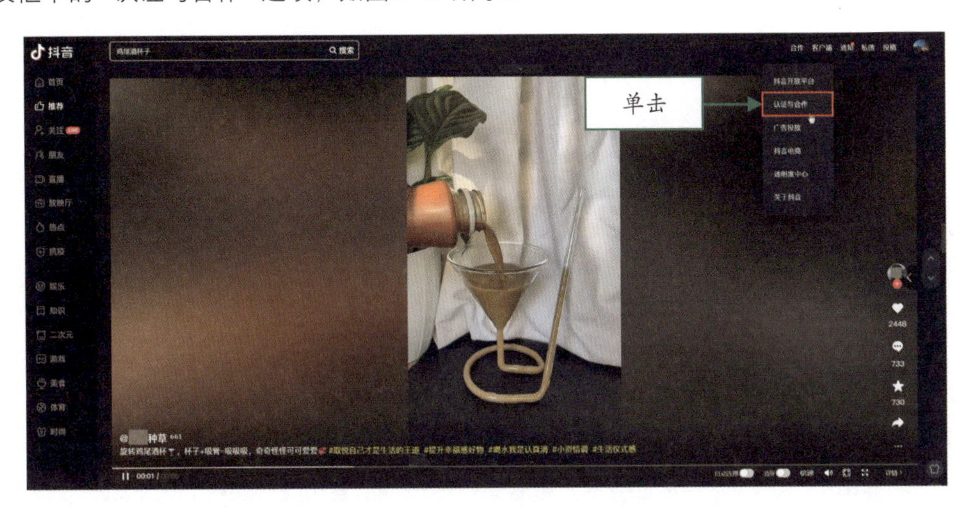

图3-32 单击“认证与合作”选项

步骤 02 执行操作后，进入“抖音”页面，单击“企业认证”板块中的“立即认证”按钮，如图3-33所示。

图3-33 单击“立即认证”按钮

步骤 03 执行操作后，进入“抖音|企业认证”页面，单击“开启认证”按钮，如图3-34所示，开始进行企业认证。

图 3-34　单击“开启认证”按钮

从图3-34中不难看出，企业认证分为4个步骤。那么，在进行这4个步骤的操作时，具体要做些什么呢？接下来，笔者对此进行逐一讲解。

1. 填写认证资料

单击“抖音|企业认证”页面中的“开启认证”按钮，即可进入认证资料填写页面，如图3-35所示。运营者需要在该页面中按照要求填写相关资料，资料填写完成后，单击页面下方的“提交资料”按钮即可。

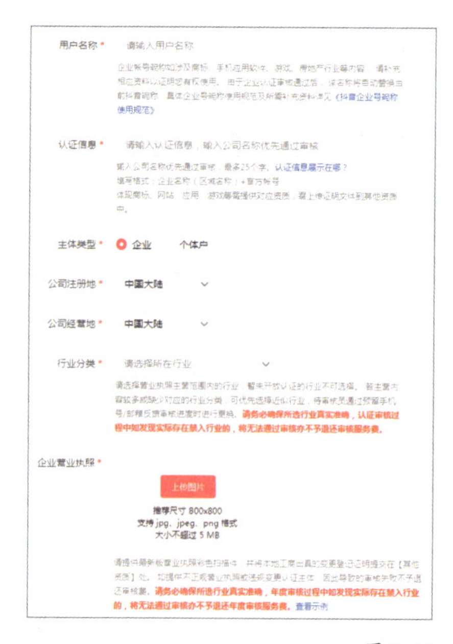

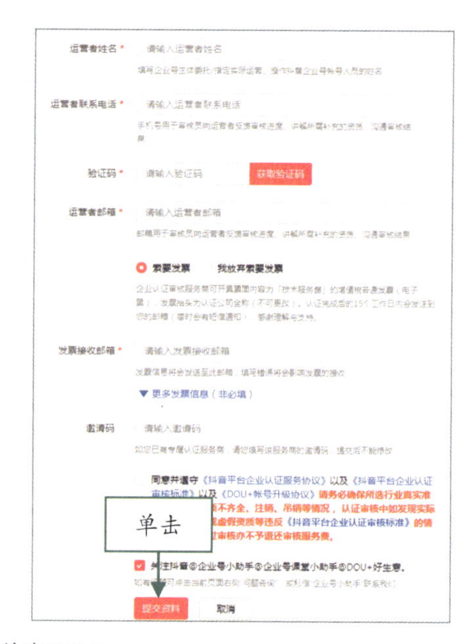

图 3-35　认证资料填写页面

2. 支付审核费用

单击认证资料填写页面中的“提交资料”按钮后，系统会弹出支付审核费用的提示。蓝V企业号的审核费用为600元/次，认证有效期为1年。也就是说，1年之后，需要再次进行审核，并支付审核费用。

3. 认证资质审核

支付审核费用之后，相关认证人员会根据《抖音企业认证材料规范》(在企业认证说明页面的企业认证步骤板块中有该规范的浏览入口，运营者单击浏览链接即可进行查看)对运营者提交的资料进行审核。

4. 通过审核

认证资质审核通过后，相关工作人员会在3个工作日内对账号进行认证。通过认证审核后，运营者便拥有了蓝V企业号。

企业认证完成后，对应账号名称的下方会显示企业名称和蓝V标识，方便运营者借助账号的蓝V权益进行品牌营销，让品牌信息和商品信息更好地触达用户。

3.3.3 核心权益：蓝V账号的实用功能

认证蓝V企业号不仅要准备各种资料、完成各个认证步骤，还要支付审核费用，既花费时间成本，又花费金钱成本。那么，为什么还要进行蓝V企业号认证呢？这主要是因为认证后的蓝V企业号拥有许多实用功能，具体如下。

1. 专属的认证信息

通过蓝V认证的企业号，会在主页名字左下方显示图标，如图3-36所示。用户看到该图标，就会明白这是通过了蓝V认证的企业号，对于账号中的内容和商品，会多一分信任。

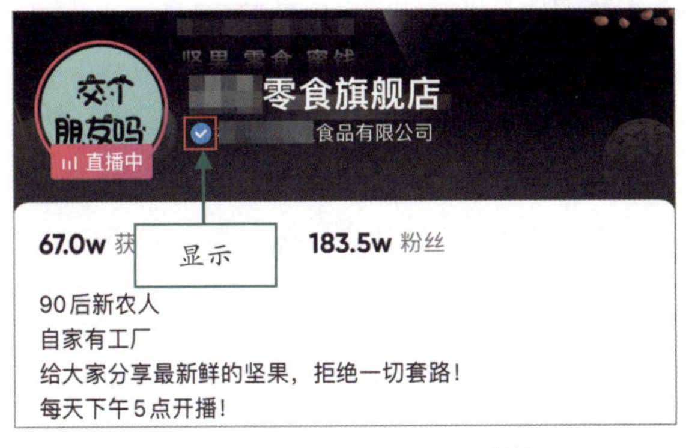

图3-36 显示在账号名字左下方的图标

2. 账号搜索置顶

用户使用抖音的“搜索”功能搜索相关抖音号时，系统会将通过蓝V认证的企业号置顶显示，这可以让企业的目标用户更快地找到企业账号，帮助企业抢占流量。

3. 设置链接组件

蓝V企业号拥有设置链接组件的权益，通过设置链接组件，可以在抖音主页中添加企业、品牌和店铺的信息链接，让有需要的用户更便捷地了解相关信息。

如图3-37所示，某公司在抖音号主页中添加了“联系电话”按钮，用户进入其主页后，❶点击该按钮，会弹出呼叫对应号码的窗口；❷点击呼叫窗口中的联系方式，即可与企业的相关工作人员取得联系。

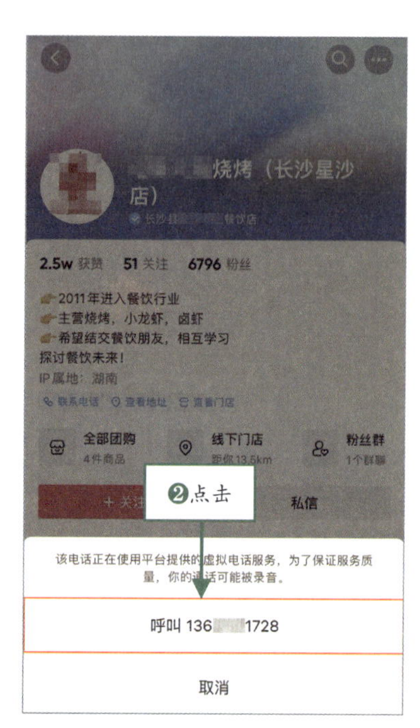

图3-37 使用电话呼出组件与企业取得联系

4. 认领POI地址

蓝V企业号可以通过认领POI（Point of Information的缩写，即兴趣点）地址，进行信息曝光及流量转化，将线上用户引至线下实体店。在如图3-38所示的截图中，抖音号名字的上方有带有📍图标的链接，用户点击该链接，即可查看店铺的详情信息。

该功能对于拥有线下实体店的蓝V企业来说非常实用，用户不仅可以借助POI地址认领功能查看店铺的相关情况、联系店铺的相关人员，还可以借助导航软件，直接到访线下实体店。

图 3-38　通过认领POI地址展示店铺详情信息

3.4 把握要点：普通人运营账号的技巧

面对火爆的抖音，普通人如何做运营，才能借助它获得不菲的收入呢？这需要运营者重点把握好抖音号运营的要点。

3.4.1 运营基础：遵守抖音平台的规则

对于运营者来说，做原创是最长久、最靠谱的事情。在互联网上，想借助平台成功变现，一定要做到两点，其一，遵守平台规则，其二，发布优质原创内容。下面重点介绍抖音的平台规则。

（1）不建议做低级搬运。如果进行低级搬运，抖音平台会做出封号处理或对搬运的作品不予推荐。

（2）视频必须清晰、无广告。

（3）严格执行视频推荐算法机制，例如，先给100个人推荐某账号新发布的视频，这100个人就是一个流量池，假如这100个人观看视频之后反馈比较好，有80个人看完了视频，有30个人点赞，有10个人发布评论，系统会默认该视频是一个非常受欢迎的视频，会再次将视频推荐到下一个流量池，即将视频推荐给1000个人并观察反馈效果，反复重复该过程，这也是大家经常看到一个热门视频连续好几天出现在“首页”界面中的原因。当然，如果第一个流量池中的100个人反馈不好，这个视频是得不到后续推荐的。

（4）账号权重。笔者分析过很多账号，发现上热门的抖音普通运营者有一个共同的特点，即给别人点赞的作品很多，最少的都上百。这是一种模仿正常用户行为的玩法，如果一创建账号就直接发视频，系统可能会判定该账号是一个营销广告号或小号，采取审核、屏蔽等措施。具体来说，提高账号权重的方法如下。

①使用头条号登录。先使用QQ号登录今日头条App，再在抖音的登录界面选择今日头条登录。抖音是今日头条旗下的产品，使用头条号登录，能够增加账号权重。

②模仿正常用户行为。多点赞、评论、转发热门作品，选择互动的账号粉丝越多，获得的效果越好，因为这些行为会让系统判定该账号是一个正常使用中的账号。

3.4.2 把握时机：选择内容的发布时间

发布抖音短视频时，笔者建议的发布频率是一周2~3条，然后进行精细化运营，保持账号的活跃度，尽可能让每一条短视频都上热门。至于发布的时间，为了让短视频作品被更多的人看到，一定要选择在用户在线人数较多的时间进行发布。

据统计，饭前和睡前是用户在线人数较多的时间，有62%的用户会在这段时间内打开抖音App，此外，有10.9%的用户会在碎片时间打开抖音App，如使用卫生间时或上班路上。周末和节假日这些时间段，抖音的用户活跃度也非常高。因此，笔者建议大家将短视频的发布时间控制在以下3个时间段内，如图3-39所示。

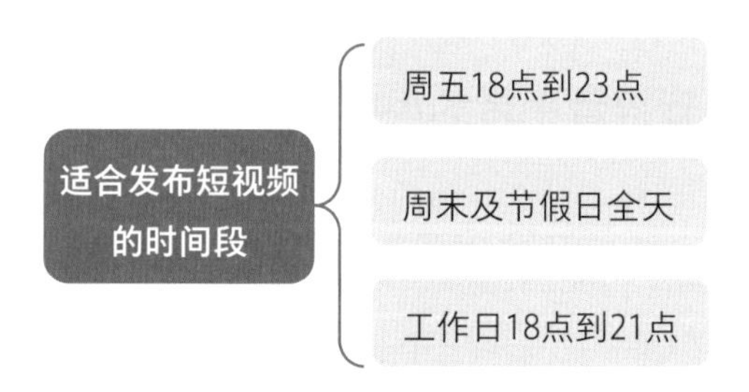

图3-39　适合发布短视频的时间段

同样的作品在不同的时间段内发布，效果是不一样的，流量高峰期时，作品有可能被更多人看到。如果运营者一次性录制了好几个短视频，千万不要同时发布，每两个短视频发布中间至少间隔一个小时。

不过，适合发布短视频的时间段不是绝对的，需要运营者综合考虑自己目标用户群体的空闲时间。受职业不同、工作性质不同、领域不同等因素影响，不同主题、不同领域的短视频适合的发布时间点有所差别，运营者要结合内容属性和目标人群，选择一个最合适的发布时间点。

3.4.3 管控内容：不要随意删除短视频

很多短视频是在发布了一周甚至一个月之后才突然火爆的，这一点给了笔者一个很大的感悟，那就是抖音上人人平等，唯一不平等的就是内容的质量。一个抖音账号能否快速获得一百万粉丝，能否快速吸引目标用户的关注，最核心的永远是内容。

所以，笔者特别强调一个核心词，叫“时间性”。很多人在运营抖音号时有一个不好的习惯，即发现某个短视频的整体数据很差时，会冲动地把这个短视频删除。笔者建议大家不要轻易删除已发布的短视频，尤其是在账号处于稳定成长阶段的时候，删除作品对账号有很大的影响，具体表现在以下两点。

（1）可能会减少作品上热门的机会，降低内容被再次推荐的可能性。

（2）账号权重会受到影响，如果账号已经运营维护得很好了，内容已经能够得到稳定的推荐，突然把之前发布的短视频删除，可能会影响当下已经拥有的整体数据。

这就是“时间性”的表现，那些默默无闻的作品，可能过一段时间后，能够得到新的流量扶持或曝光，因此不要随意把作品删除。

3.4.4 避免踩雷：规避账号运营的误区

在短视频领域，渠道运营是非常重要的工作。做抖音号运营的过程中，有两部分内容，运营者一定要知道，第一部分内容是平台的规则，第二部分内容是运营的误区。

抖音号运营工作比较复杂，运营者不仅要懂如何做内容，还要懂如何做互动。但现实情况是内容团队往往没有充足的预算可以配备完善的运营队伍，导致运营者要负责多方面的工作，一不小心就会陷入工作误区，抓不住工作重点。下面为大家介绍最常见的4个抖音运营误区。

1. 不与用户进行互动

第一个误区是不与用户进行互动。这一点很好理解，一般留下评论的是渠道中相对活跃的用户，及时进行互动有助于吸引用户的关注，而且，抖音官方很希望有影响力的运营者可以带动平台用户，营造活跃的氛围。

当然，运营者不用每一条评论都回复，可以筛选一些有想法、有意思或有价值的评论进行回复和互动。其实，很多运营者不是不知道互动的重要性，未互动，主要是因为精力有限，没有时间去实践，但需要明确的是，这是一件事半功倍的事，值得投入时间与精力。

2. 运营渠道单一

第二个误区是运营渠道单一，只做抖音号运营。建议大家进行多渠道运营，因为多渠道运营会帮助运营者获得更多机会，而且很多作品可能会在不经意间成为其他渠道的爆款，带来一些小惊喜。例如，运营者可以使用抖音号入驻抖音盒子平台，用同一个账号，同时运营两个平台。

3. 过度追热点

追热点是值得鼓励的，但是要把握好度，内容上不能超出账号所定位的领域，如果热点与账号所属领域和作品创作风格完全无关，千万不能硬追热点。

这一点可以在抖音平台上得到验证。单一个抖音短视频火爆之后，创作者往往很难长期留住该短视频带来的粉丝，因为很多创作者习惯于抄袭而不是原创，这样很难持续产出风格统一的作品，就算偶然间产出了一两个爆款，也无法黏住粉丝。

4. 从来不做数据分析

数据分析是一个需要持之以恒地完成的工作。数据可以暴露一些纯粹的问题，例如，在一段时间内，账号内容的整体数据下滑，肯定是哪里出了问题，不管是主观原因还是客观原因，运营者都要第一时间排查。如果只是某一天的数据突然下滑，那么就要看是不是平台的政策有了调整。

除此之外，数据分析的结果还可以指导运营者调整运营策略，例如对用户的活跃时间点、竞争对手的活跃时间点等进行的数据分析。

除了以上4个运营误区之外，还有很多要特别注意的点，这就需要大家在各自的运营工作中去发现问题并寻找解决方法了。

第4章

内容打造：快速提升账号的电商变现能力

在借助兴趣电商实现变现的过程中，内容的打造很关键，需要运营者持续创作优质的带货内容，吸引更多用户的关注，从而提升账号的变现能力。在这一章中，笔者重点为大家介绍内容打造的相关方法和技巧。

4.1 内容策划：优质内容是这样来的

短视频的内容策划是有技巧的，运营者掌握了内容策划的技巧后，根据策划的脚本制作的短视频就很可能获得较为可观的播放量，优质短视频的播放量甚至可以达到10余万。具体来说，如何进行短视频内容策划呢？这一节，笔者对这个问题进行解答。

4.1.1 商品为重：围绕商品策划脚本

制作“种草”短视频的最终目的是进行带货，提升商品销量。基于这一点，运营者可以围绕商品策划脚本。

例如，运营者可以先购买并亲自使用商品，总结商品的卖点，再结合卖点策划脚本，确定脚本内容，包括商品的展示场景、卖点的展示方式、出镜的人物等。

4.1.2 立足话题：根据话题策划脚本

运营者可以选择用户感兴趣的话题，据此策划具体的“种草”短视频。当然，选择话题时，也需要掌握一定的技巧。

例如，夏季阳光强烈，出门在外很容易被晒黑，此时，防晒通常会成为女性讨论的热门话题。对此，运营者可以立足防晒这个话题来策划短视频，选择亲测有效的几款商品进行短视频“种草”，将其推荐给有需要的用户。

4.1.3 热度优先：围绕热点策划脚本

通常来说，热度越高的内容，越容易受到用户的关注。对此，运营者可以先对平台的热点加以了解，再选择与热点相关的商品策划脚本并制作“种草”短视频，借助平台的热点提升带货的效果。

例如，抖音盒子App的“首页—推荐”界面中会显示热点信息，运营者可以点击热点链接，进入热点详情界面，查看与热点相关的“种草”短视频（滑动界面，可以查看该热点中的其他“种草”短视频），如图4-1所示。

通过查看热点内容，运营者可以参照他人的经验，策划商品“种草”短视频。有需要的运营者，还可以直接在短视频标题中添加热点话题，并将短视频发布到抖音平台上，让更多用户看到短视频中的带货内容。

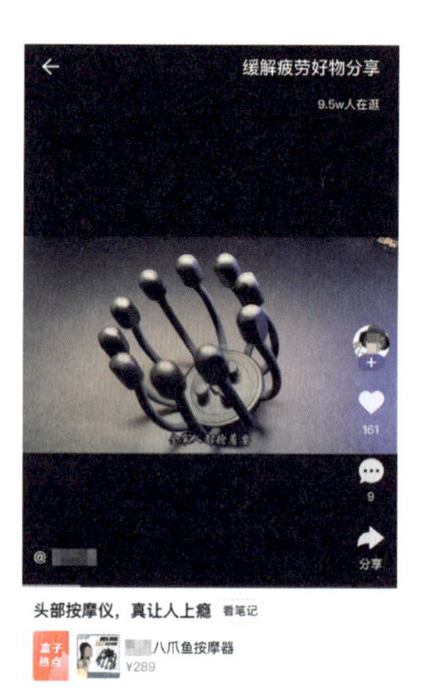

图 4-1 点击热点链接查看相关的“种草”短视频

4.1.4 具体实施：将脚本内容细节化

进行策划时，运营者要尽量将短视频脚本细节化，把重要的内容详细地展示出来。具体来说，在策划短视频脚本时，运营者需要做好以下工作。

1. 前期准备

在编写脚本之前，运营者需要做一些前期准备工作，确定短视频的整体内容思路。

（1）确定拍摄的内容。每个短视频都应该有明确的主题，以及为主题服务的内容。而要明确短视频的内容，就需要在编写脚本时将拍摄内容确定下来，列入脚本中。

（2）确定拍摄的时间。有时候，拍摄一条短视频涉及的人员比较多，此时就需要协调拍摄时间，来确保短视频拍摄工作正常进行。另外，有的短视频内容可能对拍摄时间有特殊要求，需要在编写脚本时就将拍摄时间确定下来。

（3）确定拍摄的地点。许多短视频对于拍摄地点有一定的要求，例如是在室内拍摄，还是在室外拍摄？是在繁华的街道上拍摄，还是在静谧的山林中拍摄？这些都应该在编写脚本时确定下来。

（4）确定使用的背景音乐。背景音乐是短视频内容的重要组成部分，背景音乐用得好，甚至可以成为短视频的点睛之笔。因此，在编写脚本时，就要将背景音乐确定下来。

2. 整体架构

短视频脚本的编写是一个系统工程，一个脚本从空白到完成整体构建，需要经过3个步骤，具体如下。

（1）确定主题。确定主题是编写短视频脚本的第一步，也是关键性的一步，因为只有主题确定了，运营者才能围绕主题策划脚本内容，并在此基础上将符合主题的重点内容有针对性地展示给核心目标人群。

（2）构建框架。主题确定之后，需要构建起一个相对完整的脚本框架，例如，可以从“什么人，在什么时间、什么地点，做了什么事，造成了什么影响”这一角度出发，勾勒短视频脚本的大体框架。

（3）完善细节。内容框架构建完成后，运营者还需要在脚本中对一些重点内容的细节进行完善，让整个脚本内容更加具体。例如，运营者在编写脚本的过程中，可以对短视频中将要出镜的人物的穿着、性格特征、特色化语言等进行策划，让出镜人物的表现更加形象和立体。

3. 剧情策划

剧情策划是编写脚本过程中需要重点把握的内容。在策划剧情的过程中，运营者需要从两个方面入手做好详细的设定，即人物设定和场景设定。

（1）人物设定。人物设定的关键在于通过人物台词的设计、人物情绪的变化、人物性格的塑造等来构建一个立体的形象，让用户看完短视频之后，对短视频中的相关人物留下深刻的印象。除此之外，成功的人物设定，还能让用户通过人物的表现，对人物面临的相关情况感同身受。

（2）场景设定。良好的场景设定不仅能够对短视频内容起到渲染作用，还能够让短视频的画面更具美感、更能吸引用户的注意力。具体来说，运营者在编写脚本时，可以根据短视频主题的需求，对场景进行具体设定，例如，要制作宣传厨具的短视频，可以在编写脚本时，把场景设定在一个厨房中。

4. 人物对话

在短视频中，人物对话主要包括短视频的旁白和人物的台词。短视频中的人物对话，不仅能够对剧情起推动作用，还能够展示人物的性格特征，例如，要打造一个勤俭持家的人物形象，可以在短视频中设计该人物买菜时与菜店店主讨价还价的对话。

在编写脚本时，运营者需要对人物对话多一分重视，一定要结合人物形象来设计对话。有时候，为了让短视频中的人物给用户留下深刻的印象，运营者甚至需要为人物设计特色口头禅。

5. 脚本分镜

编写脚本时，运营者需要将短视频内容分割为一个个具体的镜头，并针对具体的镜头策划内容。具体来说，脚本分镜主要包括分镜头的拍摄方法（包括景别和运镜方式）、分镜头的时长、分镜头的画面内容、分镜头的旁白和背景音乐等。

策划脚本分镜，实际上是将短视频制作这个大项目，分解为一个个具体可实行的小项目（一个个分镜头）。因此，策划分镜头内容时，不仅要将镜头内容具体化，还要考虑分镜头拍摄的可操作性。

4.2 拍摄视频：带货内容的制作技巧

带货短视频要想获得好的带货效果，需要在拍摄时合理利用各种镜头和技巧，保证视频画面的清晰度和美观度。一段短视频的内容再好，如果画面不够清晰和美观，也会使整体质量大打折扣。下面，笔者对带货短视频的拍摄技巧加以介绍，帮助运营者快速拍摄出高质量的短视频。

4.2.1 选择设备：保证带货短视频的画质

对于带货短视频的拍摄设备来说，理论上只要是能拍视频的相机或手机就可以，当然，设备的性能越好，画质就越好。下面，笔者对带货短视频的基本拍摄设备进行介绍，帮助大家快速选出适合自己的拍摄设备。

1. 用手机就能拍摄带货短视频

对于那些对带货短视频品质要求不高的运营者来说，普通的智能手机即可满足拍摄需求，这也是目前大部分运营者最常用的拍摄设备。

选择拍摄带货短视频的手机时，应主要关注手机的视频分辨率规格、视频拍摄帧速率、防抖性能、对焦能力、存储空间等数据，尽量选择一款拍摄画质稳定、流畅，并且可以方便地进行后期制作的智能手机。

2. 适合拍摄带货短视频的相机

购买拍摄带货短视频的相机之前，运营者要先确定预算，再在预算范围内选择一款性价比较高，且适合自己的相机。在确定具体的机型时，运营者需要先明确相机的用途，即买相机主要用来拍什么，再对对应的功能加以特别关注，如图4-2所示。

先明确购买相机的用途，再对对应的功能加以特别关注	用于拍人物：特别关注对焦速度、图像传感器质量、人物肤色的成像效果
	用于拍景色：特别关注对焦点的数量、广角端焦距的大小
	用于移动拍摄：特别关注是否支持4K视频、追焦摄影，与此同时，电池续航能力和视频成像质量要好

图 4-2 相机的用途及其需要特别关注的功能

对于入门级运营者来说，推荐使用操控性较好，同时具备成像效果柔和、自动对焦功能强大、色彩还原度高等优点的相机。使用这种相机拍摄的短视频，基本不需要进行过多的后期处理。

3. 适合拍摄带货短视频的镜头

如果运营者选择使用单反相机拍摄带货短视频，那么最重要的部件是镜头。镜头的优劣会对短视频的成像质量产生直接影响，而且使用不同的镜头可以创作出不同的短视频画面效果。下面介绍拍摄带货短视频常用的镜头类型。

（1）广角镜头：广角镜头的焦距通常比较短、视角较宽，而且其景深很深，非常适合拍摄户外较大场景的短视频，画质和锐度都相当不错。

（2）长焦镜头：普通长焦镜头的焦距通常为85~300mm，超长焦镜头的焦距可以超过300mm，便于拉近拍摄距离，清晰地拍摄远处的物体，其主要特点是视角小、景深浅、透视效果差。拍摄商品的特写画面时，使用长焦镜头可以获得更浅的景深效果，从而更好地虚化背景，让用户的目光聚焦在短视频画面中的商品主体上。拍摄夜景或有遮挡物的逆光场景时，使用长焦镜头可以让焦外光晕显得更大，画面更加唯美。

在选择拍摄带货短视频的镜头时，运营者一定要注意了解镜头上的各种参数信息，如品牌、焦距、光圈、卡口类型等。

4.2.2 镜头表达：突出带货短视频的主体和主题

拍摄带货短视频时，运营者需要在掌握镜头的角度、景别、运动方式等方面下功夫。优化运镜手法，能够帮助运营者更好地突出带货短视频的主体和主题，让用户的视线集中在运营者要展示的商品对象上，让短视频画面更加生动。

1. 稳定的运镜方式

拍摄中的镜头包括两种常用类型，即固定镜头和运动镜头。

使用固定镜头拍摄带货短视频时，镜头的机位、光轴、焦距等都保持固定，适合拍摄主体有运动变化的对象，如360°旋转展示用途和特色的商品。

运动镜头则指会在拍摄时不断调整位置和角度的镜头，也可以称之为移动镜头。在拍摄形式上，运动镜头比固定镜头更加多样化，常见的运动镜头包括推拉运镜、横移运镜、摇移运镜、甩动运镜、跟随运镜、升降运镜、环绕运镜等。运营者拍摄带货短视频时可以熟练使用这些运镜方式，更好地突出画面细节，表达主题内容，吸引更多用户关注商品。

2. 创意十足的镜头语言

镜头语言是指将镜头作为一种表达方式，在视频中展现拍摄者的意图。根据景别和视角的不同，镜头语言的表达方式千差万别。对于带货短视频的拍摄来说，虽然短视频的时长有限，但人的创意无限，最重要的是运营者的想法，好的镜头语言离不开好的想法。

下面以拍摄一款电煮锅的带货短视频为例，看看它在镜头语言方面有哪些创意。该短视频的脚本分为“外观展示+细节展示+使用方法展示”3个部分，需要注意的是，策划电煮锅带货短视频的脚本时，应该抓住电煮锅的多种功能及详细的使用方法进行展示，并展示使用后的效果。

（1）外观展示。首先展示电煮锅的整体外观，采用从特写镜头到全景镜头的运镜方式，突出电煮锅的健康材质，并选择厨房作为背景进行搭配展示，更好地突出电煮锅的用途。

（2）细节展示。接下来展示电煮锅的细节特征，包括玻璃盖、蒸格、内胆、插头等部分，同样采用“全景镜头+特写镜头”的运镜方式，突出电煮锅各部分的材质细节和容量大小，抓住用户关注的卖点，更好地吸引用户购买。

（3）使用方法展示。最后使用运动镜头拍摄使用电煮锅烹饪食物的具体过程，突出电煮锅拥有多种用途的卖点，抓住用户购买电煮锅最直接的目的，直击痛点，刺激用户下单。

3. 善用镜头，增强带货短视频的感染力

拍摄带货短视频时，要注意合理运用近景、全景、远景、特写等景别，让画面中的故事情节叙述和人物感情表达等更有表现力。如运用远景镜头可以更加清晰地展示商品的外部形象和部分细节，更好地表现短视频拍摄的时间和地点。

另外，就拍摄静物带货短视频而言，比选择各种拍摄角度更重要的是画面内一定要有运动，如果固定拍摄角度，将商品放在拍摄台上一动不动，拍出来的短视频和照片没有任何区别。画面运动起来，短视频的感染力会随之增强。下面介绍一些具体的拍摄方法。

（1）镜头运动，商品不动。这是最简单的运镜方式之一，运营者只需要将商品放好，手持或用稳定器移动镜头即可，这种运镜方式比较基础，但拍摄效果非常好。

（2）固定镜头，移动商品。移动商品的方法非常多，例如将商品放在一块布上，轻轻拉动布块使商品移动，也可以直接用手移动商品。

（3）移动灯光。在与手机、汽车等商品相关的带货短视频中，经常可以看到大量的灯光移动效果，在商品表面制造丰富的光影变化。

（4）在画面中添加动感元素。动感元素的范围非常大，例如，利用电子烟可以制造烟雾效果，利用喷水壶可以制造水雾效果，此外，也可以通过后期制作在短视频中添加各种动感元素。运营者可以充分发挥自己的创造力，大胆尝试。

4.2.3 拍摄技法：不同带货内容的拍摄思路

在传统电商时代，消费者通常只能通过图文信息来了解商品详情，而如今，短视频已经成为商品的主要展示形式之一。因此，在商品上架之前，电商运营者要拍摄一些好看的带货短视频勾起消费者的兴趣，画面要漂亮，更要真实。本小节主要介绍带货短视频的拍摄技法，帮助大家轻松拍出爆款带货短视频。

1. 外观型商品的拍摄技法

拍摄外观型商品时，要重点展示商品的外在造型、图案、颜色、结构、大小等特点，建议拍摄思路为“整体→局部→特写→特点→整体”。

例如，拍摄文具盒的带货短视频时，可以首先拍摄将多个文具盒排列在一起的整体外观，然后拍摄文具盒的局部细节和特写镜头，接着拍摄文具盒的各种功能特点，最后从不同角度入手，展示单个文具盒的整体外观。

如果拍摄外观型商品时有模特出镜，可以增加一些商品的使用场景镜头，展示商品的使用效果。需要注意的是，商品的使用场景一定要真实，很多用户是“身经百战”的网购达人，什么是真的，什么是假的，他们一眼就能分辨出来，而且这些用户往往是长期的、优质的消费群体，商家一定要把握住这些用户。

2. 功能型商品的拍摄技法

功能型商品通常具有一种或多种功能，能够解决人们在生活中遇到的难题。因此，拍摄功能型商品的带货短视频时，应该将重点放在对商品功能和特点的展示上，建议拍摄思路为“整体外观→局部细节→核心功能→使用场景”。

例如，拍摄破壁机的带货短视频时，应该首先拍摄破壁机的整体外观，然后拍摄破壁机的局部细节和材质，接着使用多个分镜头演示破壁机的各种核心功能，最后拍摄破壁机的使用场景和制作的美食成品效果，部分短视频截图如图 4-3 所示。

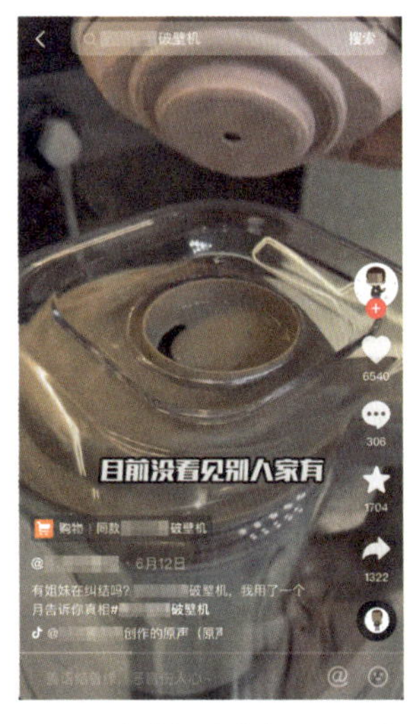

图 4-3　破壁机的带货短视频截图

3. 综合型商品的拍摄技法

综合型商品指兼良好外观和特色功能于一体的商品。拍摄这类商品时，需要兼顾两者的特点，既要拍摄商品的外观细节，又要拍摄其功能特点，同时要贴合商品的使用场景，充分展示其使用效果。如果是生活中经常用到的商品，最好选择生活场景作为拍摄场景，更容易引起用户的共鸣。

例如，手机是典型的综合型商品，不仅丰富的功能非常重要，良好的外观也是吸引用户的一大卖点。运营者拍摄手机的带货短视频时，可以首先使用一个具有视觉冲击力的开场吸引用户的目光；然后全方位地展示手机的外观特色和局部细节；最后充分展示手机的功能特点。

4. 不同材质商品的拍摄技法

对于不同材质的商品来说，拍摄带货短视频时采用的方法是有所区别的。下面分别介绍吸光体商品、反光体商品、透明体商品的拍摄技法。

（1）拍摄吸光体商品。衣服、食品、水果、木制品等商品大多是吸光体商品，比较明显的特点是它们的表面较粗糙，颜色稳定、统一，视觉层次感比较强。拍摄这类商品的带货短视频时，通常以侧光或斜侧光的布光形式为主，光源最好是较硬的直射光，更好地体现商品原本的色彩和层次感。

（2）拍摄反光体商品。反光体商品与吸光体商品刚好相反，它们的表面通常比较光滑，因此具有非常强的反光能力，如金属材质的商品、没有花纹的瓷器、某些塑料制品及玻璃商品等。拍摄反光体商品带货短视频时，需要格外注意商品上的光斑或黑斑，运营者可以利用反光板照明，或者采用大面积灯箱光源照射的方式，尽可能让商品表面的光线更加均匀，保持色彩渐变的统一性，使其看上去更加真实。

（3）拍摄透明体商品。透明的玻璃和塑料等材质的商品，都是透明体商品。拍摄透明体商品带货短视频时，可以使用高调或低调的布光方法。

①高调布光：使用白色的背景，背光拍摄，这样商品的表面会显得更加简洁、干净。

②低调布光：使用黑色的背景，用柔光箱从商品两侧或顶部打光，或者在商品两侧安放反光板，勾出商品的线条。

5. 美食类商品的拍摄技法

美食类商品非常多，不同的美食拥有不同的外观和颜色，拍摄方法不尽相同。水果与蔬菜等食材是比较容易拍摄的美食类商品，运营者可以通过巧妙地选择拍摄场景，以及合理地布局画面的构图、光影、色彩，来展现食材质感。

例如，拍摄水果带货短视频的重点在于表现水果的新鲜和味道的甜美，运营者可以直接拍摄水果的采摘过程和试吃体验。拍摄面点等美食商品的带货短视频时，运营者则可以摆放一些陪体装饰物，让主体不会显得太单调。

6. 人像模特的拍摄技法

拍摄人像短视频时，一定要注意引导模特给出合适的表情、姿势、动作，如友好的笑容、好奇的眼神、撩动秀发的手势等。很多人在拍摄短视频时放不开，或者觉得自己的“侧颜”比较好看，此时，运营者可以拍摄模特漂亮的侧面。

拍摄模特的侧面时，模特的神态和动作要自然一些，例如靠在椅子上，抬头望向上方，这样，运营者不仅能够捕捉模特面部最立体的仰头画面，还能够营造画面的情感基调。

在摄影棚内拍摄人像的全景画面时，应尽可能选择空间广阔的环境，这样不仅方便模特摆姿，同时也方便摄影师更好地进行构图、取景。另外，应保持拍摄环境的整洁，将各种装饰物品摆放在合理的位置，对人物主体起到更好的衬托作用。

想拍出有故事感的人像短视频，运营者需要用画面来讲述故事、感染观众。要做到这一点，画面必须有一个明确的主题，同时拍摄场景要连贯，人物的情绪和服装配饰都要准确、恰当。

在人像短视频中，主体人物是画面的“灵魂”，场景和服饰则是“躯壳”，没有场景的画面是非常空洞的。在室外拍摄人像短视频时，场景的主要作用是衬托人物，因此最重要的原则是尽量化繁为简，也就是说，背景要尽可能简单、干净，不能喧宾夺主。

4.2.4 构图技巧：合理安排各种物体和元素

构图，即通过合理安排各种物体和元素，获得主次关系分明的画面效果。带货短视频画面中的主体位置恰当时，画面看上去更有冲击力和美感，因此，在拍摄带货短视频的过程中，运营者要对摄影主体进行适当构图，遵循构图原则，让拍摄的短视频更加富有艺术感，更迅速地吸引用户的注意力。下面，笔者对带货短视频的构图相关知识进行介绍。

1. 带货短视频的基本构图原则

构图，起初是绘画中的专有术语，后来广泛应用于摄影、平面设计等领域。成功的带货短视频，大多拥有严谨的构图方式，能够使画面重点突出、有条有理、富有美感、赏心悦目。如图4-4所示，是带货短视频的基本构图原则。

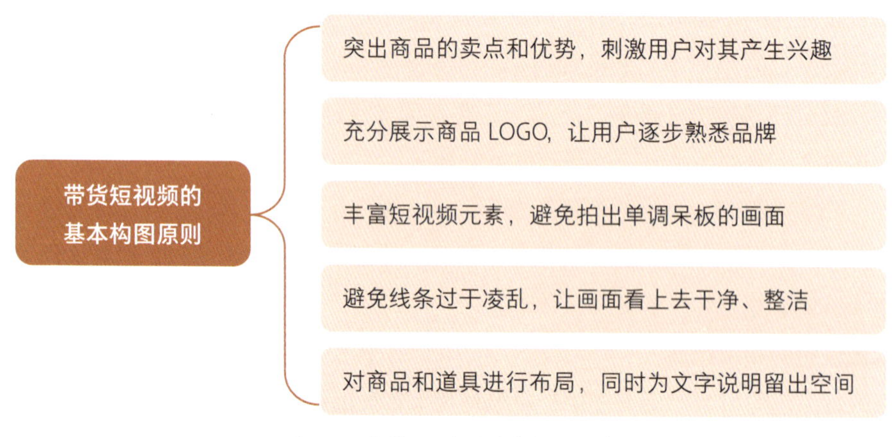

图4-4　带货短视频的基本构图原则

2. 带货短视频的基本构图形式

对于带货短视频来说，好的构图是整体画面效果的基础，配合光影的表现、环境的搭配和商品本身的亮点，带货短视频方能大放异彩。下面介绍带货短视频的基本构图形式。

（1）中心构图：中心构图即将短视频主体置于画面正中间进行取景，最大的优点在于主体突出、明确，画面可以达到上下左右平衡的效果，用户的视线会自然而然地集中在商品主体上。

（2）三分构图：三分构图即将画面用两横或两竖线条平均分割成三等分，将商品放在某一条三分线上，让商品更突出、画面更美观。

（3）对角线构图：对角线构图即在画面中对两个对角做一个连线，这个对角线上的物体可能是主体，也可能是辅体，关键是形成对角线条感，让画面富有动感，牵引着用户的视线，产生代入感。

（4）散点式构图：散点式构图即将一定数量的商品散落放置在画面中，让画面看上去错落有致、疏密有度，而且疏中存密、密中见疏，从而让用户产生丰富、宏观的视觉感受。

（5）远近结合构图：远近结合构图即利用远处与近处的对象进行距离上或大小上的对比，进而布局画面元素。实际拍摄时，需要摄影师匠心独具，先找到可以进行远近对比的拍摄对象，再从某一个角度切入拍摄，产生更强的空间感和透视感。

3. 带货短视频的进阶构图技巧

好的构图可以让带货短视频的拍摄事半功倍，构图技巧有很多，即使是同款商品，也可以在构图上形成差异化，让商品在众多同类中更亮眼。下面重点介绍一些拍摄带货短视频的进阶构图技巧。

（1）带货短视频的构图核心是突出主体。

简单来说，构图技巧是安排镜头中各个画面元素的技巧，通过对模特、商品、文案等进行合理的安排和布局，更好地展现运营者要表达的主题，或者使画面看上去更加美观、有艺术感。

短视频主体即短视频拍摄的主要对象，可以是模特，也可以是商品，主题应该围绕主体展开。通过构图突出主体，可以达到强调短视频主题、吸引用户视线的目的。

（2）选择合适的陪体、前景和背景。

优秀的带货短视频中都有明确的主体，而陪体的作用是在短视频画面中烘托主体。陪体的作用非常大，不仅可以丰富短视频画面，还可以更好地展示和衬托主体，让主体更加有美感，对表现主体起到助力作用。

严格意义上来说，带货短视频拍摄环境的作用和陪体的作用非常相似，主要是在画面中对主体起衬托作用，拍摄环境包括前景和背景，可以加强用户对短视频的理解，让短视频主题更加清晰、明确。

前景通常指位于被摄主体的前方，或者靠近镜头的景物。背景通常指位于被摄主体背后的景物，既可以让主体的存在更加和谐、自然，又可以对主体所处的环境、位置、时间等做出说明，更好地突出主体、营造画面氛围。

（3）用特写构图表现商品的局部细节。

每个商品都有自己独特的质感和外观细节，在拍摄的短视频中成功地表现这种质感、细节，可以大大地增强画面的吸引力。运营者可以换位思考，将自己想象成用户，在买一件心仪物品时，肯定会反复浏览商品详情界面，查看商品的细节，与同类型商品进行对比。因此，商品细节是决定用户是否下单的重要驱动因素之一，运营者必须将商品的每一个细节部位都拍摄清楚，打消用户的疑虑。

4.2.5 注意事项：拍摄带货短视频的关注点

随着短视频的流行，商品介绍越来越倾向于用短视频形式呈现，因为短视频的转化率比纯图片高。不过，带货短视频并不容易拍好，下面将详细介绍一些拍摄过程中的注意事项，帮助运营者拍好带货短视频。

1. 选择适合的拍摄场景

很多时候，用户看到带货短视频时，会将短视频中的人物想象成自己，推测自己用着短视频中的商品时会是怎样的感受。因此，选择带货短视频的拍摄场景非常重要，合适的场景可以让用户产生身临其境的画面感，进一步刺激用户下单的欲望。除了选择合适的拍摄场景之外，运营者还需要让模特与场景互动起来，从而让商品完全融入场景，这样拍出来的短视频更加有吸引力。

例如，防滑、耐磨的登山鞋的带货短视频很适合在户外场景中拍摄，可以让模特穿着鞋子在山路或石头路等路况较差的地方穿行，让用户产生亲身体验的感觉。如果是为皮鞋拍摄带货短视频的话，这种场景就不太合适了。皮鞋的带货短视频应尽量选择在办公室等室内场景中，或者非常“白领化”的场景中拍摄。不同的鞋有不同的场景需求，将商品放在不合适的场景中拍摄带货短视频，用户看着会觉得很别扭，自然不会有购买的兴趣。

2. 用背景营造商品使用氛围

带货短视频的拍摄背景要整洁，运营者可以根据短视频内容对镜头内的场景进行布置，尽可能地营造出商品所需要的使用氛围。

例如，拍摄保温壶的带货短视频时，可以选择桌子和窗帘作为拍摄背景，同时布置水杯、食品、报纸、笔记本等作为辅助道具，营造居家或办公室的氛围感。

3. 拍摄现场的光线要充足

拍摄带货短视频时，拍摄现场的光线一定要充足，这样才能更好地展示商品。例如，拍摄绿萝的带货短视频时，可以选择窗户作为拍摄背景，用白色的窗帘遮挡直射光，让光线变得柔和，使绿萝的色彩更加通透且有层次感。

如果拍摄现场的光线较暗，建议运营者使用补光灯对商品进行补光，注意不要使用会闪烁的光源。例如，拍摄白色瓷碗的带货短视频时，可以使用黑幕背景，同时加顶光照射，形成强烈的明暗对比，让主体（白色瓷碗）更突出。

4. 体现商品价值和用户体验

拍摄带货短视频之前，运营者必须确定自己的拍摄构思，即用什么样的方式拍摄，让商品更好地呈现在用户眼前。建议运营者从两个方面去构思，即使用剧本场景进行拍摄，或使用小故事的方式进行拍摄。对于品牌商品来说，还可以在带货短视频中加入一些品牌特性。

当然，不管运营者如何构思，带货短视频中都需要体现商品价值和用户体验，这是最直接的拍摄技巧。例如，拍摄电动窗帘的带货短视频时，运营者可以先将电动窗帘安装好，再展示其自动关闭和打开的功能，让用户在观看短视频的过程中体验商品将为其带来的便捷、舒适的生活方式。

5. 注意商品的展示顺序

展示带货短视频中的商品时，建议运营者拍摄5组镜头，拍摄顺序依次为正面→侧面→细节→功能→场景，下面分别解析各组镜头的拍摄目的。

（1）正面：通过正面拍摄，展示商品的整体外观，画面要端庄、对称，给用户带来美好的第一印象。

（2）侧面：通过不同的侧面拍摄，如从左侧、右侧、顶部、底部等角度进行拍摄，完整地展示商品，增加画面的灵动性。

（3）细节：将商品上重要的局部细节充分地展示出来，有效地呈现商品的特点和功能。

（4）功能：逐项演示商品的具体功能，让商品与用户产生联系，解决用户的难点、痛点。

（5）场景：将商品放在适合的环境中，进一步展示它的功能特点和使用体验。场景感越强，带货效果越好。

4.3 注意要点：内容要符合平台的要求

创作内容的过程中，运营者需要特别注意一点，那就是所创作的内容必须符合平台的要求。对此，运营者可以主动查看平台的相关规则，了解内容创作的要求，在此基础上创作符合平台要求的内容。

4.3.1 主动查看：熟悉平台的相关规则

近年来，随着抖音平台的快速发展，越来越多的运营者入驻抖音平台并发布短视频、开启直播。虽然大多数运营者都在按平台要求创作内容，但是也有小部分运营者不惜冒险发布劣质内容和违规内容，哗众取宠。

针对这一现象，为了更好地净化平台，抖音主动出击，对劣质违规内容进行打击，并对营销推广内容中可添加的商品进行严格管控。如图 4-5 所示，是 2021 年抖音净化平台的相关数据。

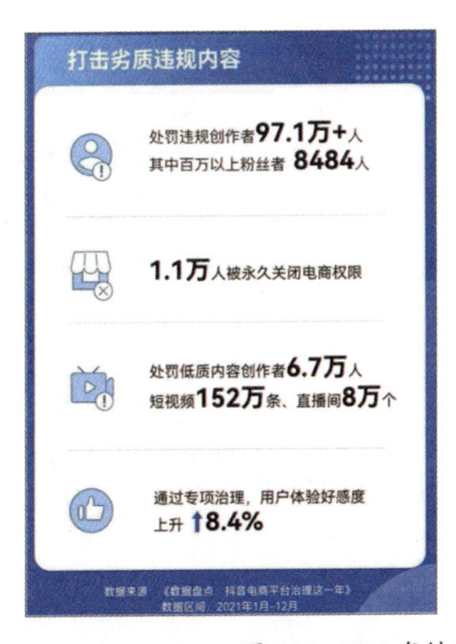

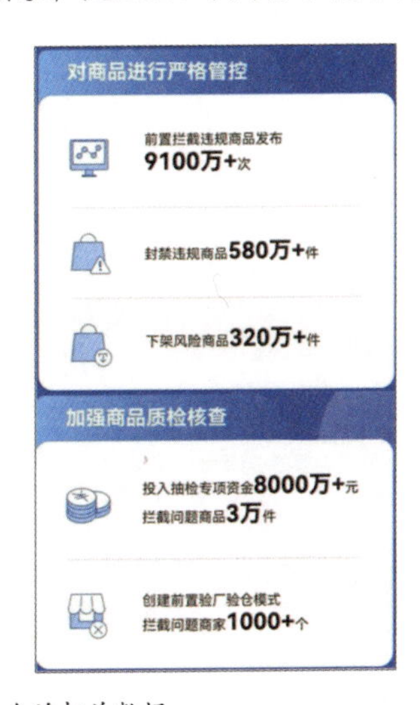

图 4-5 2021 年抖音净化平台的相关数据

那么，抖音号运营者如何确保自己发布的内容符合平台的要求呢？一种比较有效的方法是主动查看抖音官方发布的相关规则。具体来说，运营者可以通过如下操作在抖音App中查看抖音官方发布的相关规则。

步骤 01 进入抖音App的“我”界面，❶点击▤图标；❷选择弹出窗口中的“设置”选项，如图4-6所示。

步骤 02 执行操作后，进入“设置”界面，选择“抖音规则中心”选项，如图4-7所示。

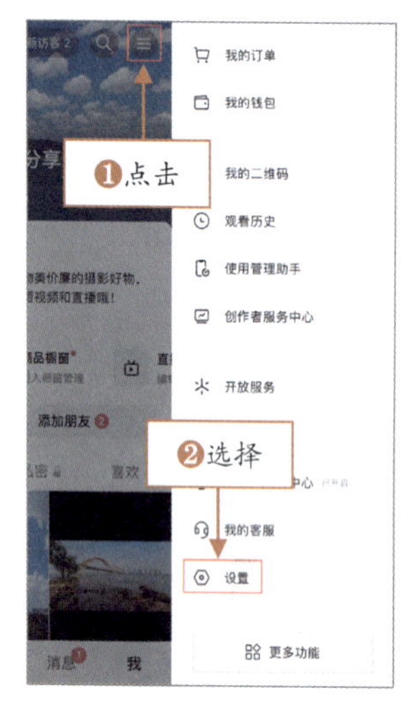

图4-6 点击▤图标并选择“设置”选项

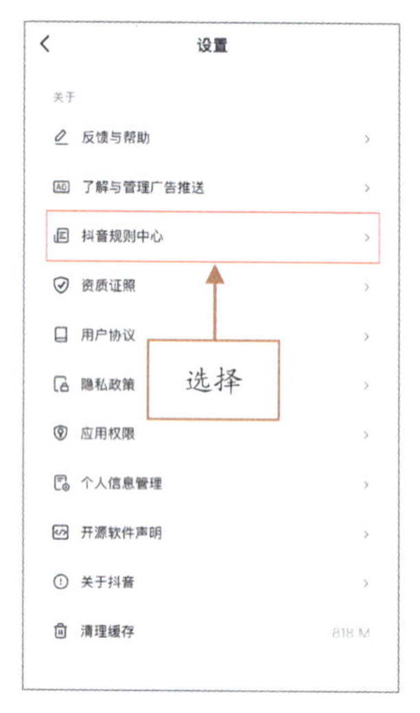

图4-7 选择“抖音规则中心”选项

步骤 03 执行操作后，进入“抖音规则中心”界面，点击需要查看的平台规则对应的按钮，例如点击“电商规则”按钮，如图4-8所示。

步骤 04 执行操作后，进入“抖音电商学习中心”界面，点击需要查看的规则分类对应的按钮，例如点击“创作者管理”按钮，如图4-9所示。

图4-8 点击“电商规则”按钮

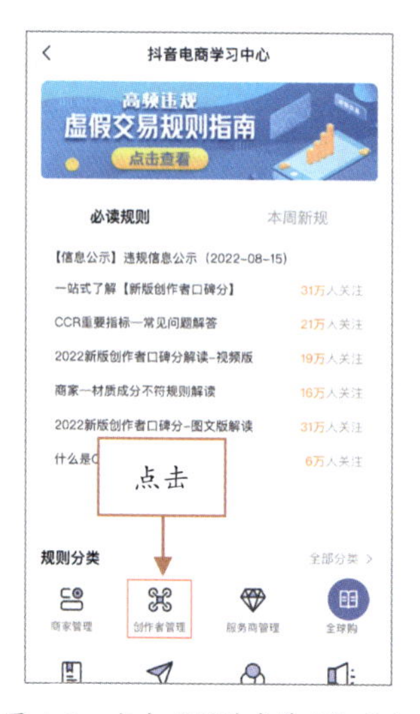

图4-9 点击“创作者管理”按钮

步骤 05 执行操作后，进入“抖音电商学习中心”界面的“创作者管理”板块，点击该板块中需要查看的具体规则，如图4-10所示。

步骤 06 执行操作后，即可进入对应规则的内容展示页面，查看该规则的具体内容，如图4-11所示。

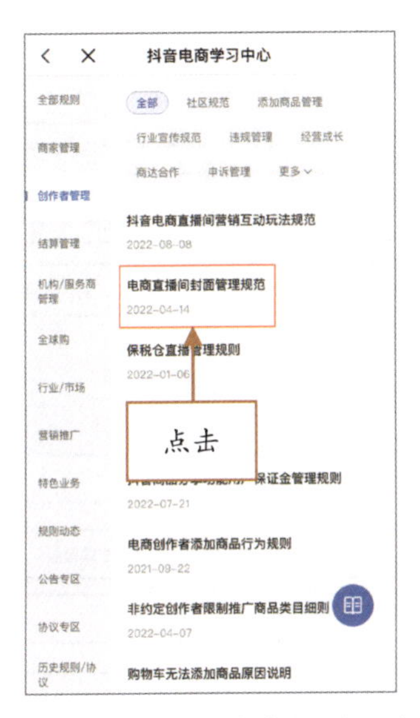

图 4-10　点击需要查看的具体规则

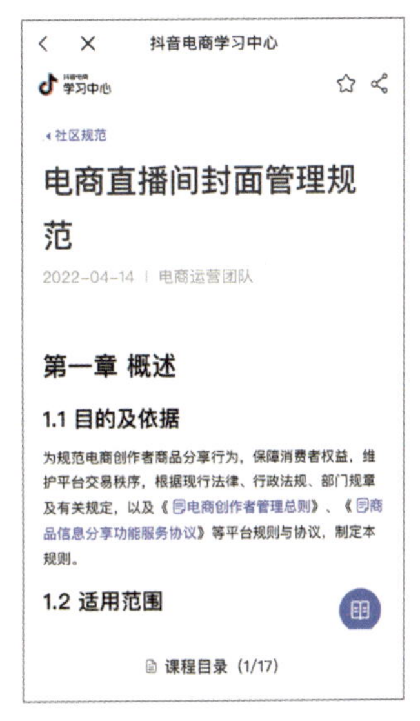

图 4-11　对应规则的内容展示页面

4.3.2 创作规范：了解内容创作的要求

除了需要明确抖音平台的相关规则之外，运营者还需要关注抖音官方发布的内容创作规范。具体来说，运营者需要特别关注两个文件，一个是《抖音电商内容创作规范》，另一个是《2022抖音电商优质内容说明书》。这两个文件的具体内容，都可以在抖音电商学习中心中查看。

其中，《抖音电商内容创作规范》明确指出，创作优质内容需要把握4个要点，即真实（真实客观地进行描述）、专业（专业地介绍商品）、可信（真诚地进行互动交流）和有趣（内容生动，富有趣味性）。

《2022抖音电商优质内容说明书》则是在《抖音电商内容创作规范》的基础上制定的优质内容评判标准。具体来说，抖音平台会从多个维度入手，对短视频内容和直播内容进行评判，将内容分为优质、普通、低质3个等级。如图4-12、图4-13所示，分别为抖音短视频内容和直播内容的分级维度。

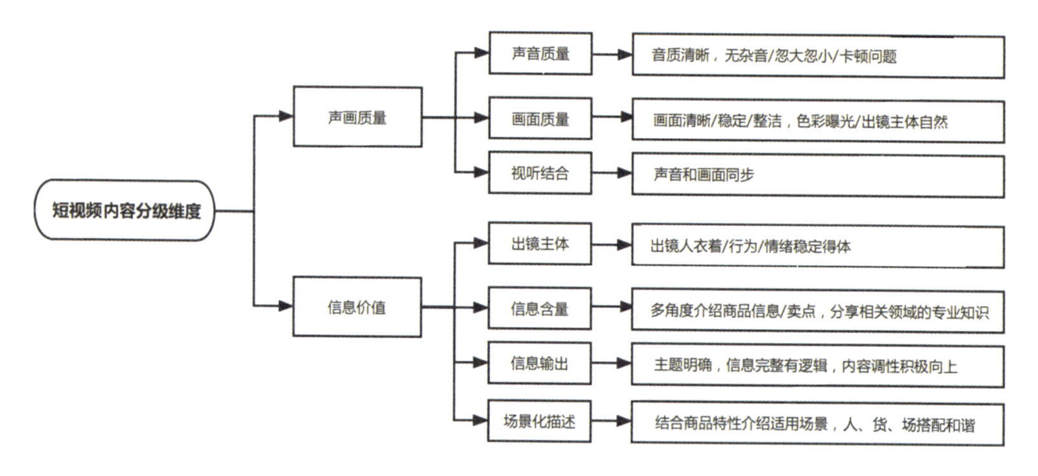

图 4-12　抖音短视频内容分级维度

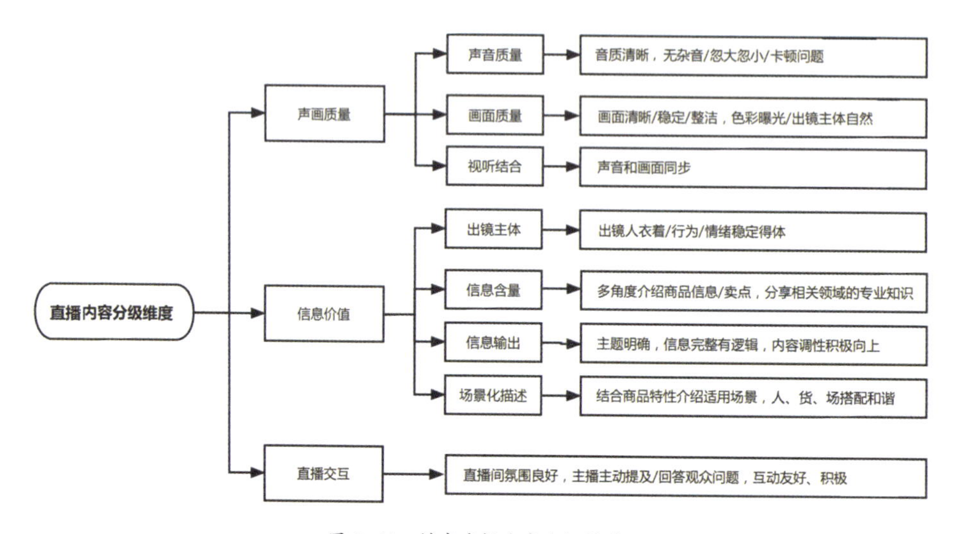

图 4-13　抖音直播内容分级维度

专家提醒

抖音内容的评级标准如下。

（1）内容在所有维度上表现较好，则内容评级为“优质”。

（2）内容在所有维度上都没有较差的表现，但是达不到优质的标准，则内容评级为“普通”。

（3）内容在任意维度上有较差的表现，则内容评级为“低质”。

从图 4-12、图 4-13 中不难看出，抖音平台对短视频内容和直播内容的评判要求大体相同，只是直播进一步对交互情况提出了要求。运营者可以参照上述两个文件打造内容，让自己的内容更加符合平台的要求，从而有效地避免内容违规。

第5章

橱窗管理：为全域兴趣电商带货提供便利

在抖音平台上借助兴趣电商进行带货前，运营者需要先将商品添加至自己的抖音账号商品橱窗中。因此，开通并管理商品橱窗是所有带货达人必须重视的一件事，只有管理好商品橱窗，才能为用户购物提供便利，让更多用户愿意购买自己推荐的商品。

5.1 快速认知：从零开始了解抖音商品橱窗

部分运营者对抖音商品橱窗不甚了解，这一节，笔者讲解一些基础知识，帮助大家快速了解抖音商品橱窗。

5.1.1 了解概念：什么是抖音商品橱窗？

对于用户来说，抖音商品橱窗是一个集中展示带货商品的地方（每个抖音号的商品橱窗都可以看作一个店铺），用户可以查看对应带货达人在销售哪些商品，如果有感兴趣的商品，可以直接下单进行购买。具体来说，开通了抖音商品橱窗的账号主页中会出现“进入橱窗”按钮，用户点击该按钮，即可进入橱窗（该抖音号的商品橱窗），如图5-1所示。

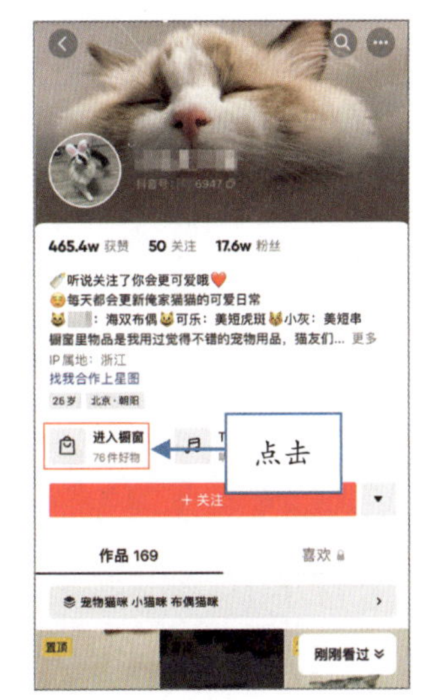

图5-1 进入抖音号的商品橱窗

对于运营者来说，抖音商品橱窗有双重含义，首先，它可以单独指账号中用于集中展示带货商品的橱窗；其次，它也可以指抖音平台上商品橱窗的相关功能，如橱窗数据的查看功能，借助这些功能，可以更好地进行带货，获得更多佣金。

5.1.2 开通原因：为何要开通抖音商品橱窗？

开通抖音商品橱窗不仅需要进行权限申请，还需要向抖音官方支付保证金。那么，为什么还有很多运营者愿意开通抖音商品橱窗呢？因为开通抖音商品橱窗有以下好处。

1. 增加账号的变现收益

运营者将商品添加至橱窗中之后，用户可以通过橱窗购买商品，而用户购买商品之后，运营者可以获得一定的佣金。因此，对于运营者来说，开通抖音商品橱窗是增加账号变现收益的有效手段之一。

2. 抖音带货的必要条件

在抖音平台上，开通商品橱窗是进行带货的必要条件之一。只有开通了商品橱窗，运营者才可以将商品添加至账号中，进而将商品销售给用户。如果没有开通商品橱窗，运营者将无法使用购物车功能，也无法通过短视频和直播直接销售商品。

5.1.3 开通方法：获得专属的抖音商品橱窗

运营者想借助商品橱窗进行带货，需要先通过如下操作获得抖音带货权限。

步骤 01 进入抖音 App 的“我”界面，点击界面右上方的☰图标，如图 5-2 所示。

步骤 02 执行操作后会弹出一个窗口，选择该窗口中的“创作者服务中心”选项，如图 5-3 所示。

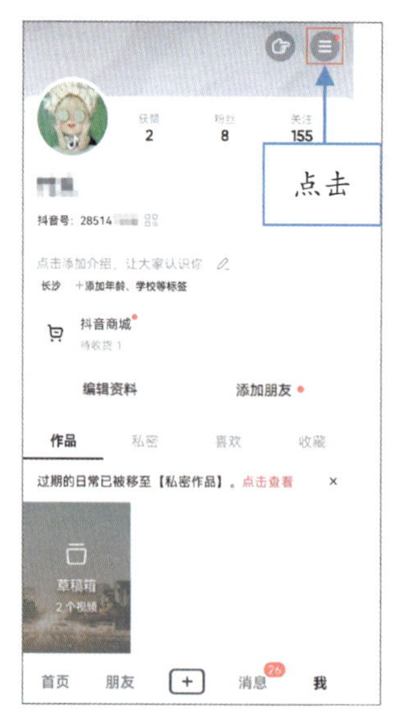

图 5-2 点击☰图标

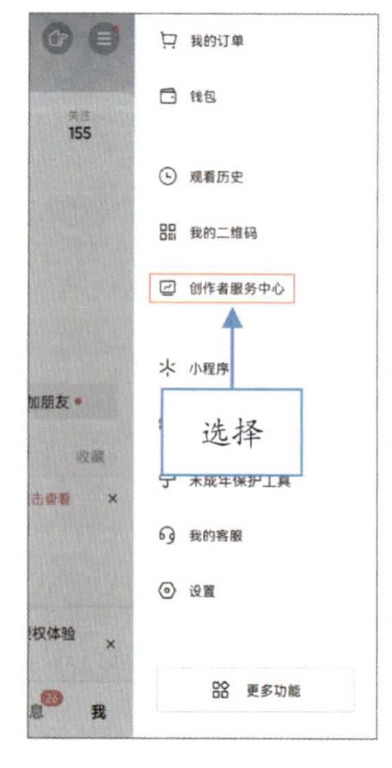

图 5-3 选择“创作者服务中心”选项

步骤 03 执行操作后，进入“创作者服务中心”界面，点击界面中的“商品橱窗”按钮，如图5-4所示。

步骤 04　执行操作后，进入“商品橱窗”界面，选择界面中的“成为带货达人”选项，如图5-5所示。

图5-4　点击“商品橱窗”按钮

图5-5　选择“成为带货达人”选项

步骤 05　执行操作后，进入“成为带货达人”界面，点击界面中的“带货权限申请”按钮，如图5-6所示。

步骤 06　执行操作后，进入“带货权限申请”界面，该界面中会显示申请带货权限的具体要求，如图5-7所示。如果运营者的账号满足所有申请要求，可以点击界面下方的“立即申请”按钮，申请开通带货权限。该权限开通后，运营者的账号即可使用抖音商品橱窗功能。

图5-6　点击“带货权限申请”按钮

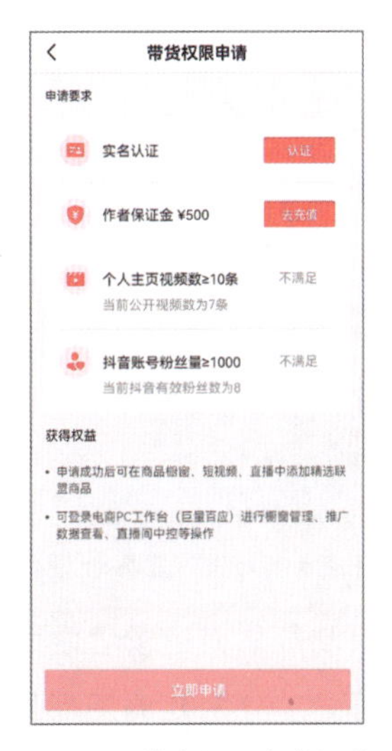

图5-7　“带货权限申请”界面

5.2 橱窗运营：在移动端管理商品橱窗

运营者可以在移动端（抖音App）对商品橱窗进行管理。这一节，笔者主要介绍使用移动端管理商品橱窗的操作。

5.2.1 橱窗管理：提高用户的购买欲望

带货过程中，运营者很有必要对自己账号的商品橱窗进行管理。通过管理橱窗，可以将具有优势的商品放置在显眼的位置，提高用户的购买欲，从而达到打造爆款的目的。

通常来说，第一次使用“商品橱窗”功能时，系统会要求运营者开通电商功能。只有开通了电商功能，才能对橱窗中的商品进行管理操作。运营者可以通过如下操作，开通电商功能。

步骤 01 打开抖音App，登录账号后进入“我”界面，点击界面中的“商品橱窗”按钮，进入“开通电商功能”页面，如图5-8所示。

步骤 02 向上滑动，阅读协议内容，确认没有问题之后，点击页面下方的“我已阅读并同意”按钮，如图5-9所示。

步骤 03 执行操作后，页面中显示“恭喜你已开通抖音商品推广功能！”，如图5-10所示，说明电商功能已开通成功。

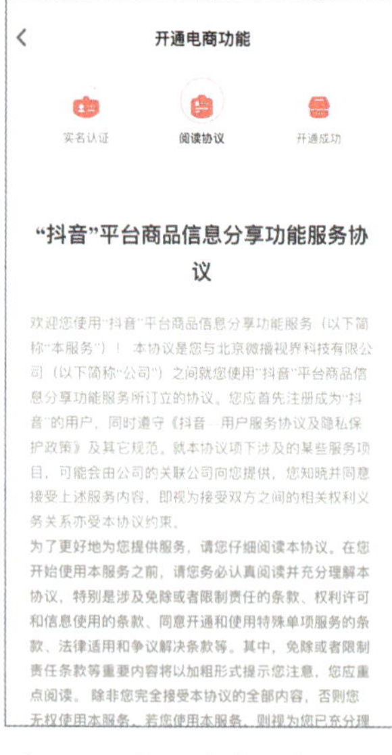

图5-8 “开通电商功能”页面

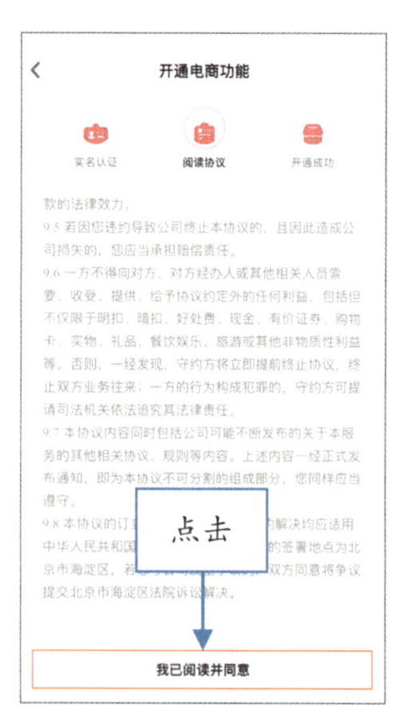

图5-9 点击“我已阅读并同意”按钮

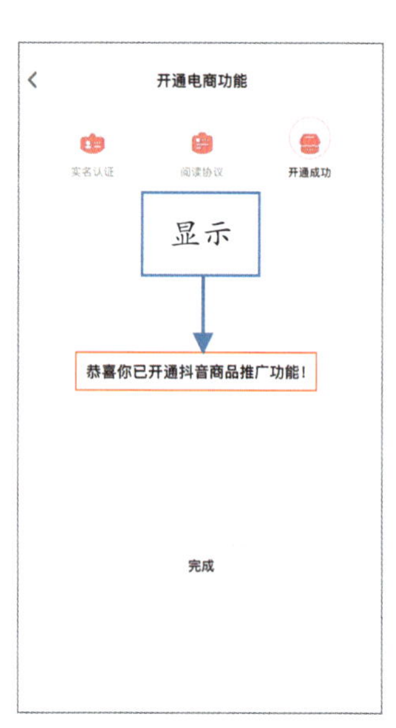

图5-10 电商功能开通成功

开通电商功能后，运营者便可以对商品橱窗进行基本管理了。对商品橱窗进行的管理可以分为5个部分，分别为添加商品、置顶商品、更新信息、删除商品、预览橱窗。接下来，笔者分别进行说明。

1. 添加商品

对于运营者来说，在商品橱窗中添加商品是进行带货的前提，因为想通过抖音平台销售商品，必须先在抖音商品橱窗中添加商品。下面，笔者以通过搜索添加商品为例，为大家介绍添加商品的具体操作步骤。

步骤 01 进入抖音App的“我”界面，点击界面中的“商品橱窗”按钮，如图5-11所示。

步骤 02 执行操作后，进入“商品橱窗”界面，点击“选品广场”按钮，如图5-12所示。

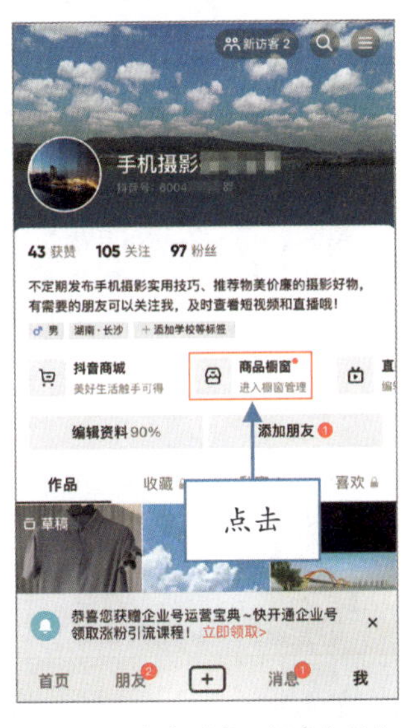

图 5-11 点击“商品橱窗”按钮

图 5-12 点击“选品广场”按钮

步骤 03 执行操作后，进入抖音App的“抖音电商精选联盟”界面，点击界面中的搜索框，如图5-13所示。

步骤 04 执行操作后，❶在搜索框中输入商品名称，如“手机镜头”；❷点击“搜索”按钮，如图5-14所示。

步骤 05 执行操作后，点击搜索结果中目标商品信息右下角的“加橱窗”按钮，如图5-15所示。

步骤 06 执行操作后，界面中显示“已加入橱窗，您可在发布视频时添加橱窗的商品进行推广”，如图5-16所示，说明该商品已成功添加到橱窗中。此时，运营者进入抖音号的商品橱窗，即可看到刚刚加入橱窗的商品。

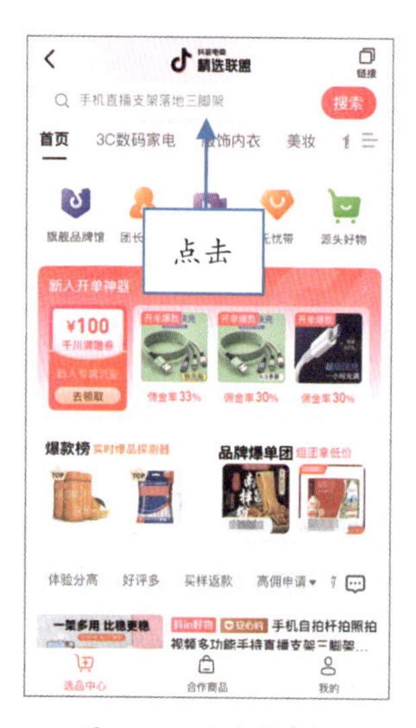

图 5-13　点击搜索框

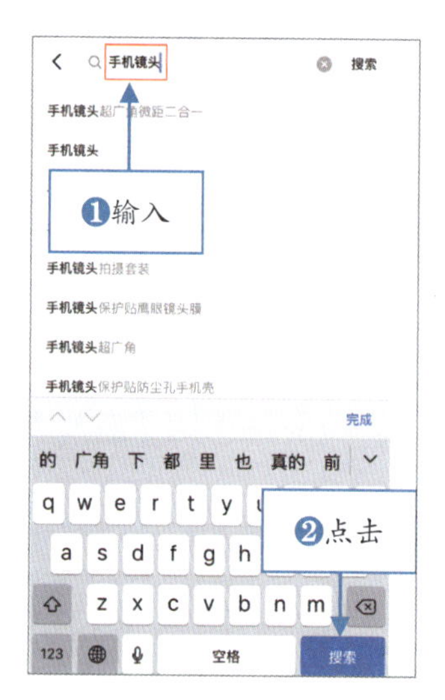

图 5-14　点击“搜索”按钮

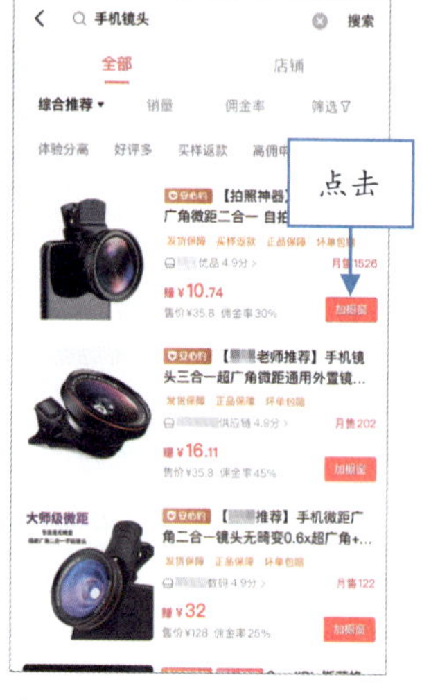

图 5-15　点击“加橱窗”按钮

图 5-16　商品已成功添加到橱窗中

2. 置顶商品

当橱窗中的商品比较多时，运营者可以使用商品置顶功能，让更多用户看到某个商品。具体来说，运营者可以通过如下操作置顶商品。

步骤 01　进入抖音App的“商品橱窗”界面，点击界面中的“橱窗管理”按钮，如图5-17所示。

步骤 02　执行操作后，进入“橱窗管理”界面，点击界面中的“管理”按钮，如图5-18所示。

图 5-17 点击“橱窗管理”按钮

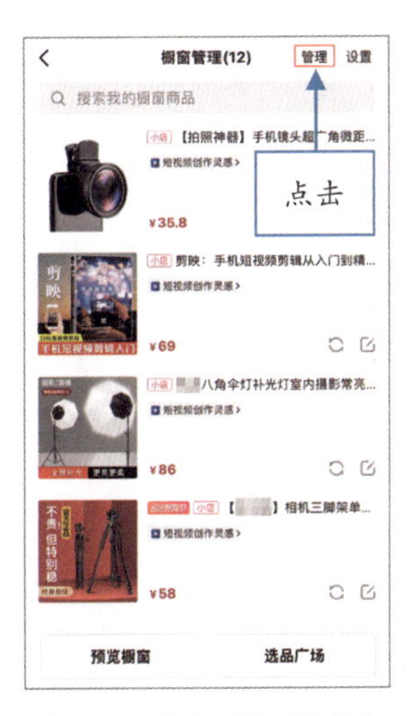

图 5-18 点击“管理”按钮

步骤 03 执行操作后，❶选中目标商品对应的复选框；❷点击“置顶”按钮，如图5-19所示。

步骤 04 执行操作后，界面中显示“已置顶”，说明商品置顶操作成功，如图5-20所示。此时点击界面右上角的“完成”按钮，商品左侧的复选框会消失，刚刚完成置顶设置的商品会保持置顶。

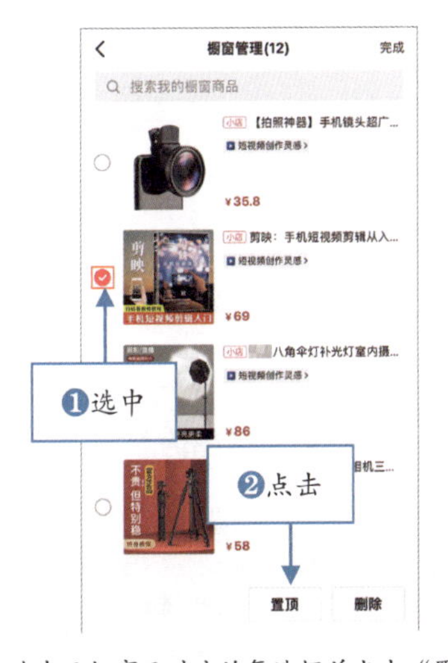

图 5-19 选中目标商品对应的复选框并点击“置顶”按钮

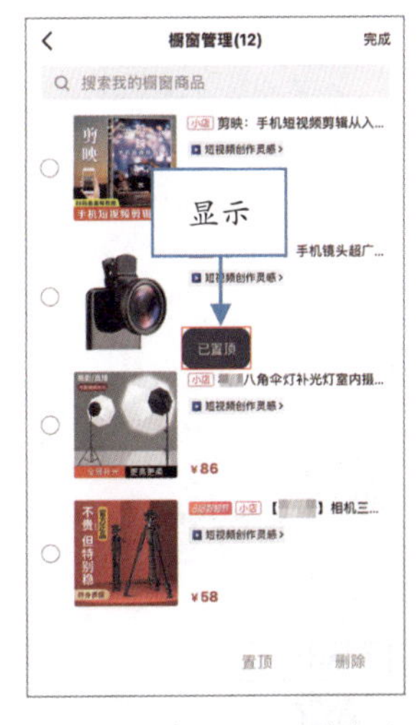

图 5-20 商品置顶操作成功

3. 更新信息

当商品的相关信息发生变化，或者商品信息需要重新编辑时，运营者可以通过如下操作，对商品信息进行更新。

步骤 01 进入“橱窗管理”界面，点击目标商品右下角的图标，如图5-21所示。

步骤 02 执行操作后，进入“编辑商品”界面，❶在该界面中设置短视频推广标题及直播间推广卖点；❷点击“确认”按钮，如图5-22所示。

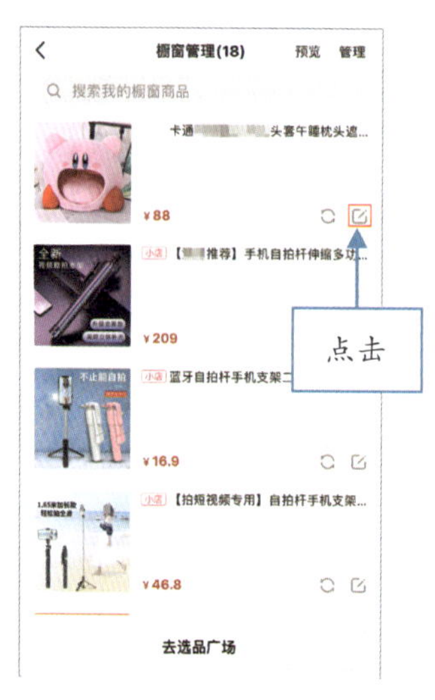

图 5-21　点击图标

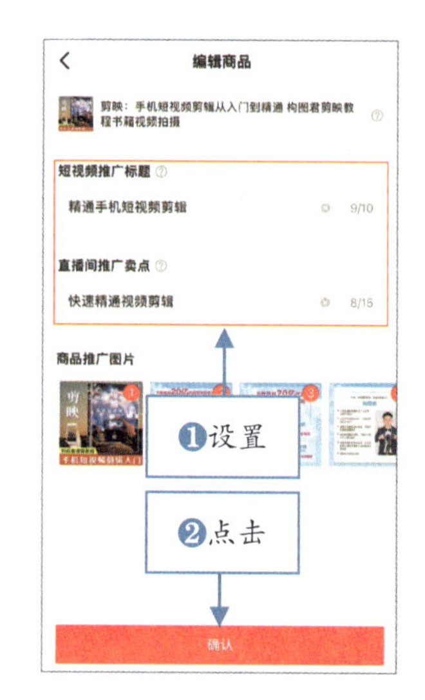

图 5-22　更新相关信息后点击“确认”按钮

步骤 03 执行操作后，界面中显示“商品信息更新成功”，说明商品信息更新操作完成，如图5-23所示。

除了点击图标之外，运营者还可以通过点击图标更新商品信息。具体来说，运营者可以点击“橱窗管理”界面中目标商品右下方的图标，弹出“更新商品信息”对话框后点击“确认”按钮，如图5-24所示，执行操作后，会进入如图5-22所示的“编辑商品”界面，重复步骤02及步骤03的操作，即可完成信息更新。

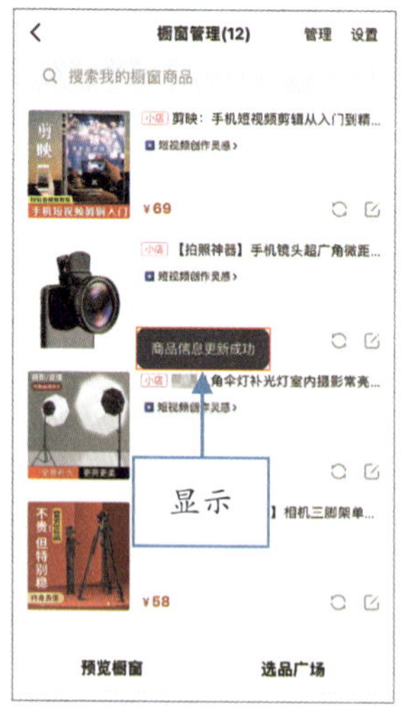

图 5-23　商品信息更新成功

更新商品信息

即将更新该商品的信息，包括图片、价格、销量、优惠券信息；更新后您已编辑的图片顺序可能会失效，请谨慎选择

不再提醒　点击

取消　确认

图 5-24　点击“确认”按钮

4. 删除商品

当抖音商品橱窗中的商品没有库存了，或者商品橱窗中的某些商品不再适合销售时，运

营者可以通过如下操作，将对应商品删除。

步骤 01 进入“橱窗管理”界面，点击界面中的“管理”按钮，如图 5-25 所示。

步骤 02 执行操作后，❶选中目标商品对应的复选框；❷点击“删除”按钮，如图 5-26 所示。

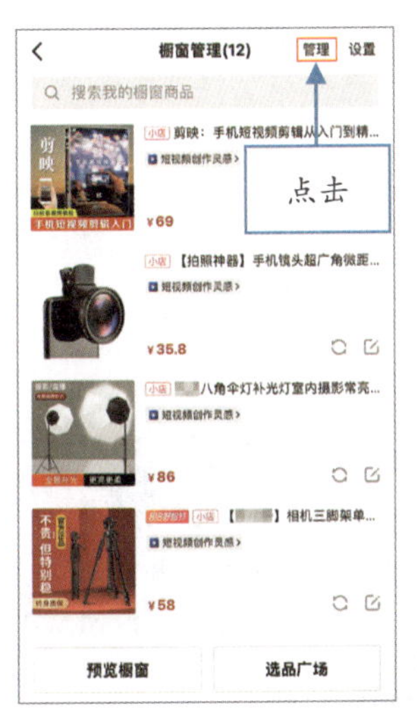

图 5-25　点击“管理”按钮

图 5-26　选中目标商品对应的复选框并点击“删除”按钮

步骤 03 执行操作后，弹出“移除商品”对话框，点击对话框中的“确定”按钮，如图 5-27 所示。

步骤 04 执行操作后，“橱窗管理”界面中看不到刚刚选中的商品了，说明该商品删除成功，如图 5-28 所示。

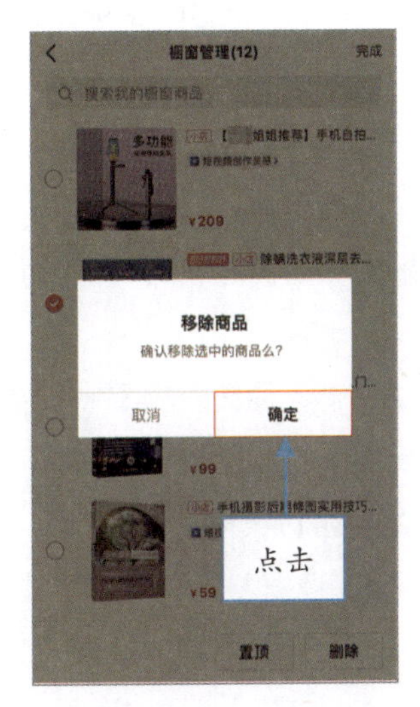

图 5-27　点击“确定”按钮

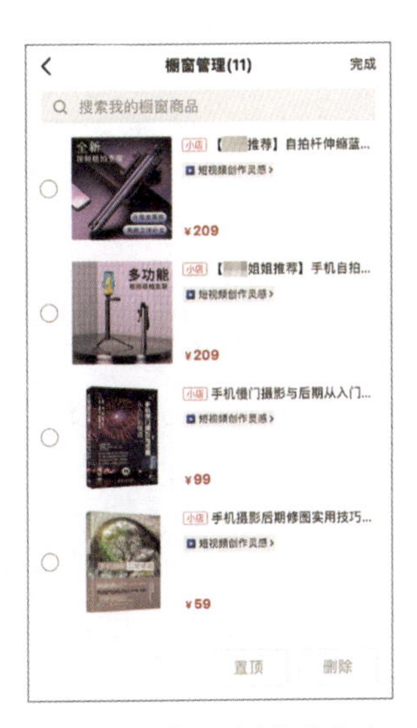

图 5-28　商品删除操作成功

5. 预览橱窗

在商品橱窗中添加商品之后，运营者可以通过如下操作预览橱窗，查看抖音商品橱窗中的商品及商品销量等信息。

步骤 01 进入“橱窗管理”界面，点击“预览橱窗”按钮，如图5-29所示。

步骤 02 执行操作后，即可进入对应抖音号的橱窗界面。该界面中会显示已添加到橱窗中的商品，以及各商品的销量等信息，运营者可以通过点击相关按钮来调整商品的排列顺序，例如点击“销量”按钮，如图5-30所示。

步骤 03 执行操作后，界面中的商品会根据销量从高到低进行排序，如图5-31所示。

图5-29 点击“预览橱窗”按钮

图5-30 点击“销量”按钮

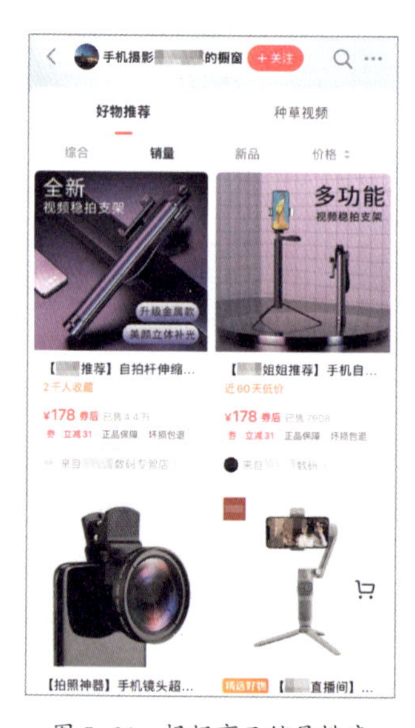

图5-31 根据商品销量排序

5.2.2 查看数据：了解账号的带货能力

除了对商品橱窗进行管理之外，运营者还可以使用“商品橱窗”功能查看账号带货的相关数据，了解账号的变现能力。下面，笔者对带货数据及相关信息的查看方法进行介绍。

1. 查看带货数据详情

在借助商品橱窗做抖音带货的过程中，运营者可以使用“商品橱窗”界面中的“数据看板”功能，了解账号的带货情况，并根据数据分析寻找更适合自身的带货方案。具体来说，运营者可以通过如下操作使用“数据看板”功能查看并分析账号的带货数据。

步骤 01 进入“商品橱窗”界面，界面中有一个“今日数据”板块，该板块中会显示账号的当日成交金额、成交订单数和预估佣金，点击该板块右上角的“数据看板”按钮，如

图5-32所示，可以查看更多数据。

步骤 02 执行操作后，即可进入“数据看板”的“概览”选项卡，该选项卡中会显示账号的核心指标及趋势变化情况，如图5-33所示。在该选项卡中，运营者可以查看不同周期的核心指标及趋势变化情况。除了数据概览之外，运营者还可以切换选项卡，单独查看并分析直播带货数据和橱窗带货数据。

图5-32 点击“数据看板”按钮

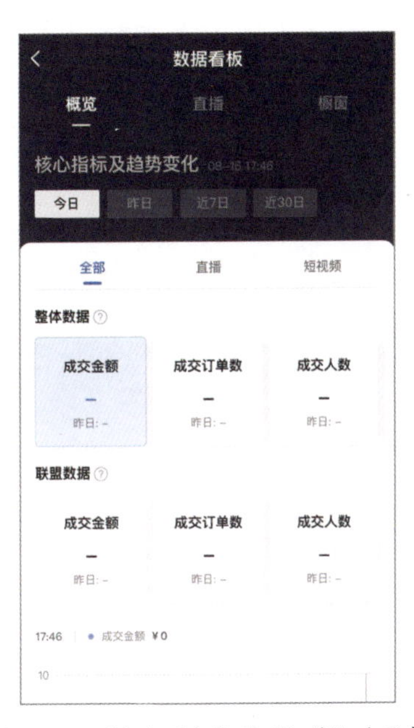

图5-33 “数据看板”的“概览”选项卡

2. 查看带货等级信息

根据相关规则，抖音平台将带货账号分入多个等级，带货账号的等级不同，能够获得的权益就不同。具体来说，运营者可以通过如下操作查看账号的带货等级信息，了解提升等级的方法，从而获得更多权益。

步骤 01 进入“商品橱窗”界面，点击账号名字后方的“LV×（×是具体的账号带货等级）”按钮，如图5-34所示。

步骤 02 执行操作后，进入“我的等级”界面，该界面中会显示账号的达人等级分、解锁的权益、等级分变动等信息。点击界面右上角的“规则”按钮，如图5-35所示，运营者可以了解划分达人等级的具体规则。

步骤 03 执行操作后，即可进入“我的等级”页面，了解划分达人等级的相关信息，如图5-36所示。

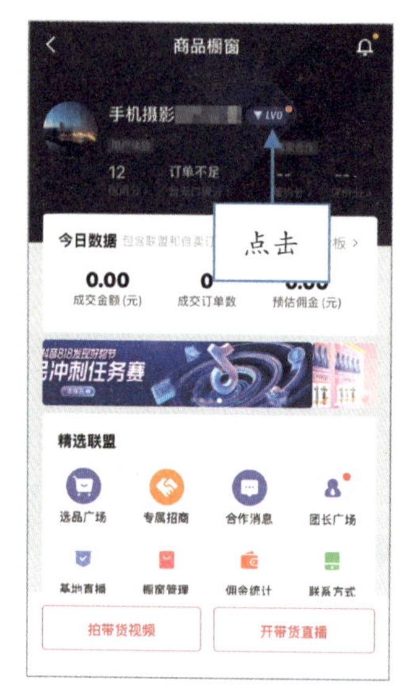

图 5-34　点击“LV×”按钮

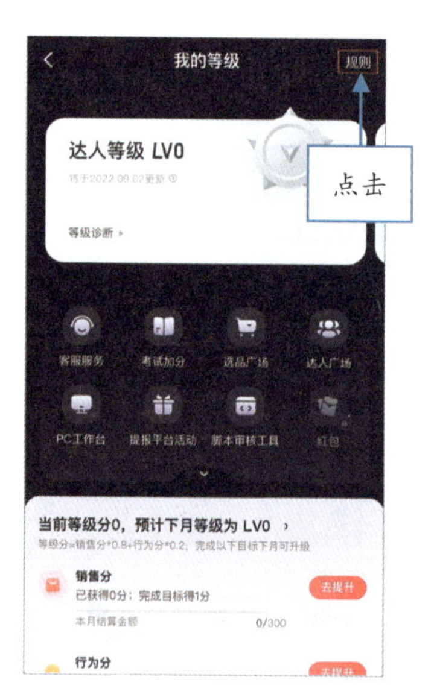

图 5-35　点击“规则”按钮

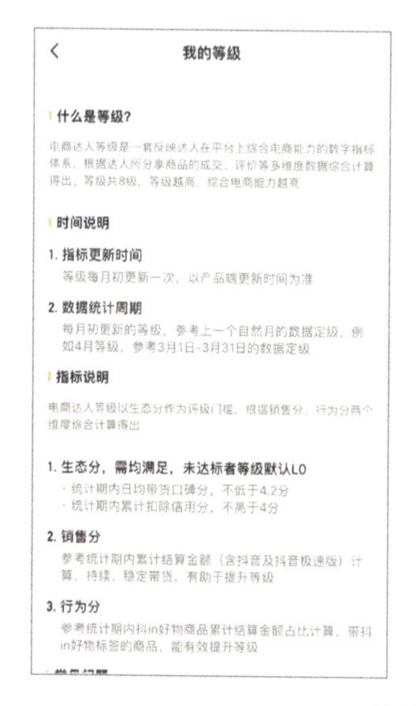

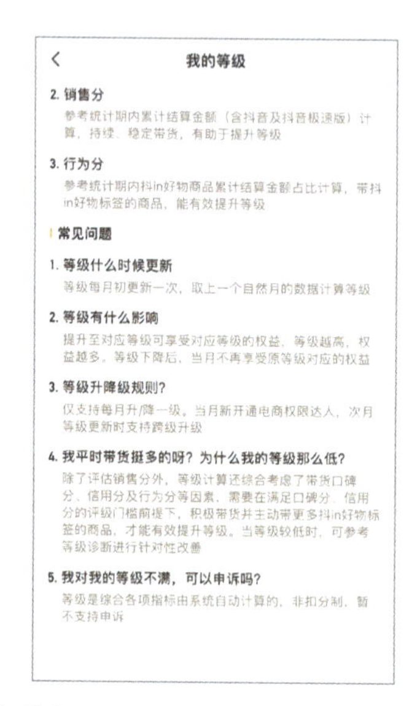

图 5-36　“我的等级”页面

3. 查看信用积分和记录

信用积分是评估达人带货情况的重要指标之一，如果信用积分过低，平台可能会对账号进行处罚。运营者可以通过如下操作查看账号的信用积分和记录。

步骤 01　进入“商品橱窗”界面，点击“信用分”按钮，如图 5-37 所示。

步骤 02　执行操作后，即可进入“信用积分”界面，如图 5-38 所示，运营者可以在该界面中查看账号的信用积分和信用记录。有需要的运营者还可以点击界面右上方的“规则”按钮，查看《电商创作者违规与信用分管理规则》的具体信息，了解哪些行为会被扣除信用分，该管理规则的部分内容如图5-39所示。

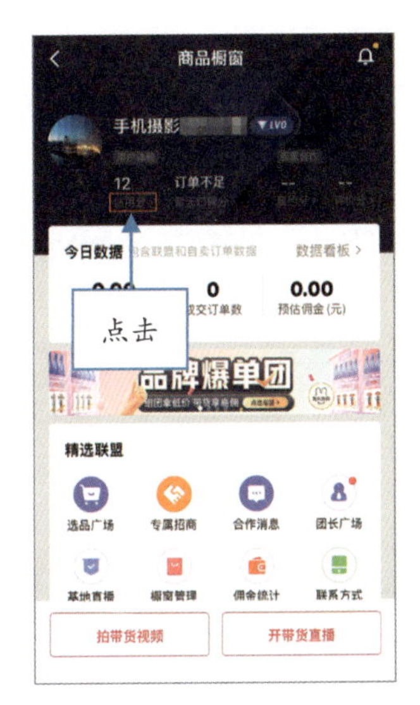

图5-37 点击“信用分”按钮

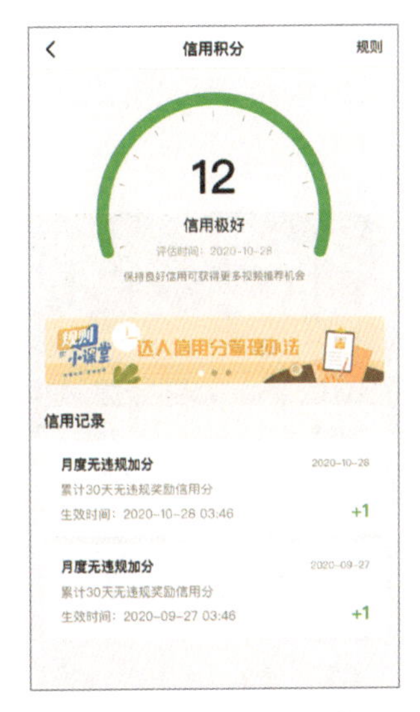

图5-38 “信用积分”界面

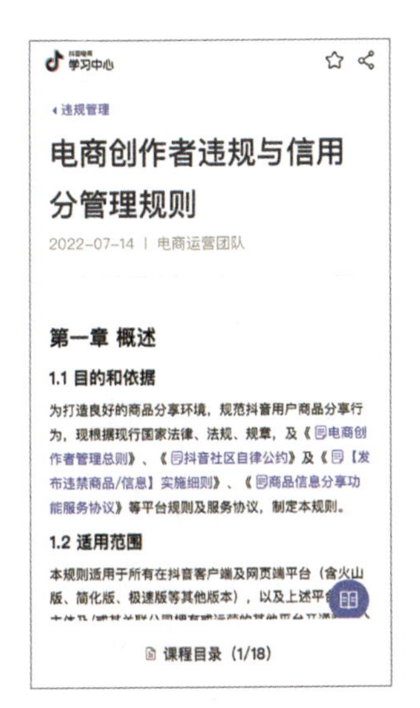
学习中心

‹违规管理

电商创作者违规与信用分管理规则

2022-07-14 | 电商运营团队

第一章 概述

1.1 目的和依据

为打造良好的商品分享环境，规范抖音用户商品分享行为，现根据现行国家法律、法规、规章，及《电商创作者管理总则》、《抖音社区自律公约》及《【发布违禁商品/信息】实施细则》、《商品信息分享功能服务协议》等平台规则及服务协议，制定本规则。

1.2 适用范围

本规则适用于所有在抖音客户端及网页端平台（含火山版、简化版、极速版等其他版本），以及上述平台

课程目录（1/18）

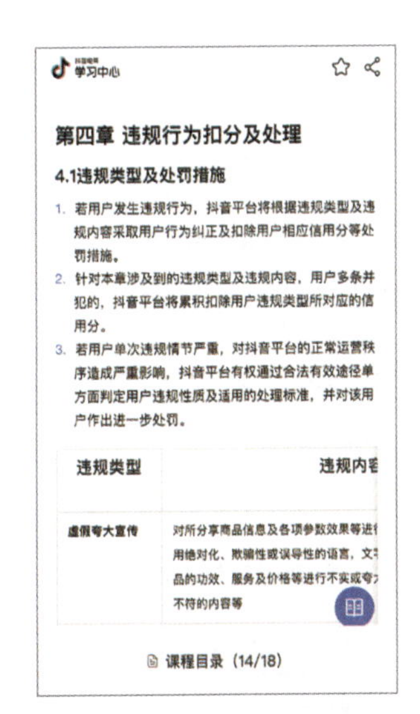
学习中心

第四章 违规行为扣分及处理

4.1违规类型及处罚措施

1. 若用户发生违规行为，抖音平台将根据违规类型及违规内容采取用户行为纠正及扣除用户相应信用分等处罚措施。
2. 针对本章涉及到的违规类型及违规内容，用户多条并犯的，抖音平台将累积扣除用户违规类型所对应的信用分。
3. 若用户单次违规情节严重，对抖音平台的正常运营秩序造成严重影响，抖音平台有权通过合法有效途径单方面判定用户违规性质及适用的处理标准，并对该用户作出进一步处罚。

违规类型	违规内容
虚假夸大宣传	对所分享商品信息及各项参数效果等进行使用绝对化、欺骗性或误导性的语言，对商品的功效、服务及价格等进行不实或夸大不符的内容等

课程目录（14/18）

图5-39 《电商创作者违规与信用分管理规则》的部分内容

4. 查看带货口碑详情

部分用户购买商品时会比较关注带货账号的口碑分，对此，运营者可以通过如下操作查看带货口碑详情，并了解提高带货口碑分的方法。

步骤 01 进入“商品橱窗”界面，点击带货口碑分的对应按钮（暂未通过带货售出商品的账号会显示‘暂无口碑分’；已通过带货售出商品的账号则会显示具体的带货口碑分），如图5-40所示。

步骤 02 执行操作后，即可进入“作者口碑分详情”界面，查看账号的带货口碑分和分析诊断，如图5-41所示。有需要的运营者还可以点击界面右上方的“查看规则”按钮，查看《抖音电商创作者口碑分实施规则》，了解提高带货口碑分的方法，该规则的部分内容如图5-42所示。

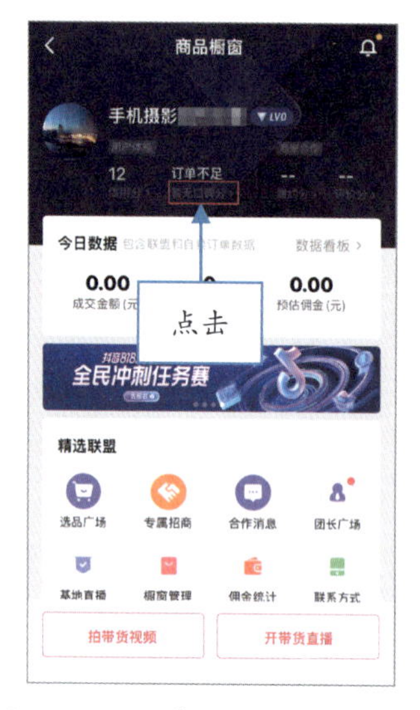

图 5-40 点击带货口碑分的对应按钮

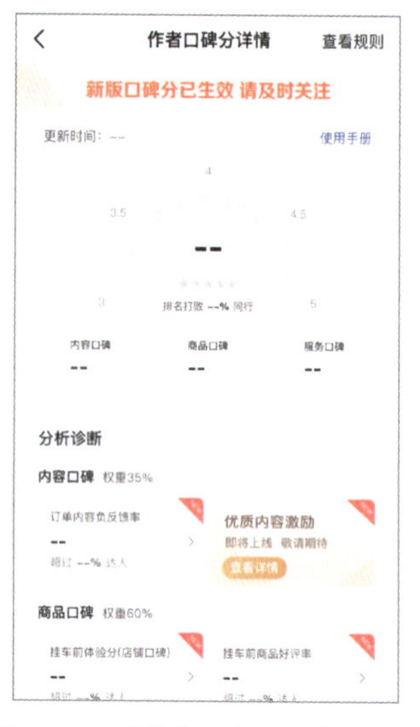

图 5-41 “作者口碑分详情”界面

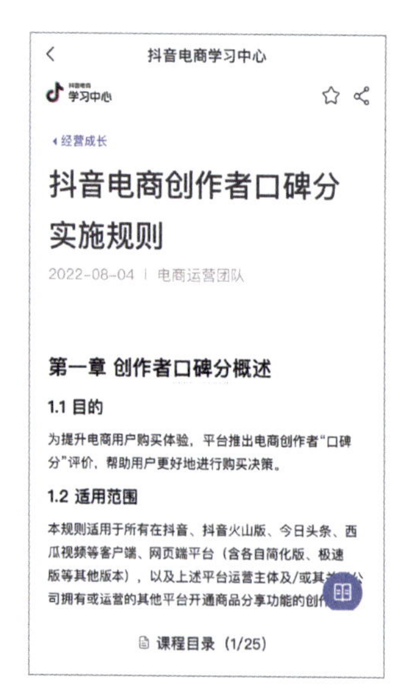
抖音电商学习中心

学习中心

‹ 经营成长

抖音电商创作者口碑分实施规则

2022-08-04 | 电商运营团队

第一章 创作者口碑分概述

1.1 目的

为提升电商用户购买体验，平台推出电商创作者“口碑分”评价，帮助用户更好地进行购买决策。

1.2 适用范围

本规则适用于所有在抖音、抖音火山版、今日头条、西瓜视频等客户端、网页端平台（含各自简化版、极速版等其他版本），以及上述平台运营主体及/或其关联公司拥有或运营的其他平台开通商品分享功能的创作

课程目录（1/25）

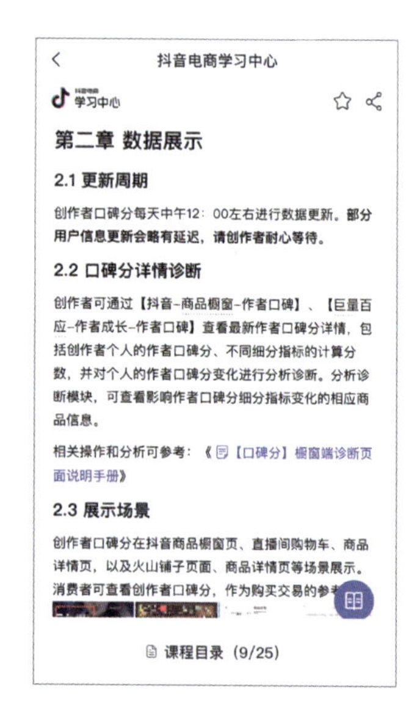
抖音电商学习中心

学习中心

第二章 数据展示

2.1 更新周期

创作者口碑分每天中午12：00左右进行数据更新。部分用户信息更新会略有延迟，请创作者耐心等待。

2.2 口碑分详情诊断

创作者可通过【抖音-商品橱窗-作者口碑】、【巨量百应-作者成长-作者口碑】查看最新作者口碑分详情，包括创作者个人的作者口碑分、不同细分指标的计算分数，并对个人的作者口碑分变化进行分析诊断。分析诊断模块，可查看影响作者口碑分细分指标变化的相应商品信息。

相关操作和分析可参考：《【口碑分】橱窗端诊断页面说明手册》

2.3 展示场景

创作者口碑分在抖音商品橱窗页、直播间购物车、商品详情页，以及火山铺子页面、商品详情页等场景展示。消费者可查看创作者口碑分，作为购买交易的参考

课程目录（9/25）

图 5-42 《抖音电商创作者口碑分实施规则》的部分内容

5. 查看商家合作积分

很多运营者会将其他达人（商家）店铺中的商品添加至自己账号的商品橱窗中并进行带货，为了更好地评估这部分抖音号的带货情况，抖音平台特意在“商品橱窗”界面中对账号与商

家合作的履约分和评价分进行了展示。

具体来说，运营者可以通过如下操作查看账号与商家合作的履约分详情和相关规则，找到提高履约分的方法。

步骤 01 进入“商品橱窗”界面，点击“商家合作”板块中的“履约分”按钮，如图5-43所示。

步骤 02 执行操作后，即可进入“履约分”页面，查看履约分详情和规则，如图5-44所示。

步骤 03 滑动页面，可以查看违约扣分细则，如图5-45所示。运营者可以通过防止违约情况的发生来减少扣分，达到提高履约分的目的。

图5-43 点击“履约分”按钮

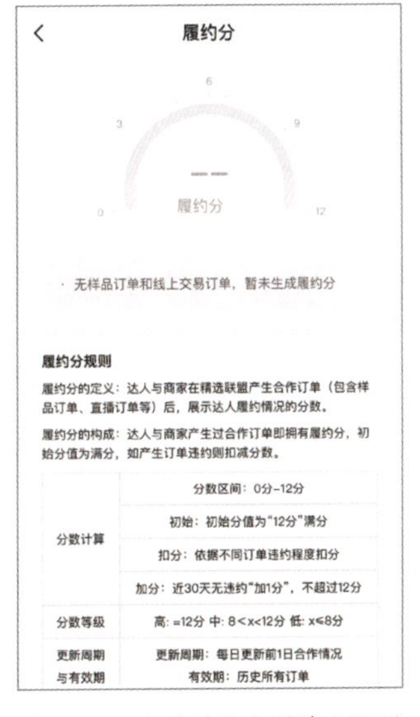

图5-44 查看履约分详情和规则

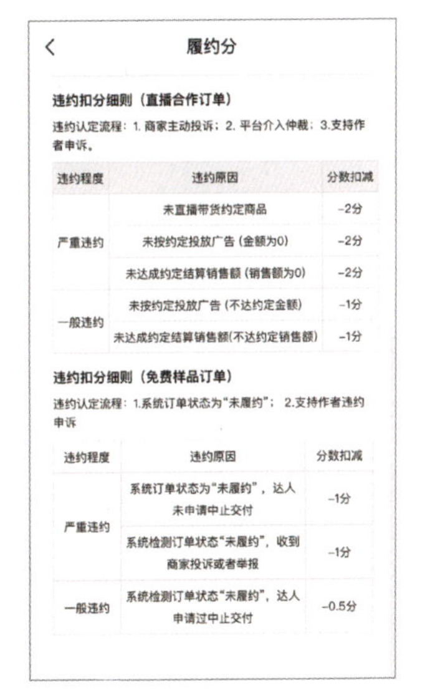

图5-45 查看违约扣分细则

除了履约分之外，运营者还可以查看账号与商家合作的评价分，并根据平台规则，寻找提高评价分的方法。具体来说，运营者可以通过如下操作查看评价分详情和相关规则。

步骤 01 进入“商品橱窗”界面，点击“商家合作”板块中的“评价分”按钮，如图5-46所示。

步骤 02 执行操作后，即可进入“历史带货评价”界面，查看账号带货的评价情况。查看完成后，点击界面右上角的“评价分规则”按钮，如图5-47所示。

步骤 03 执行操作后，即可进入“评价分规则”页面，查看评价分的相关规则，如图5-48所示。

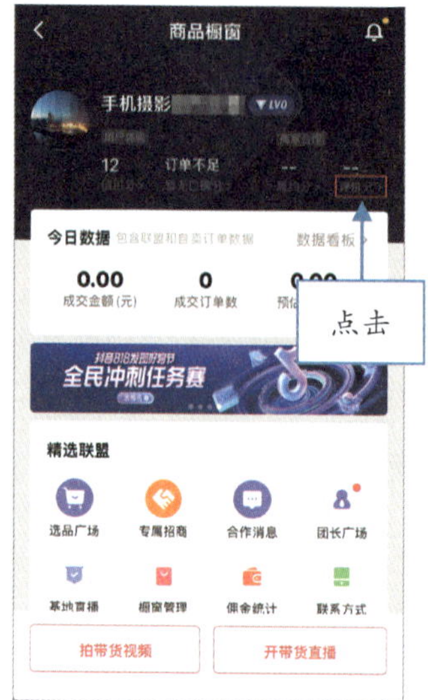

图 5-46　点击“评价分”按钮

图 5-47　点击“评价分规则”按钮

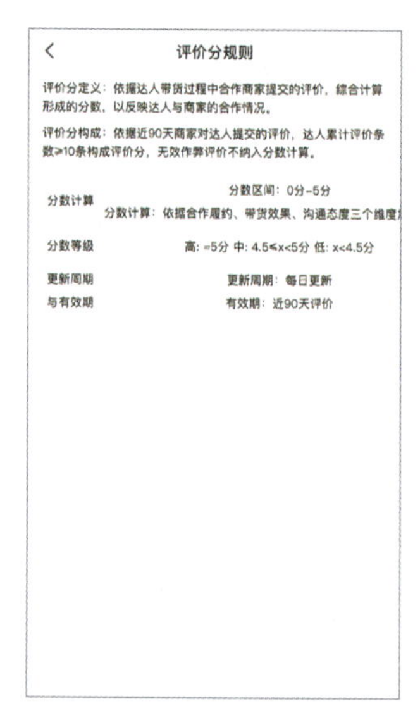

图 5-48　查看评价分的相关规则

第6章

视频带货：通过“种草”激发用户的购买欲望

在借助抖音全域兴趣电商进行短视频带货的过程中使用一些带货技巧，很可能显著提升带货效果，甚至让商品的销量倍增。在这一章中，笔者会为大家讲解常见的短视频带货技巧，帮助大家通过有效“种草”，激发用户的购买欲望。

6.1 带货选品：选得好等于赢了一半

在抖音平台上带货时，选品非常关键，有时候，只要商品选得好，带货就赢了一半。这一节，笔者为大家讲解抖音带货选品的常见方法，帮助大家快速找到适合自己的带货商品。

6.1.1 立足定位：根据自身优势做选品

在运营抖音号的过程中，运营者可能会获得一些优势，如图6-1所示。运营者可以根据自身优势做选品，这样用户会更愿意购买运营者推荐的商品，而运营者获得的收益也会更有保障。

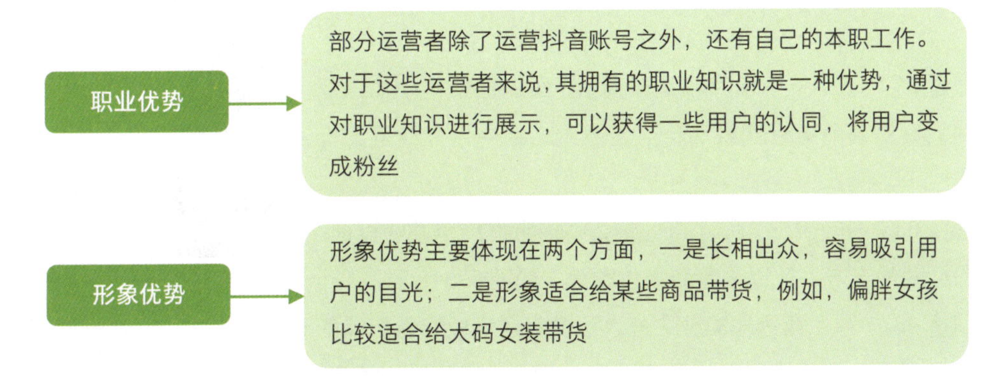

图6-1 抖音账号运营过程中可能获得的优势

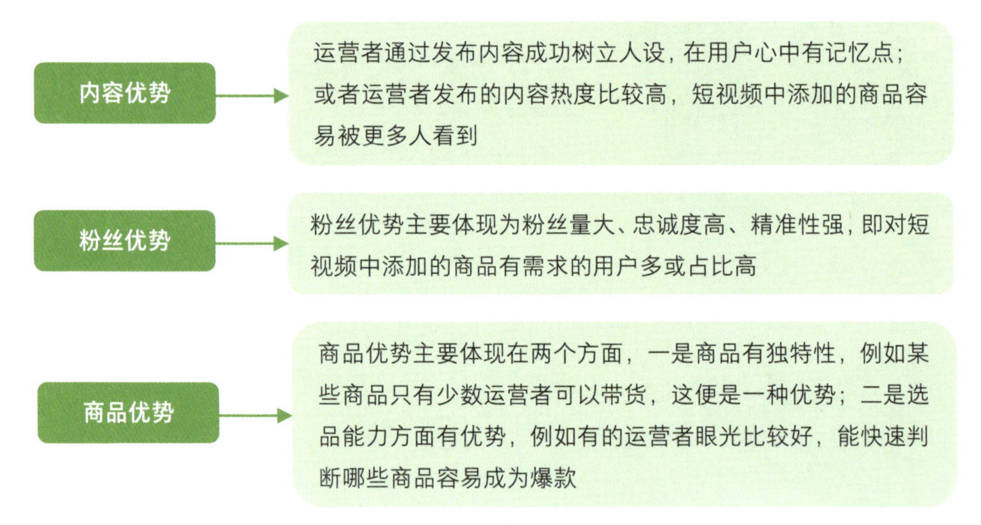

图 6-1 抖音账号运营过程中可能获得的优势（续）

6.1.2 注重口碑：根据评分和评价做选品

部分用户在选择商品时，比较看重商品所在店铺的评分，如果店铺评分太低，用户可能会觉得该店铺销售的商品不太靠谱。对此，运营者选品时可以对店铺评分加以关注，选择评分较高的店铺中的商品进行橱窗带货。

具体来说，运营者可以通过如下操作查看商品所在店铺的评分，以便选择合适的商品添加至抖音商品橱窗中，为带货做准备。

步骤 01 在“抖音电商精选联盟”界面的搜索框中输入商品关键词，对商品进行搜索后，点击搜索结果中目标商品的标题，如图 6-2 所示。

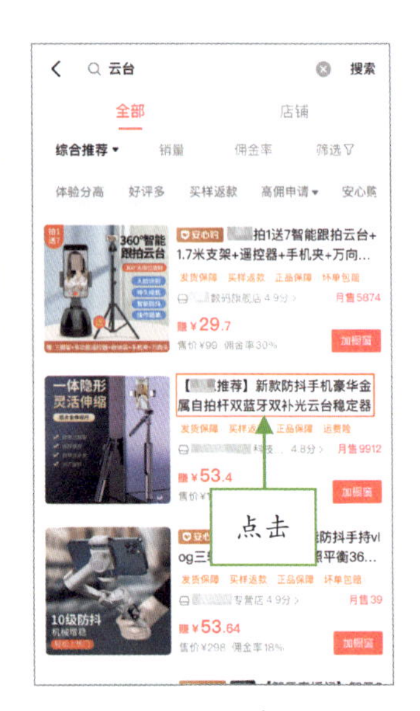

图 6-2 点击目标商品的标题

步骤 02 执行操作后，即可进入“商品推广信息”页面，在商品标题的下方，可以查看商家体验分，如图 6-3 所示。

步骤 03 除了商家体验分之外，运营者还可以查看店铺的其他评分情况。具体来说，运营者只需要滑动“商品推广信息”页面，即可在店铺名称下方查看该店铺的商家体验分、商品体验（分）、物流体验（分）和商家服务（分），如图 6-4 所示。确认店铺较优质后，运营者可以将店铺商品添加至自己账号的橱窗中进行带货。

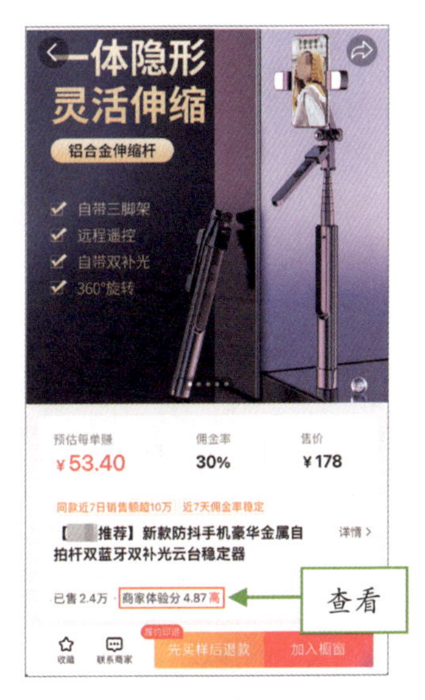

图 6-3　查看商家体验分

图 6-4　查看店铺的其他评分

除了可以查看商品所在店铺的评分之外，运营者还可以查看用户对商品的评价，选择好评率较高的商品进行橱窗带货，具体操作如下。

步骤 01 进入“商品推广信息”页面，点击“商品评价”后方的“好评率”按钮，如图6-5所示。

步骤 02 执行操作后，即可进入“商品评价”页面，查看用户对商品的具体评价，如图6-6所示。运营者可以将用户评价比较好的商品添加至自己账号的橱窗中，让自己选择的带货商品更加靠谱。

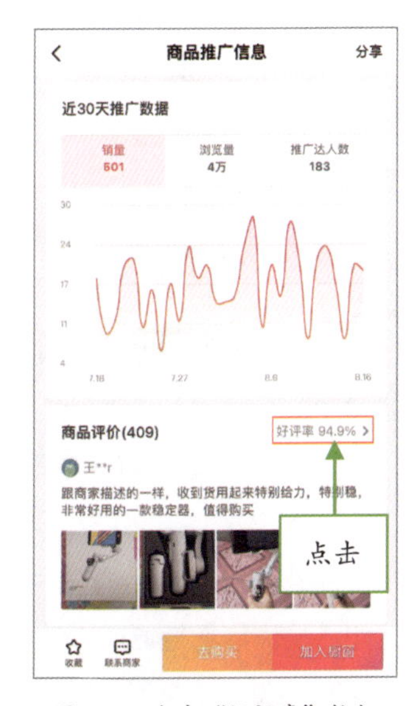

图 6-5　点击“好评率”按钮

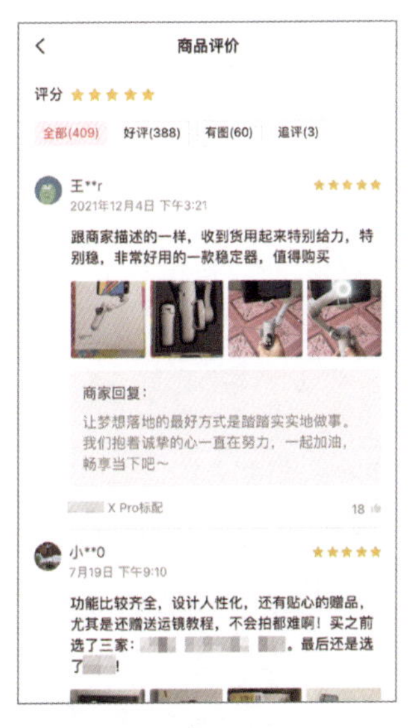

图 6-6　“商品评价”页面

6.1.3 参考榜单：根据排行情况做选品

抖音官方推出了“爆款榜”，运营者可以在该榜单中选择合适的商品进行带货，具体操作步骤如下。

步骤 01 进入抖音App的“抖音电商精选联盟”界面，点击“爆款榜”板块，如图6-7所示。

步骤 02 执行操作后，进入“精选联盟爆款榜”界面，该界面默认展示商品销量的“实时榜”，如图6-8所示。

步骤 03 运营者可以根据自身需求点击“精选联盟爆款榜”界面中的相关按钮，查看其他周期榜单，例如点击“月榜”按钮，查看过去一个月的商品销量排行情况，如图6-9所示。

步骤 04 除了可以点击周期按钮之外，运营者还可以点击品类按钮，查看不同品类商品的排行情况。例如，运营者可以点击“食品饮料”按钮，查看食品饮料类商品的销量排行情况，如图6-10所示。

图6-7 点击“爆款榜”板块

图6-8 商品销量的“实时榜”

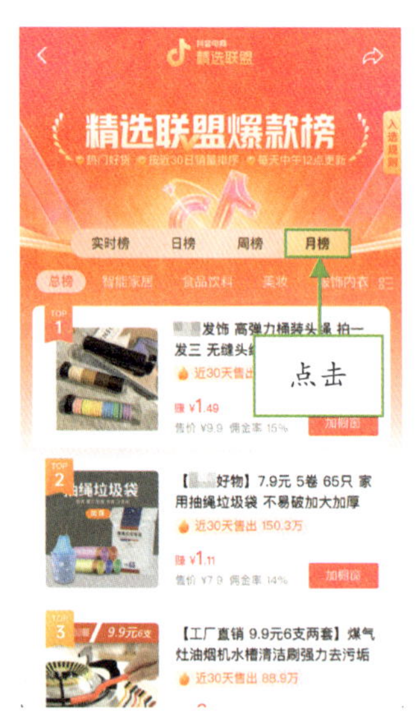

图6-9 点击“月榜”按钮

图6-10 点击“食品饮料”按钮

6.1.4 借鉴经验：参照带货达人做选品

做带货选品时，运营者可以查看带货达人的带货数据，借鉴其经验，选择受用户欢迎的商品进行带货。以蝉妈妈抖音版平台为例，运营者可以通过如下操作查看带货达人的带货数据，选择受欢迎的商品进行带货。

步骤 01 进入蝉妈妈官网主页，将鼠标指针悬停在“抖音分析平台”按钮上，会弹出一个列表，选择该列表中的“达人库”选项，如图6-11所示。

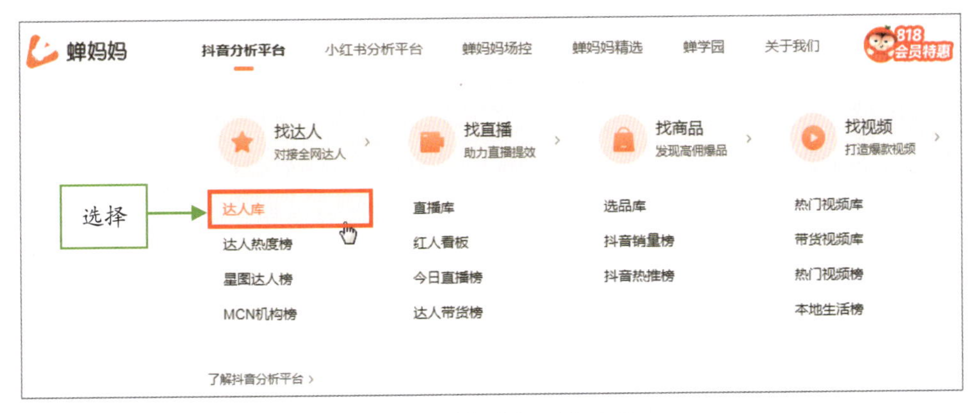

图 6-11 选择“达人库”选项

步骤 02 执行操作后，进入蝉妈妈抖音版平台的“达人库”页面，如图6-12所示。

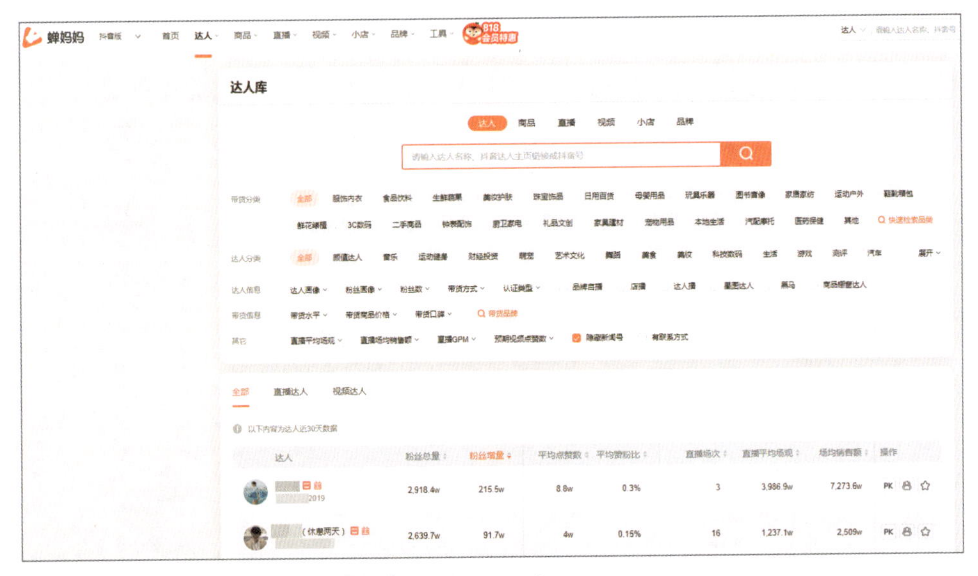

图 6-12 “达人库”页面

步骤 03 将鼠标指针悬停在页面上部的“达人”按钮上，会弹出一个列表，选择该列表中的“达人带货榜”选项，如图6-13所示。

步骤 04 执行操作后，进入“达人榜-达人带货榜”页面，单击“带货分类”中的目标类别按钮，如“鞋靴箱包”按钮，如图6-14所示。

步骤 05 执行操作后，即可查看对应类别的达人带货榜，单击榜单中排名靠前的达人账号，如图6-15所示。

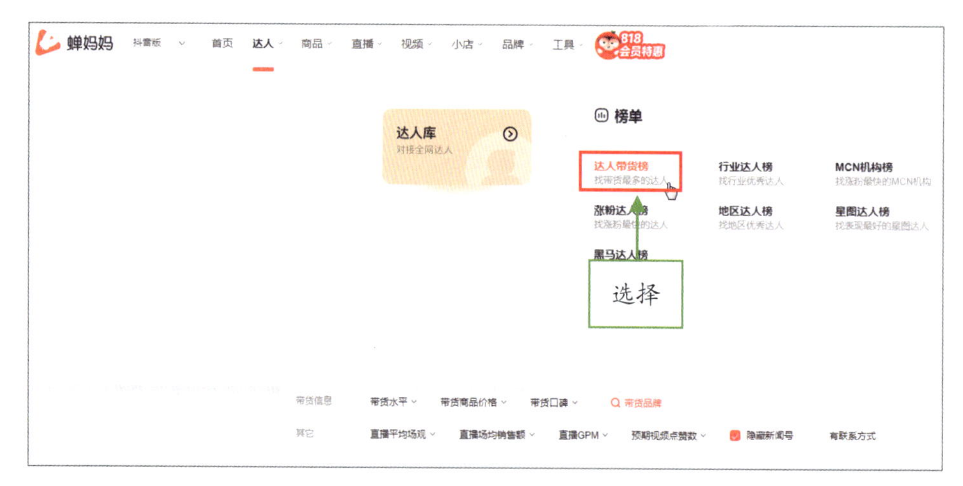

图 6-13 选择“达人带货榜”选项

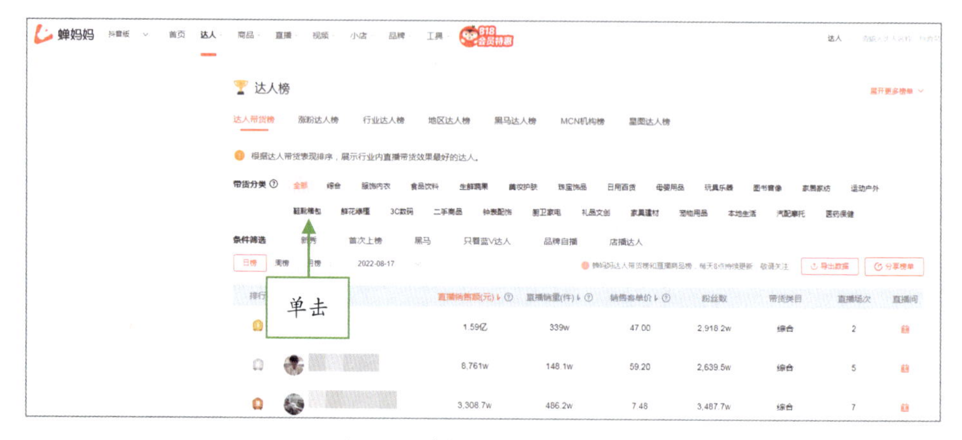

图 6-14 单击“鞋靴箱包”按钮

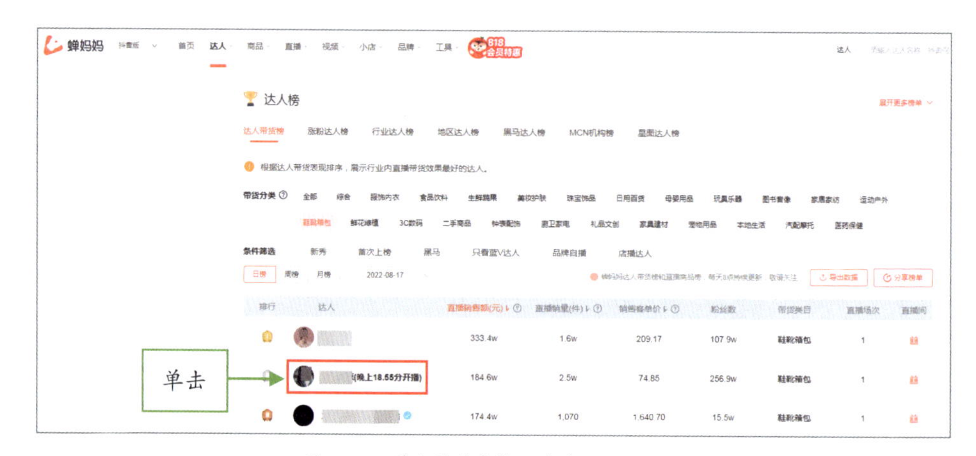

图 6-15 单击榜单中排名靠前的达人账号

步骤 06 执行操作后，即可进入对应达人账号的“基础分析”页面，单击导航栏中的“带货分析”按钮，如图 6-16 所示。

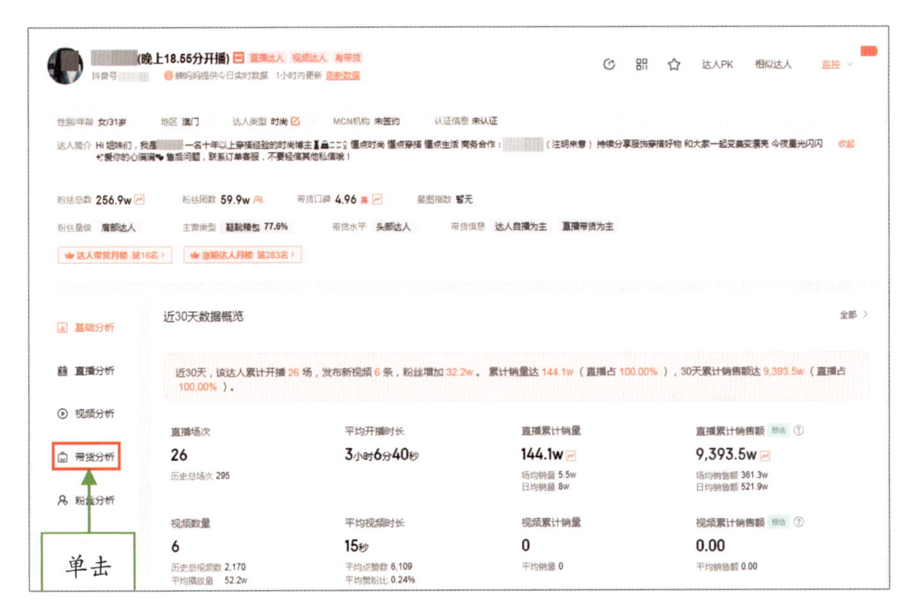

图 6-16　单击“带货分析”按钮

步骤 07　执行操作后，进入对应达人账号数据分析的“带货分析”页面，滚动鼠标滚轮，即可在“商品记录”板块中查看各带货商品的数据，如图 6-17 所示。运营者可以根据销量和销售额判断商品的受欢迎程度，从中选择比较受用户欢迎的商品进行带货。

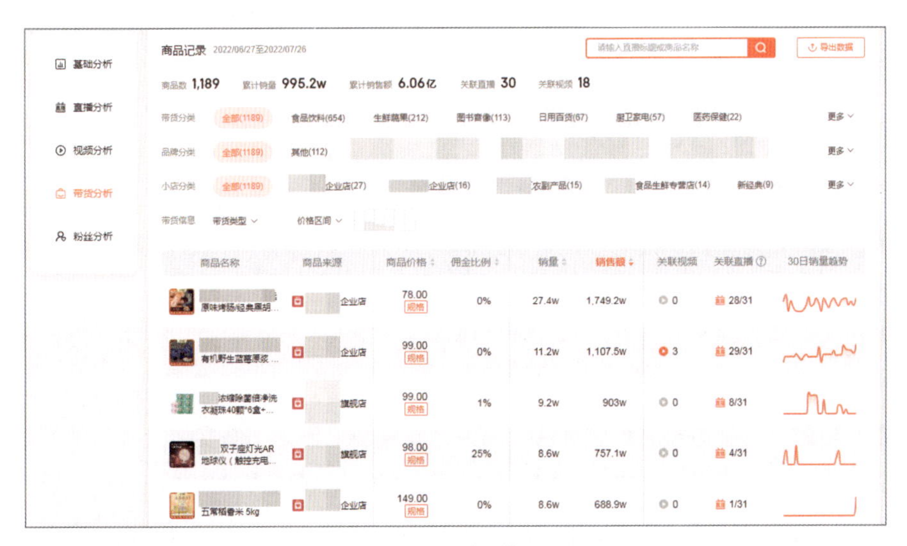

图 6-17　查看各带货商品的数据

6.2 带货文案：用短视频内容赢得信任

用户不会购买自己不信任的商品，所以，如果运营者想让用户购买商品，必须先赢得用户的信任。赢得用户信任的方法有很多，其中比较直接、有效的一种方法是写出优质的带货文案。怎样才能写出优质的带货文案呢？笔者认为，运营者可以从以下6个方面着手进行重点突破。

6.2.1 树立权威：塑造自身的专业形象

有的用户会在购买商品前对运营者的专业性进行评估，如果运营者不够专业，用户就会对运营者推荐的商品产生怀疑。

所以，在短视频账号的运营过程中，运营者需要通过优化短视频文案来树立权威，塑造自身的专业形象，增强用户的信任感。这一点对于专业性比较强的领域来说，尤为重要。

例如，摄影就是一个很讲求专业的领域，如果摄影类账号的运营者不进行专业知识的分享，就很难获得用户的信任，更不用说通过发布短视频为摄影类商品带货了。

正是因为如此，许多摄影类账号的运营者会通过短视频文案展示自身的专业性。例如，某运营者在一个短视频中对10种快门的数值设置进行了详细说明，用户看到该短视频文案后，很容易觉得该运营者在摄影方面非常专业。

在这种情况下，用户看到短视频中的摄影商品链接时，会觉得该商品是运营者带着专业眼光挑选的，自然会对短视频中销售的摄影商品多一份信任。

6.2.2 借力顾客：展现商品的良好口碑

从用户的角度来看，运营者是需要通过销售商品实现变现的，所以如果只是运营者说商品好，用户很难轻易相信。因此，运营者在撰写短视频文案时，可以通过适当借力顾客来打造商品和店铺的口碑。

借力顾客打造口碑的方法有很多，既可以展示顾客的好评，也可以展示店铺的销量或店铺门前排队的人群。

借力顾客打造口碑对于实体店运营者来说尤其重要，因为一些实体店经营的商品是无法通过快递发货的，最多通过外卖送给附近的顾客。借力顾客打造口碑，能够让附近看到店铺相关短视频的用户对店铺及店铺中的商品产生兴趣，这样一来，店铺便有机会将附近的短视频用户转化为线下顾客。

6.2.3 事实力证：获得更多用户的认可

有一句话说得好，事实胜于雄辩！说得再多，也没有直接摆事实有说服力。对运营者来说，与其将商品夸得天花乱坠，不如直接摆事实，让用户看到使用商品后的真实效果。

如图6-18所示，是一个为大码女装带货的短视频，该短视频并没有对视频中的大码服装进行太多夸耀，而是直接将穿其他服装的效果和穿自家大码服装的效果进行对比，用事实力证该大码服装的遮肉效果。

图6-18 用事实力证商品使用效果

因为有事实力证，用户通过短视频可以很直观地看到该大码服装的上身效果比较好，部分身材偏胖的女性很容易被短视频中的大码服装“种草”。

6.2.4 消除疑虑：认真解答用户的疑问

如果用户对运营者带货的商品有疑虑，通常是不会购买商品的，而通过抖音平台为商品带货时，用户无法直接体验商品，心中的疑虑很难消除。因此，撰写短视频带货文案时，运营者需要周密考虑，消除用户的疑虑，让用户放心购买商品。

例如，在某带货短视频中，运营者表示自己带货的笔“想要什么就可以画什么”，看到这里，许多用户心中会有疑虑，是不是真的像运营者说的这么神奇，什么都能画呢？为了验证这一点，运营者在短视频中展示了画蝴蝶样式手镯的过程，并且对画完的手镯略作处理之后就戴在了自己的手上，看到这里，许多用户心中的疑问便得到了解答。

6.2.5 扬长避短：重点展示商品的优势

无论是什么商品，都会既有优点，又有缺点，这是一件很自然的事，但是，有的用户会过于在意商品的不足之处，只要看到商品有不如意的地方，就会失去购买兴趣。

为了充分开发这部分用户的购买力，运营者在展示商品时，可以有选择地对商品的优缺点进行呈现。具体来说，就是要尽可能扬长避短，重点展示商品的优势，弱化商品的不足。

例如，某带货短视频中，运营者在展示商品时，重点对商品的“不添加防腐剂”“在家加热就能吃”“味道和在线下店里吃一模一样”等优点进行了说明，对这类商品有需求的用户看到后很容易就动心了。

同样是该短视频中的商品，如果运营者将商品的缺点说出来，如“保质期短，收到后应尽快食用”“运输过程中可能会有汤汁洒漏”等，还有多少用户愿意购买这件商品呢？

部分运营者会觉得扬长避短、重点展示商品的优势是在刻意隐瞒商品信息，笔者对此并不认同。这不是刻意隐瞒，而是选择优势信息进行重点展示，并没有否认劣势信息的存在。

6.2.6 缺点转化：利用不足凸显优势

正所谓金无足赤，人无完人。世上没有十全十美的事物，有缺点和不足并不可怕，可怕的是缺点和不足被无限放大，成为致命弱点。

其实，只要处理得当，有时候，缺点和不足也能转化为凸显商品优势的一种助力。关键在于找到合适的转化方式，让用户透过商品的缺点和不足，看到商品的潜在优势。

进行缺点转化的方式有很多，其中一种比较有效的方式是通过语言表达出商品的缺点和不足只有一个，但不影响商品品质，其他的都是优点的意思。在这种情况下，用户对商品的好感度会快速提升。

例如，某运营者直接在带货短视频中表示：“我们的零食只有一个缺点，那就是有点小贵。”用户购买食品时更注重食用安全性，看到短视频中的内容之后，用户很可能会觉得短视频中的零食虽然有点贵，但是食用的安全性是有保障的，可以放心购买。在该零食只比同款零食稍贵一些的情况下，大部分用户是能够接受其价格的，达到这一目的后，这一带货短视频就算是成功的。

6.3 带货技巧：提高商品对用户的吸引力

对于运营者来说，打造能够吸引用户的带货短视频非常重要，因为短视频的吸引力会在一定程度上影响带货效果。这一节，笔者对带货短视频的打造技巧进行介绍，帮助运营者快速打造对用户具有吸引力的带货短视频。

6.3.1 展示魅力：打造出镜人物的人设

运营者想成功带货，需要通过制作并发布短视频打造出镜人物的人设，展示出镜人物的魅力，让用户记住出镜人物、相信出镜人物，相关技巧如图6-19所示。

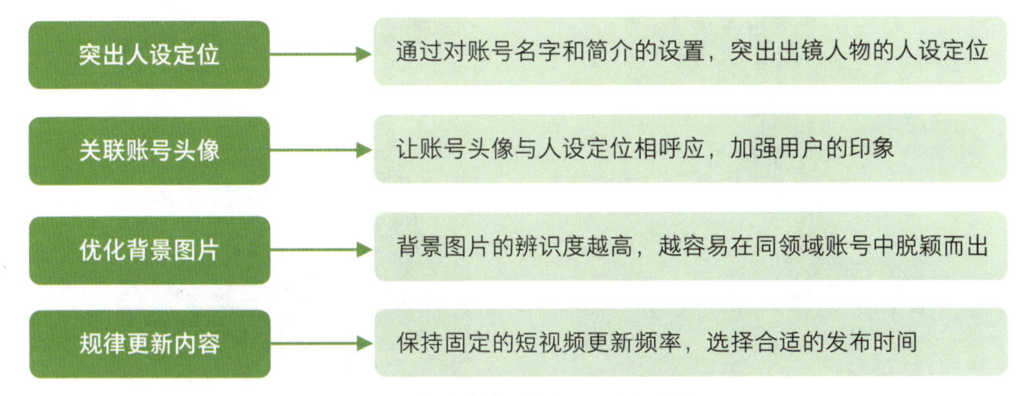

图6-19 打造出镜人物的人设的相关技巧

打造出镜人物的人设的同时，运营者还需要在与出镜人物的人设相关的情境、内容上下功夫，将情境、内容与变现相结合。只要能够更好地吸引粉丝关注，带货不在话下。相关技巧如图6-20所示。

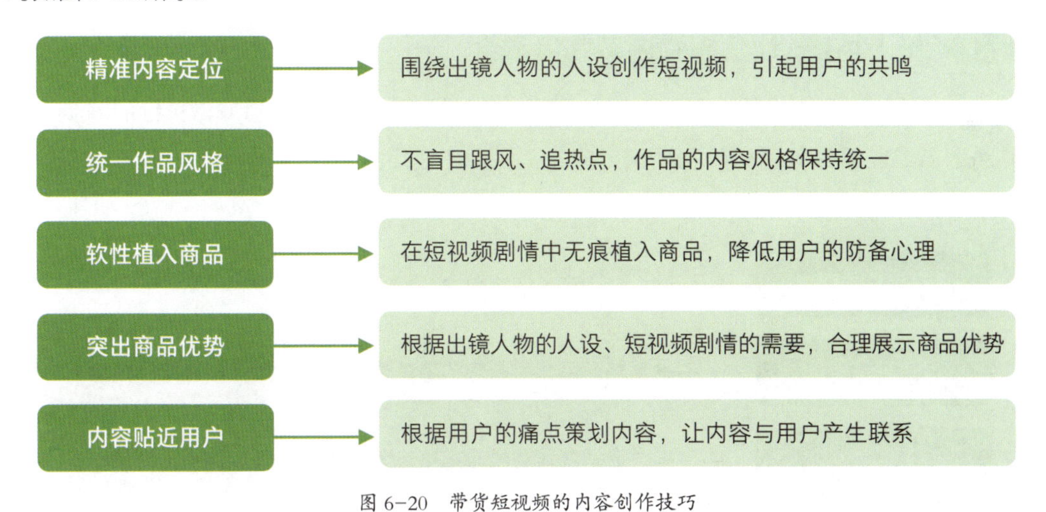

图6-20 带货短视频的内容创作技巧

6.3.2 展示细节：拍摄商品的局部设计

拍摄带货短视频时，展示商品细节可以帮助用户更全面地了解商品的相关信息，同时更好地体现商品的品质，展示运营者对商品的强大信心。如图6-21所示，是某运动鞋的带货短视频，该短视频对运动鞋的侧面和头部细节进行了展示，通过短视频内容，用户可以快速了解该运动鞋的细节设计，从而增强购买欲望。

图 6-21 拍摄商品时展示细节

6.3.3 植入场景：让营销和内容完美融合

在短视频的场景或情节中自然地引出商品，这是拍摄带货短视频时非常关键的一步，这种软植入方式能够将营销信息和视频内容完美融合，让用户印象深刻，相关技巧如图 6-22 所示。

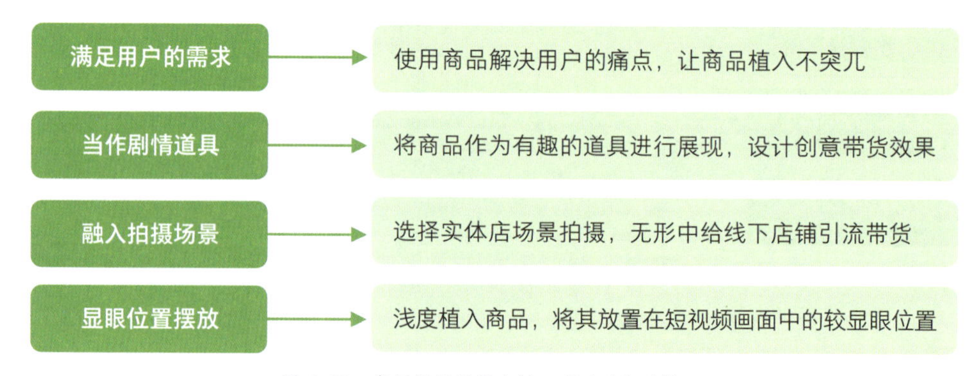

图 6-22 在短视频场景中植入商品的相关技巧

总之，拍摄带货短视频时可以通过台词表述、剧情设计、特写镜头、情节捆绑、文化植入等方式植入商品，手段非常多。运营者可以根据自己的需要，选择合适的植入方式。

6.3.4 制造反差：增加短视频的趣味性

拍摄带货短视频时可以利用反差增加内容的趣味性，给用户带来新鲜感。当然，这个反差通常是由要展示的商品带来的。例如，在化妆品的带货短视频中，通过展示使用化妆品前后的惊人效果，制造对比，给用户带来震惊感，就是一种明显的制造反差手法。

另外，运营者可以使用同类商品对比的手法突出自己商品的优势，进而提高用户的购买兴趣。

6.3.5 展示功能：突出商品的神奇用法

在带货短视频中展示商品功能时，运营者可以从商品用途上寻找突破口，展示商品的神奇用法。如图 6-23 所示，是多功能开瓶器的带货短视频，该短视频便对该开瓶器的多种功能进行了展示，突出了其广泛且神奇的用法。

图 6-23 展示商品功能的短视频示例

除了简单地展示商品本身的神奇功能之外，运营者还可以放大商品优势，对已有的商品功能进行创意表现。需要注意的是，带货短视频中展示的商品一定要真实，必须符合用户的视觉习惯，最好是真人试用拍摄，这样更有真实感，可以提高用户的信任度。

6.3.6 开箱测评：展示商品的使用体验

在抖音平台上，很多运营者仅用一个“神秘”包裹，就能轻松拍出一条爆款短视频。笔者总结了一些开箱测评类短视频的拍摄技巧，如图6-24所示。

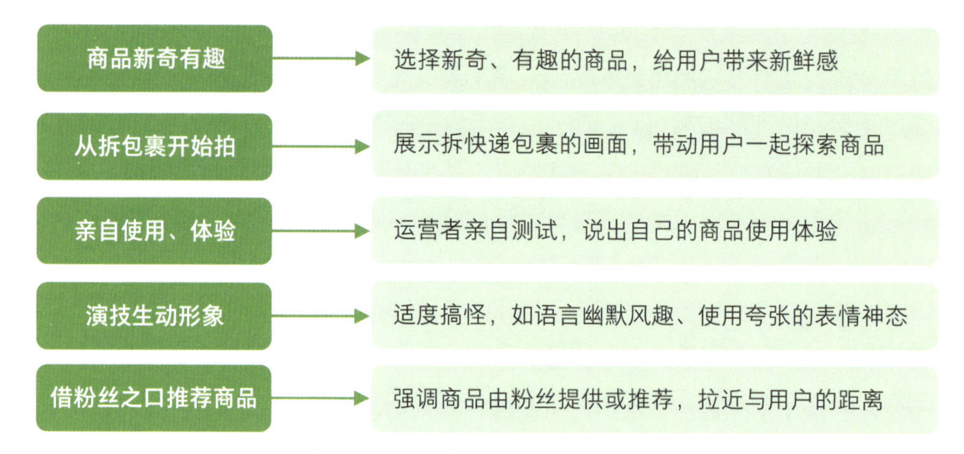

图6-24　开箱测评类短视频的拍摄技巧

如图6-25所示，是某款手机的开箱测评短视频，该短视频便是从运营者亲自使用、体验商品的角度进行拍摄的。

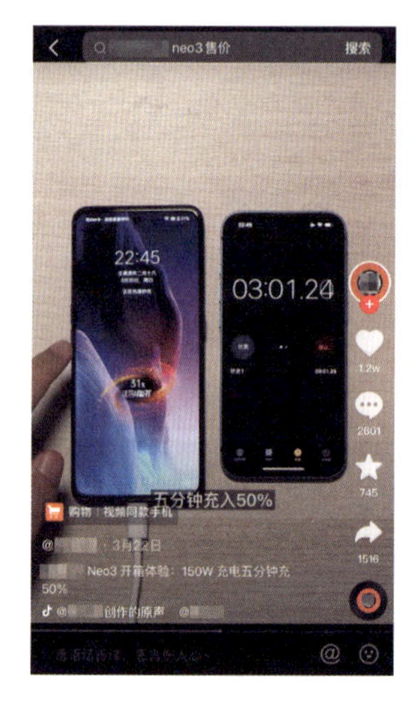

图6-25　亲自使用、体验商品

6.3.7 实地拍摄：记录商品的生产过程

有的商品需要历经多道工序才能生产出来，对于这类商品，运营者可以实地拍摄其生产过程，这不仅会让用户觉得商品生产过程复杂，买它物有所值，还会增加用户对商品的了解，让用户买到商品之后可以放心地使用或食用。如图6-26所示，该短视频便详细地记录了辣条的生产过程。

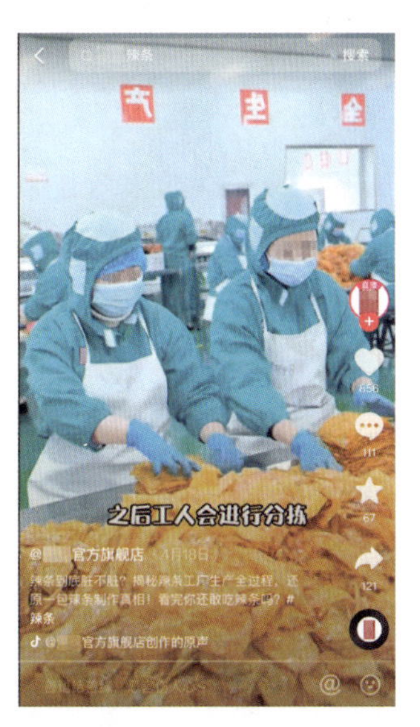

图 6-26 记录商品的生产过程

第7章 直播带货：借助互动实现用户的高效转化

近年来，越来越多的人开始在直播间购物。直播具有实时性，用户可以直接与主播进行互动，因此，对于广大商家和主播来说，只要能够在直播带货时与用户进行有效互动，就有可能实现高效转化，引导更多用户下单购物。

7.1 能力培养：提高主播的带货能力

没有天生的优秀主播，从素人到优秀主播，往往需要一个锻炼过程。在这个过程中，主播必须对自己的直播能力进行有针对性的训练。具体来说，主播想获得成功，必须提升3个方面的能力，分别为专业能力、语言能力、心理素质。

7.1.1 专业能力：扎根直播的必备素养

要想成为一名优秀主播，必须具备精湛的专业能力。在竞争日益激烈的直播行业中，主播只有不断提高自身的专业能力，才能稳稳立足并不断进步。下面，笔者分别讲解主播必须具备的几项专业能力。

1. 个人才艺

主播应该拥有多种才艺，通过展示才艺吸引用户关注直播。才艺的范围十分广泛，包括唱歌、跳舞、乐器演奏、书法、绘画等。无论是什么领域的才艺，只要能够让用户觉得耳目一新，能够激发用户的兴趣，让用户愿意停留，甚至购买商品，这个才艺就是成功的。

抖音平台上有不计其数的主播，其中大多数主播拥有独特的才艺。通常情况下，才艺越突出的主播，越容易获得较高的人气。如图7-1所示，是主播在表演小提琴演奏才艺。

图 7-1　主播表演小提琴演奏才艺

无论是什么才艺，只要是积极的、充满正能量的、能够展示个性的，就能为主播的成长助一臂之力。

2. 言之有物

主播想要得到粉丝的认可和持续关注，一定要有正确且明确的三观，这样说出来的话才会让人信服。如果主播的观点既没有内涵，又没有深度，将难以获得粉丝的长久支持。

那么，如何做到言之有物呢？首先，主播应树立正确的价值观，始终保持真诚的本心，不好高骛远，剑走偏锋；其次，主播要掌握一定的语言技巧，直播时必须具备的语言要素包括亲切自然的问候、通俗易懂的讲解和流行时尚的点评等；最后，主播要能够输出明确的、正确的观点。只有将这三者有机结合，主播才能达到言之有物的境界，并不断提升自身的专业能力。

3. 专精一行

要想成为直播界的“状元”，主播最好拥有一个独特的技能，因为一个主播的主打特色是由他的特长支撑起来的。

例如，有的主播乐器演奏水平很高，可以多在直播中展示自己的演奏才能；有的主播书法写得好，可以多在直播中展示书法作品的写作过程，如图 7-2 所示；有的主播天生拥有一副好嗓子，可以多在直播中一展歌喉。

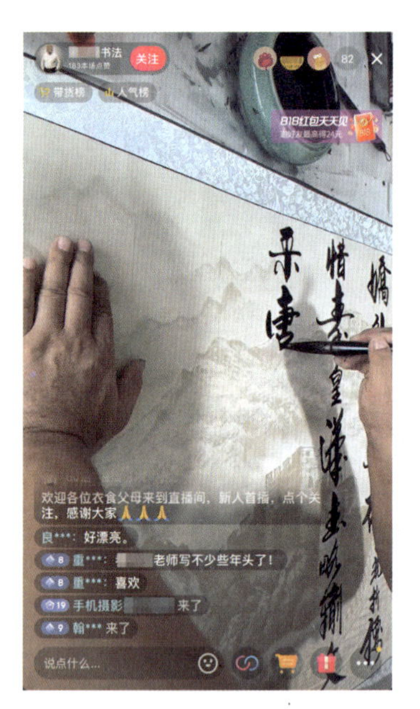

图 7-2　主播在直播间展示书法作品的写作过程

主播只要精通一门专业技能，行为谈吐接地气，那么月收入上万元就不是什么难事儿。当然，再优秀的主播也要在每场直播之前都做足功课，这样才能保证直播有条不紊地进行，持续获得良好的反响。

7.1.2 语言能力：直播带货的重要武器

一个主播没有良好的语言组织能力，就如同一名击剑运动员没有剑，是万万行不通的。想要拥有过人的语言能力，让用户舍不得错过直播的一分一秒，主播必须从多个方面入手，锻炼和提升自己。下面，笔者针对如何用语言赢得用户的追随和支持这一问题，给有志于从事主播职业的人提几点建议。

1. 亲切沟通

直播过程中，与用户互动是不可或缺的。互动时不可口无遮拦，主播要学会三思而后言，切记不要太过鲁莽，以免对用户造成伤害或引起用户的不悦。

2. 选择时机

想获得良好的沟通效果，主播需要合理选择说话的时机，表达自己的见解之前，必须把握好用户的心理状态。

例如，用户是否愿意接受这个信息？用户是否准备好了听这件事情？如果主播丝毫不顾及用户心里怎么想，不对说话的时机加以把握，只会事倍功半，甚至表达的越多越糟糕。

打个比方，主播向用户推荐商品时，承诺给用户一定的折扣是有利于用户的，通常能让用户对商品更感兴趣，但如果把握不好时机，显得过于急迫，反而会给用户带去主播急于将商品脱手之感，甚至因此对商品的质量产生怀疑，放弃购买。

3. 懂得倾听

懂得倾听是一个美好的品质，也是主播必须具备的素质。倾听用户的反馈，是有助于直播质量不断提升的。例如，一个主播收到一条评论，说他近期的直播有些无聊，没什么有趣的内容，都不知道在说些什么，于是该主播及时反思，参考用户的意见，精心策划了一场趣味直播，赢得了几十万点击量，获得了无数用户的好评。

直播过程中，表面上看是主播占主导地位，实际上占据主导地位的是用户。用户愿意看直播的原因在于能与自己感兴趣的人进行互动，主播要了解用户关心什么、想讨论什么话题，就一定要认真倾听用户的心声和反馈。

4. 谦和友好

主播和用户交流沟通时，要谦和一些，友好一些，努力营造良好的直接间氛围。

如果一个主播总想借纠正用户的错误或者发现用户互动话语中的漏洞来证明自己学识渊博、能言善辩，那么这个主播是失败的，因为他忽略了重要的一点，那就是直播间是主播与用户沟通、互动的地方，不是辩论赛场，不是相互攻击之处。主播在与用户沟通的过程中，要懂得理性思考问题、灵活面对窘境、巧妙指出错误。

语言能力的优秀与否，与主播的个人素质高低是分不开的。因此，在直播过程中，主播不仅要着力提升自身的语言能力，同时要全方面关注自身的缺点与不足，更好地为用户提供服务，成长为高人气的专业主播。

5. 理性对待

在直播过程中，主播可能会遇到负能量爆棚、喜欢怨天尤人的用户，甚至有的用户心情不好时会强词夺理地说自己的权利受到了侵犯。面对这种情况，部分脾气暴躁的主播会按捺不住心中的不满与怒火，将矛头指向用户，甚至真的对其进行人身攻击，这种行为是不可取的。

优秀主播大多心思细腻、处事周全、懂得理性对待用户的消极行为和言论。那么，如何理性对待用户的消极行为和言论呢？笔者认为主播可以重点做好 3 点，分别为进行善意提醒、明确不对之处、对事不对人。

一个成功的主播一定有过人之处，对用户宽容大度和及时给予正确引导，是主播提高自身语言能力时要把握的重点，辅以正确的价值观，主播的直播内容会有更强的吸引力，粉丝黏性也会随之更高。

7.1.3 心理素质：应对好各种意外情况

直播和传统节目录制不同，录制后播放的节目想要达到让观众满意的效果，可以通过后期剪辑来表现笑点和重点，而直播是实时展示的。因此，优秀主播要具备良好的现场应变能力和丰厚的专业知识。

想吸引众多用户，仅仅靠主播的颜值、才艺和口才是不够的。直播是无法重来的真人秀，像生活一样，没有彩排。做直播，主播一定得具备良好的心理素质，妥善应对信号中断、突发事件等情况。

1. 信号中断

信号中断，通常发生在使用手机做户外直播时。在户外，信号不稳定是常见的事情，有时候，主播甚至会面临长时间没有信号的情况——如果直播过程中，主播能看到评论区的变化，但直播画面一直显示“加载中”，就说明主播的信号不太稳定，或者主播的信号已经中断了。

面对这样的情况，主播应该放平心态，试试变换地点能否连接到信号，如果不行，就耐心等待信号恢复。在这段信号异常的时间中，有的忠实用户会一直等候直播复播，主播要提前做好向用户道歉并说明情况的准备，同时准备一些新鲜的、能够活跃气氛的内容，以便复播时迅速吸引用户的注意力，降低信号异常带来的不良影响。

2. 突发事件

各种各样的突发事件在直播现场是难以避免的，发生意外情况时，主播一定要稳住心态，尽快让自己冷静下来，处理好直播现场的各项事宜。

讲一个真实事件，某歌唱节目总决赛直播时，某位歌手突然宣布退赛，现场的观众和守在电视机前的观众都大吃一惊。该节目的主持人立刻对此事做了冷静的处理，他请求观众给他5分钟时间，表述了自己对这个突发事件的看法，进行了客观、公正的评价，给相关工作人员充分的时间来调整流程、应对此事件。这个事件过后，该主持人的救场举动获得了无数观众的称赞。

节目主持人和主播有很多相似之处，主播就是他所开的直播的主持人。直播过程中，主播要学会把直播流程控制在自己手中，面对各种突发事件时，冷静处理各项事宜。

7.2 开启直播：了解直播间的搭建方法

为了更好地进行抖音直播带货，运营者需要了解直播间的搭建方法，并对相关信息进行设置。这一节，笔者对开启抖音直播的基础知识进行介绍，帮助运营者更好地开启直播。

7.2.1 队伍构建：直播团队的人员角色

为了保障抖音电商直播的效果，运营者有必要在开播前组建一个直播团队，并根据需要明确直播团队中的各个岗位角色及其对应的岗位职责。直播团队的常见人员角色和岗位职责见表7-1。

表7–1 直播团队的常见人员角色和岗位职责

岗位角色	角色介绍	岗位职责
直播运营	直播运营是推进直播工作的人，其工作内容包括商品卖点提炼、直播玩法设置、活动跟进等	从商品、内容、服务这3个方面，提高直播的可看性和直播产出
活动运营	活动运营是策划直播活动、对接官方活动的人	策划自运营直播活动，并关注平台的官方活动和各地区政府、产业带发起的活动
直播场控	直播场控是关注粉丝情绪，协助主播调整直播节奏的人	提升直播间粉丝活跃度和互动氛围，提高粉丝停留时长和购买兴趣
直播策划	直播策划是策划直播间内容、撰写直播文案的人	确定直播流程、脚本、提词等（不少团队由直播运营兼任直播策划）
运营助理	运营助理是协助直播运营开展工作的人	协助直播运营开展工作，例如记录直播数据、统计竞争对手数据等

7.2.2 快速开播：了解开启抖音直播的方法

抖音直播变现的基础是开通抖音直播功能。

抖音直播功能的开通很简单，运营者进行实名认证即可。实名认证完成后，系统给运营者发出如图7–3所示的通知，告知运营者已获得抖音直播权限，即说明抖音直播功能开通成功。

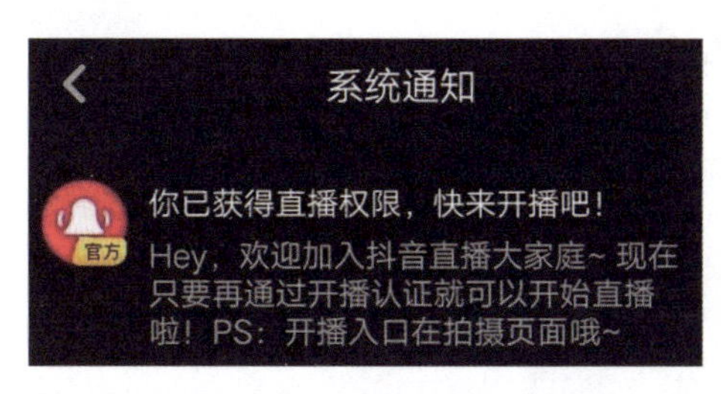

图7–3 获得抖音直播权限的系统通知

对于运营者来说，抖音直播是促进商品销售的重要方式之一。那么，究竟如何开启抖音直播呢？具体操作步骤如下。

步骤 01 登录抖音App，点击“首页”界面中的[+]图标，如图7–4所示。

步骤 02 执行操作后，进入“快拍”界面，点击界面中的“开直播”按钮，如图7–5所示。

步骤 03 执行操作后，进入“开直播”界面，❶设置直播标题和封面；❷点击“商品”按钮，如图7–6所示。

步骤 04 执行操作后，进入“添加商品”界面，❶选中需要添加的目标商品对应的复选框；❷点击“确认添加”按钮，如图7-7所示。

图 7-4 点击[+]图标

图 7-5 点击“开直播”按钮

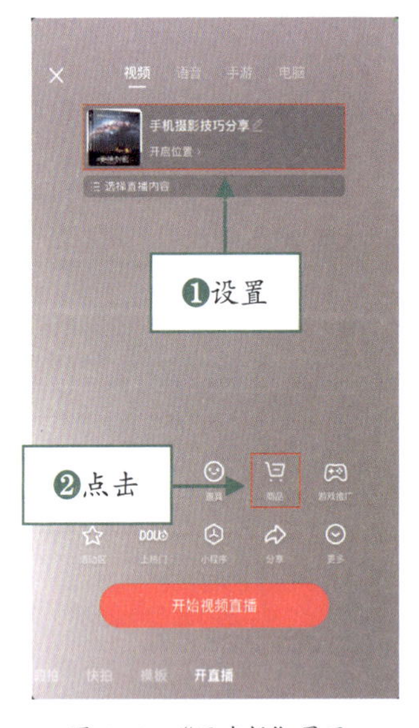

图 7-6 “开直播”界面

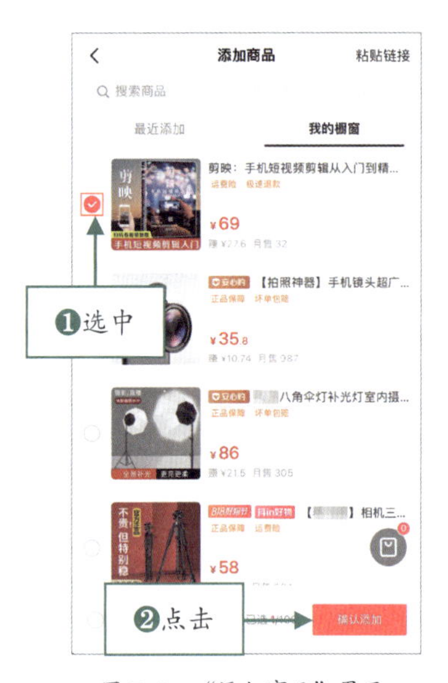

图 7-7 “添加商品”界面

步骤 05 执行操作后，界面中显示“商品已添加到购物袋”，如图7-8所示。

步骤 06 返回“开直播”界面，“商品”按钮右上方会出现已添加商品的数量，点击“开始视频直播”按钮，如图7-9所示。

步骤 07 执行操作后，出现直播开启倒计时，如图7-10所示。

步骤 08 倒计时结束后进入直播间界面，抖音直播开启成功，如图7-11所示。

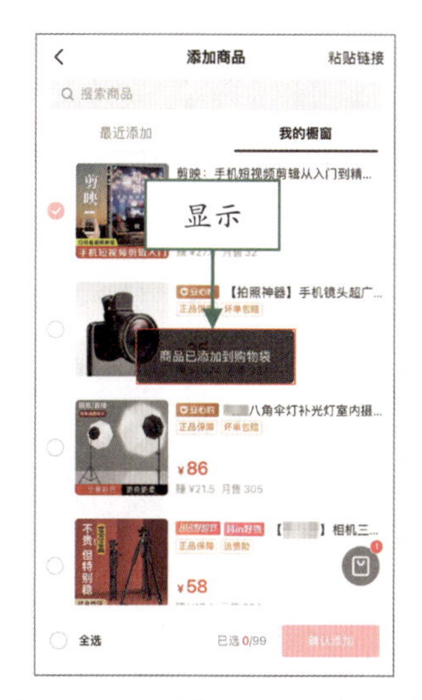

图7-8 显示"商品已添加到购物袋"

图7-9 点击"开始视频直播"按钮

图7-10 出现直播开启倒计时

图7-11 抖音直播开启成功

7.2.3 直播设置：掌握基本的操作方法

直播带货过程中，运营者可以通过进行一些基本操作，将直播的相关信息更好地传达给用户，增加直播流量，获得更多销量。例如，开启抖音直播之前，运营者可以通过进行如下操作对开播信息进行设置，帮助进入直播间的用户快速了解直播。

步骤 01 点击"开直播"界面中的"更多"按钮，如图7-12所示。

步骤 02 执行操作后，点击"设置"按钮，如图7-13所示。

图 7-12　点击“更多”按钮

图 7-13　点击“设置”按钮

步骤 03 执行操作后，弹出“设置”窗口，运营者可以对“设置”窗口中的各项信息进行设置。以设置“直播间介绍”为例，点击其后方的“添加”按钮即可，如图7-14所示。

步骤 04 执行操作后，❶在弹出的“直播间介绍”窗口中输入相关信息；❷点击“保存并修改”按钮，如图7-15所示。

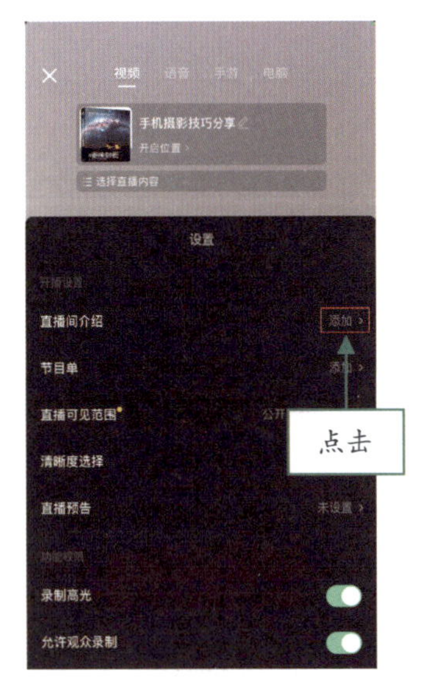

图 7-14　点击“添加”按钮

图 7-15　输入相关信息并点击“保存并修改”按钮

步骤 05 执行操作后，界面中显示“提交成功，审核通过后自动展示”，说明直播间介绍设置提交成功，如图7-16所示。

步骤 06 稍后，运营者开启抖音直播，如果设置的直播间介绍通过了平台审核，直播界面中会显示刚刚设置的直播间介绍，如图 7-17 所示。

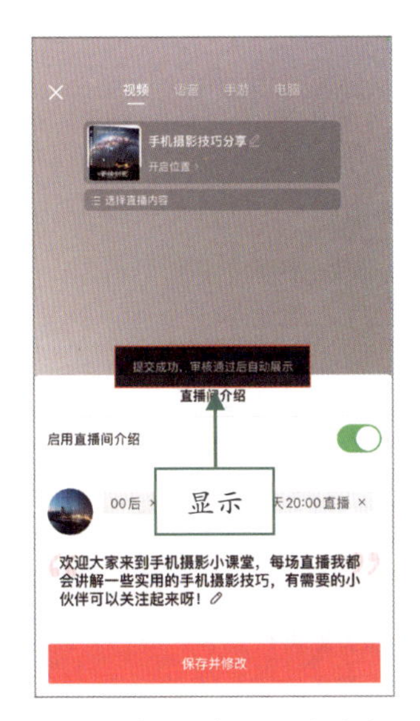

图 7-16　直播间介绍设置提交成功

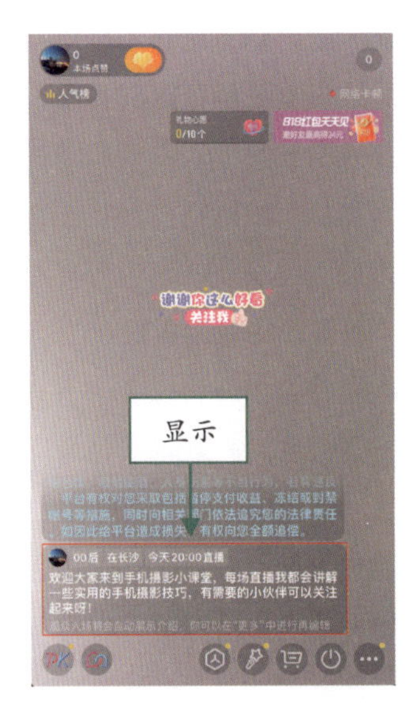

图 7-17　显示刚刚设置的直播间介绍

7.3 直播带货：提高购物车商品的销量

大多数主播开启抖音直播的主要目的是通过带货获得收益，那么，如何提高目标用户的购买欲，增加直播间的销量和销售额呢？这一节，笔者为大家介绍直播带货的实用方法。

7.3.1 挖掘卖点：重点讲解商品的主要优势

商品卖点可以理解为商品的优势、优点或特点，也可以理解为自家商品和竞争者商品的不同之处。怎样说服用户选择自家商品？和竞争者的商品相比，自家商品的竞争力和优势在哪里？这些都是主播在直播带货过程中要重点考虑的问题。

在观看直播的过程中，用户或多或少地会重点关注商品的卖点，以便在心理上认同该商品的价值。找到商品的卖点，并加以重点讲解，可以帮助用户更好地接受商品，从而达到提高商品销量的目的。

因此，对于主播来说，快捷、高效地挖掘卖点并将其传递给目标用户是非常重要的。

下面，笔者为大家介绍一些挖掘卖点的方法。

1. 结合当下的流行趋势挖掘卖点

在直播中介绍商品时，主播可以结合当下的流行趋势来挖掘商品的卖点，这一直是各个商家惯用的营销手法。

例如，市面上大规模流行莫兰迪色系的服饰、物品时，可以通过在商品介绍上添加“莫兰迪色系”这个标签吸引用户的关注；夏天快要来临，女性想展现自己的曼妙身材时，为连衣裙带货的主播可以将穿衣上身后很合体作为卖点。

2. 从商品的质量角度挖掘卖点

大部分人购买商品时，会将商品质量作为重要的参考要素之一，所以，主播在直播带货时，可以重点从商品质量方面挖掘卖点。例如，主播在为羽绒服带货时，可以将标有含绒量的标签作为直播的重点展示内容，向用户进行详细说明。

3. 借助名人效应打造卖点

大众对于名人的一举一动非常关注，部分人希望可以靠近名人的生活，得到心理满足。在这种情况下，名人同款就成为商品的一个宣传卖点。

名人效应一直在大众生活的各个方面产生着影响，例如，选用优质歌手、演员代言商品，可以刺激用户消费；明星支持公益活动，可以带领更多人去了解、参与公益活动。名人效应就是一种品牌效应，用作宣传，可以起到获得更多人关注的效果。

7.3.2 口碑打造：借助用户树立良好的形象

在用户消费行为日益理性的情况下，口碑的建立和积累可以给短视频带货和直播带货带来更好的效果。打造口碑的目的是为品牌树立良好的正面形象，优质口碑的力量会在传播的过程中不断加强，为品牌带来源源不断的用户流量，这也是商家和带货达人都希望用户给予好评的原因。

优质的商品和良好的售后服务都是口碑营销的关键，处理不好售后问题，会让用户对商品的满意度大打折扣，并且降低复购率，良好的售后服务则能让商品和店铺获得更好的口碑。

口碑体现的是品牌和店铺的整体形象，这个形象的好坏主要取决于用户对商品的体验感优劣，所以，口碑营销的重点是不断提高用户的体验感。具体来说，用户的体验感可以从3个方面进行提高，如图7-18所示。

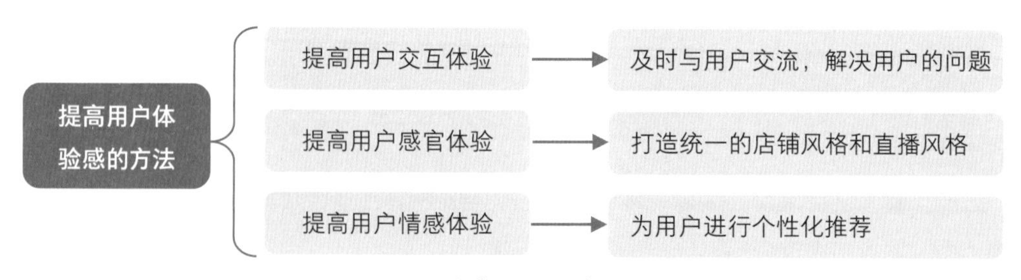

图 7-18　提高用户体验感的方法

7.3.3 同类比较：通过对比展示价格的优势

俗话说，没有对比就没有伤害，用户购买商品时，大多喜欢“货比三家”，选择性价比较高的商品。不过，很多时候，用户会因为不够专业而无法分辨商品的优劣，此时，主播可以在直播中将自家商品与竞品进行对比，从专业的角度向用户展示差异，进一步明确商品的优势。

对比差价是直播中高效的带货方法之一，可以带动直播气氛，激发用户的购买欲望。相同的质量，价格更为优惠，必然更容易受到用户的欢迎。常见的差价对比方法是将某商品的直播间价格与其他销售渠道中的价格进行对比，让用户直观地看到直播间商品的价格优势。

例如，某直播间中销售的煲汤砂锅的常规价为29.9元，直播间券后价只要9.9元，介绍商品过程中，主播可以在电商平台上搜索该煲汤砂锅，展示其价格，让用户看到直播间商品的价格优势。在这种情况下，观看直播的用户很容易建立该直播间销售的煲汤砂锅是物超所值的这一印象，这样一来，该直播间的销量很可能会有明显提高。

7.3.4 内容增值：增强用户看直播的获得感

主播要让用户在看直播时心甘情愿地购买商品，有效的方法之一是为用户提供增值内容。如果用户不仅能获得商品，还能收获与商品相关的知识或技能，大概率会毫不犹豫地下单。

那么，增值内容主要体现在哪些方面呢？笔者将其大致分为3点：陪伴、共享、学到东西。

典型的增值内容是让用户在看直播的过程中获得知识和技能。很多抖音直播在这方面做得很好，一些直播带货的商家或达人会推出与商品相关的教程，给用户提供更多软需的商品增值内容。

例如，在某销售手工商品的抖音直播间中，主播经常为用户展示手工品的制作过程，用户看到手工品的制作过程后，能够学到一些制作技巧，如图7-19所示。

图 7-19 展示手工品的制作过程

在这个手工商品直播间中，主播展示手工品的制作过程时，用户还可以通过弹幕向其咨询相关问题，主播看到后会耐心地为用户进行解答。这样一来，用户不仅通过抖音直播了解了商品的相关信息，还对手工品的制作技巧有了更多了解，日后想购买手工成品或手工品原材料时，这一专业又友好的直播间自然会成为用户的消费首选。

7.3.5 严选主播：选用专业的抖音直播导购

商品不同，适合的推销方式也不同，在对专业性较强的商品进行直播带货时，具有专业知识的“内行”主播更容易说服用户。例如，观看汽车销售类抖音直播的多为男性用户，这些用户喜欢观看驾驶实况，大多是为了了解汽车资讯及买车才看直播的，关心的主要是汽车的性能、配置及价格，非常需要专业型主播进行实时讲解，因此，大多数汽车销售类抖音直播中的主播本职工作是对汽车的各项信息都比较了解的汽车销售，直播时的讲解越专业，越容易吸引对汽车感兴趣的用户。

7.3.6 提前造势：通过直播预告吸引自然流量

确定直播时间和内容之后，主播可以主动发布直播预告，吸引对该直播感兴趣的用户，提醒他们及时观看直播，增加直播获得的自然流量，进而提高直播商品的转化率。例如，正式直播之前，主播可以发布短视频进行直播预告，让用户了解直播的时间和关键内容，如图7-20所示。

图7-20 发布短视频进行直播预告

第8章

店铺运营：让进店用户忍不住想下单消费

拥有抖店后，商家需要对店铺进行管理，提高店铺的运营效率，让进店用户忍不住想下单消费，从而获得更多订单。在这一章中，笔者将重点讲解抖店管理的干货知识，帮助商家做好店铺运营相关工作。

8.1 商品管理：提高店铺的运营效率

无论是创建和添加商品，还是对店铺中商品的相关信息进行调整，都属于抖店商品管理的范畴。这一节，笔者将重点讲解抖店商品管理的相关知识，帮助大家提高商品创建和管理的效率。

8.1.1 单个商品：单独创建一个商品

要获得创建商品的权利，需要先注册一个抖店。商家可以进入抖店官网的“首页”页面，使用手机号码、抖音号、头条号或火山号入驻抖店，如图8-1所示。

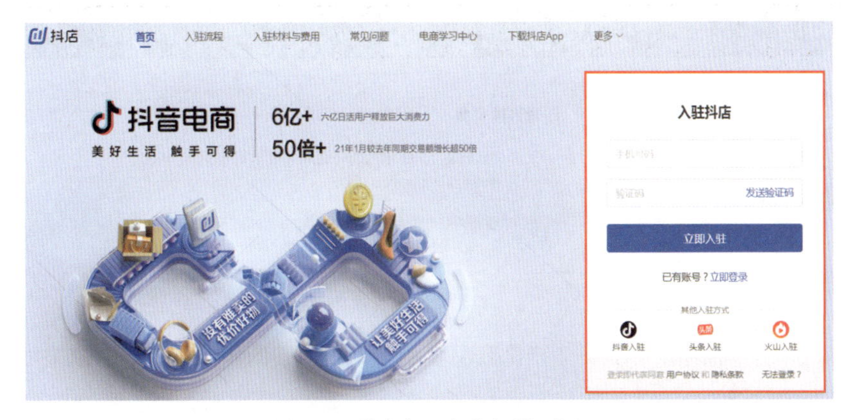

图8-1 抖店官网的“首页”页面

确定入驻方式并输入相关信息之后，即可登录抖店平台。登录抖店平台之后，计算机界面会自动跳转至“请选择主体类型”页面，如图8-2所示。商家可以选择符合自身情况的主体类型，单击目标主体类型下方的“立即入驻”按钮。

图 8-2 “请选择主体类型”页面

选择主体类型之后，商家需要根据提示填写相关信息，进行资质审核和账户验证，并缴纳保证金，完成抖店入驻。

成功入驻抖店之后，商家便可以在店铺中创建商品了。很多商家习惯于一个一个地创建商品，并对商品信息进行逐一设置。那么，如何在抖店后台中创建单个商品呢？下面，笔者对具体的操作方法进行介绍。

步骤 01 进入抖店后台的“首页”页面，单击左侧导航栏中的“商品创建”按钮，如图8-3所示。

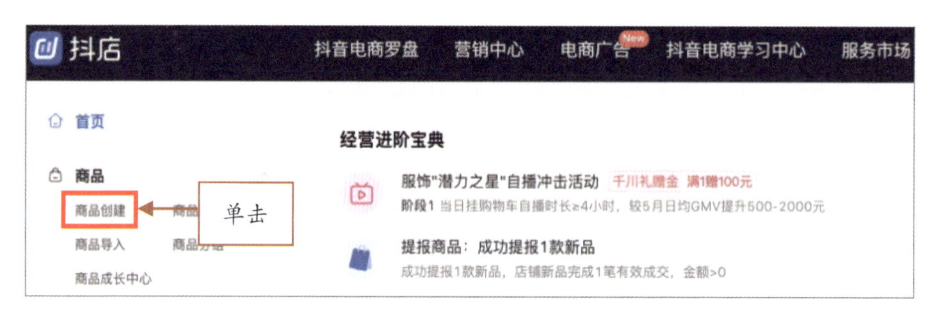

图 8-3 单击“商品创建”按钮

步骤 02 执行操作后，进入“选择商品类目”页面，如图8-4所示。商家根据需要选择商品类目后，单击“下一步”按钮即可。

图 8-4 “选择商品类目”页面

步骤 03 执行操作后，进入“基础信息”页面，如图8-5所示。商家根据需要在该页面中填写商品的相关信息后，单击“发布商品”按钮，即可提交所填写的信息。

基础信息
* 商品分类 手机 > 手机 修改类目
* 商品标题 请输入 0/30
推荐语 请输入，限8-50个汉字 0/50
类目属性 型号属性的填写与修改，可能引起相关属性的变化，提交前请注意检查
* 品牌 * 型号 * CCC证书编号
存储容量 请选择，最多选5项 CPU品牌 上市时间
CPU频率 请选择 屏幕尺寸 6.1 机身厚度 8.3
电池容量 请输入 屏幕刷新率 请输入 网络类型 全网通4G
运行内存RAM 请选择，最多选5项 分辨率 1792*828 电池类型 不可拆卸式电池
摄像头类型 三摄像头（后双） CPU核心数 请选择 电信设备进网许可证编号 请输入
发布商品 保存草稿

图 8-5 “基础信息”页面

步骤 04 执行操作后，商家根据系统提示设置图文、价格库存、服务与履约等相关信息，即可逐步完成对商品的创建。

8.1.2 组合商品：同时创建多个商品

除了可以分别创建单个商品之外，商家还可以创建组合商品（将已经通过审核的多个商品组合在一起进行销售，可以看作捆绑销售）。那么，商家应该如何创建组合商品呢？下面，笔者对具体的操作方法进行介绍。

步骤 01 进入抖店后台，❶单击左侧导航栏“商品”板块中的“商品管理”按钮，进入对应页面；❷切换至“售卖中”选项卡，如图8-6所示。

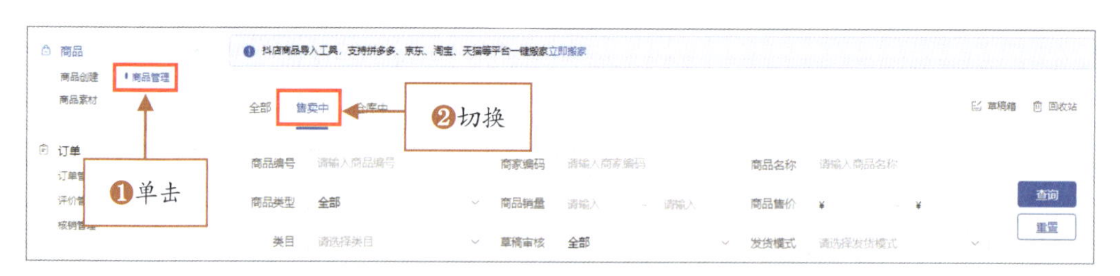

图 8-6 进入“商品管理”页面并切换至“售卖中”选项卡

步骤 02 执行操作后，❶单击“售卖中”选项卡中的“新建商品”按钮，弹出一个列表框；❷选择列表框中的“组合商品”选项，如图8-7所示。

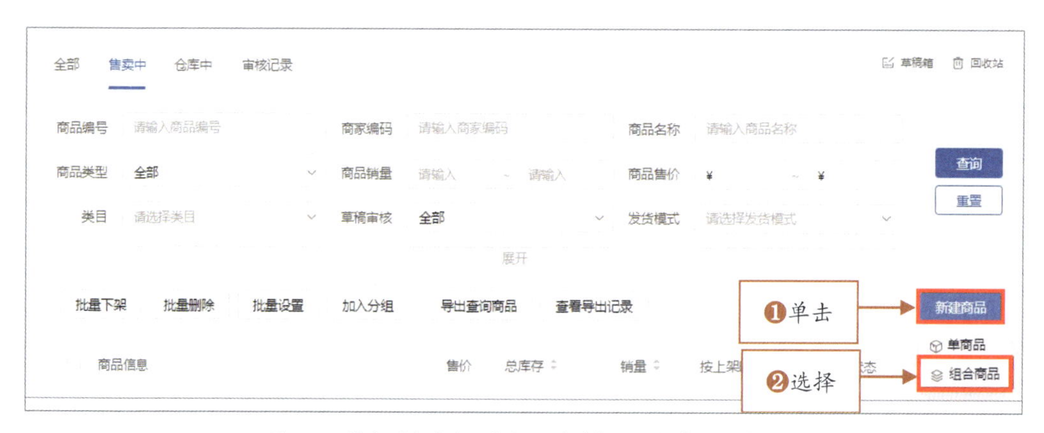

图 8-7 单击“新建商品”按钮并选择“组合商品”选项

步骤 03 执行操作后，进入商品信息编写页面，如图8-8所示。商家在该页面中依次填写基础信息、规格信息、类目价格信息、图文信息、支付设置信息、服务与资质信息后，单击页面下方的“发布商品”按钮，即可完成对组合商品的创建。

图 8-8 商品信息编写页面（部分）

8.1.3 运费模板：统一设置计算规则

部分用户购物时比较注重运费，如果运费太高，他们就会放弃购买。面对这种情况，商家可以通过对"运费模板"进行设置，控制商品的运费，让用户更愿意下单购买商品。下面，笔者对运费模板的设置方法进行介绍。

步骤 01 进入抖店后台，❶单击"物流"板块中的"运费模板"按钮，进入对应页面；❷单击页面中的"新建模板"按钮，如图8-9所示。

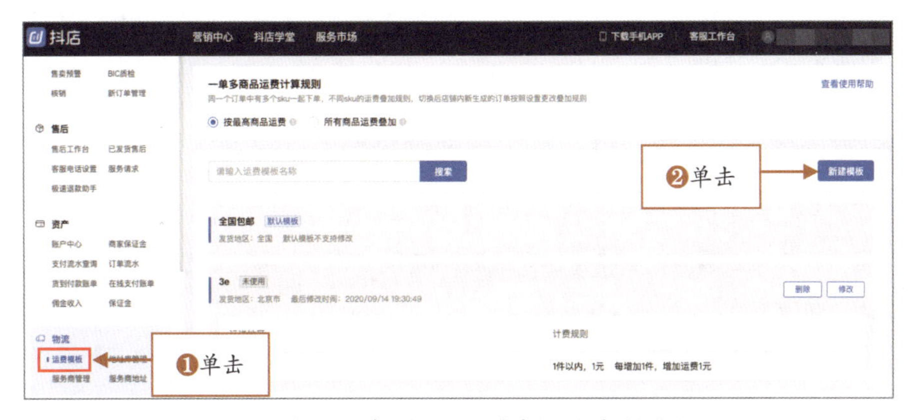

图 8-9 进入"运费模板"页面并单击"新建模板"按钮

步骤 02 执行操作后，进入运费模板信息编写页面，如图8-10所示。商家根据提示编写信息后，单击页面下方的"保存"按钮，即可完成对运费模板的设置。

模板名称 请输入名称

发货地区 请选择

设置后买家可在商品详情看到此发货地，如实设置商品发货地不仅可减少发货咨询和纠纷，还能促进商品成交 查看示例

运费设置 阶梯计价 固定运费 卖家包邮

计价方式 按件数 按重量

运费计算 除指定地区外，其余地区运费采用："默认运费"

默认运费 请输入 件以内， 请输入 元， 每增加 请输入 件， 增加运费 请输入 元

指定地区运费(可选) 添加地区

指定条件包邮(可选) 指定区域设置满X元包邮，满足包邮条件优先按照包邮计算，不满足时按照阶梯价格计算 添加地区

限制下单区域(可选) 收货地址在限购区域内的用户将无法完成下单 查看示例 添加地区

保存 取消

图 8-10 运费模板信息编写页面

8.2 店铺装修：抖店的装修技巧

店铺装修，即对店铺中的大促活动页、精选页、分类页、自定义页等页面进行设计，提高页面的美观度，给进入店铺的用户留下良好的第一印象。

商家应该如何做好抖店的装修呢？这一节，笔者对抖店的装修方法进行讲解，帮助大家快速掌握相关知识和技巧。

8.2.1 页面版本：创建、修改、下线和删除的方法

商家在抖店后台进行店铺装修时，需要对“店铺装修”板块中的页面版本进行相关操作。下面，笔者对有关页面版本的基本操作方法进行讲解，帮助大家熟练地掌握店铺装修技巧。

1. 新建页面版本

如果商家要对某个页面进行装修，需要进入“店铺装修”的对应页面，进行新建版本操作。例如，商家可以通过如下操作新建抖店的精选页。

步骤 01 进入抖店后台的“首页”页面，单击“店铺”板块中的“店铺装修”按钮，如图8-11所示。

步骤 02 执行操作后，❶单击“抖音店铺”板块中的“精选页”按钮，进入对应页面；❷单击页面中的“新建版本”按钮，如图8-12所示。

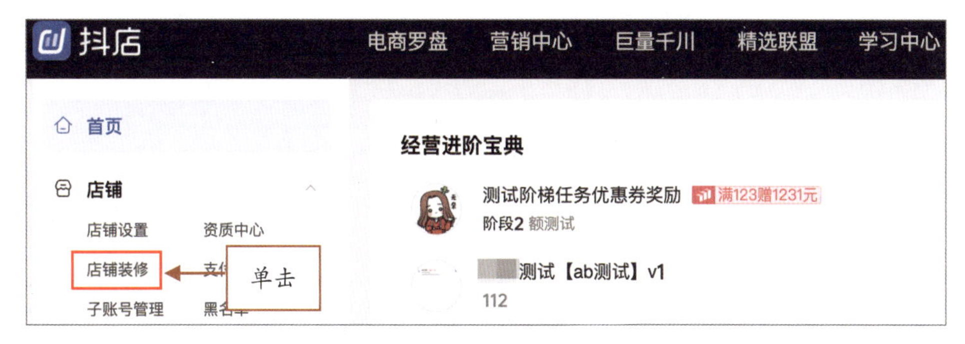

图 8-11　单击“店铺装修”按钮

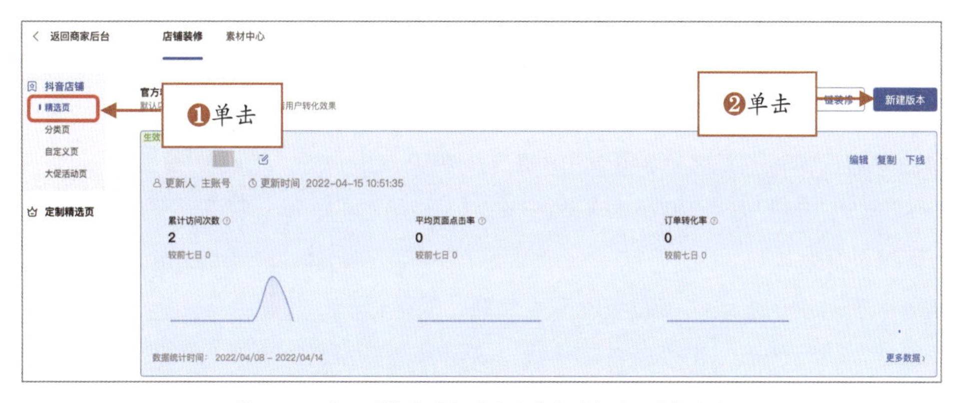

图 8-12　进入“精选页”页面并单击“新建版本”按钮

步骤 03　执行操作后，即可通过相关设置创建新版本。对新建版本进行装修之后，可以启用新版本，将装修应用到店铺中。

2. 修改页面版本

如果商家需要对已生效的页面版本中的内容进行修改，可以单击对应版本的“编辑”按钮，如图 8-13 所示。执行操作后，根据提示进行调整，即可对页面版本进行修改。

图 8-13　单击“编辑”按钮

如果商家只需要对生效中的页面版本的名称进行修改，可以执行如下操作，快速完成修改。

步骤 01 进入需要修改名称的页面版本所在的页面，单击该页面版本中的图标，如图8-14所示。

图 8-14 单击图标

步骤 02 执行操作后，弹出“修改版本名称”对话框，❶在对话框中输入新名称；❷单击“确定”按钮，如图8-15所示，即可完成对页面版本名称的修改。

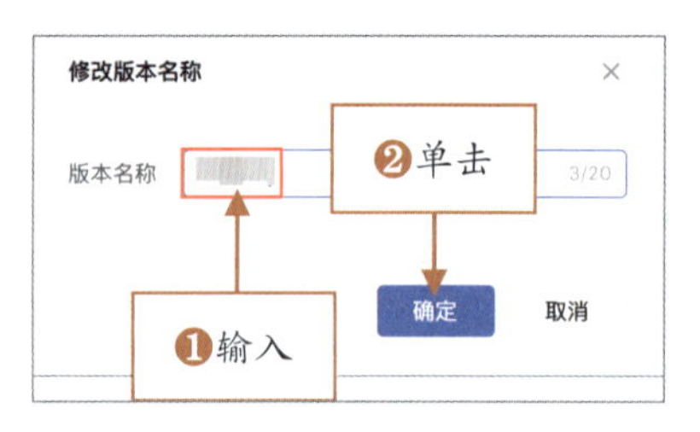

图 8-15 输入新名称并单击“确定”按钮

3. 下线页面版本

如果商家对正在生效的页面版本不太满意，既可以对该页面版本进行修改，也可以将其下线，启用其他页面版本。下面，笔者对下线页面版本的基本操作进行介绍。

步骤 01 进入需要下线的页面版本所在的页面，单击该页面版本中的“下线”按钮，如图8-16所示。

图 8-16 单击“下线”按钮

步骤 02 执行操作后，弹出“确定下线页面?”对话框，单击对话框中的“下线”按钮，如图8-17所示，即可将正在生效的页面版本下线。

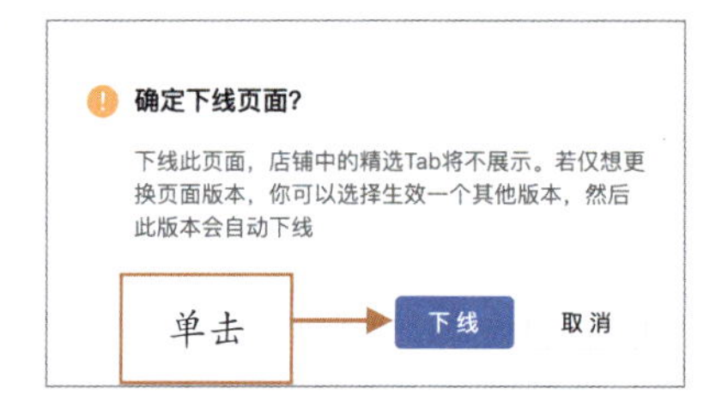

图 8-17 单击“下线”按钮

4. 删除页面版本

如果商家进行店铺装修的次数比较多，可能会遇到某些页面的版本太多的情况，此时，商家可以通过如下操作，将确定不再需要的旧版本删除。

商家进入目标页面版本所在的页面之后，会看到旧版本中显示“删除”按钮，如图8-18所示，单击该按钮，即可删除对应的旧版本。

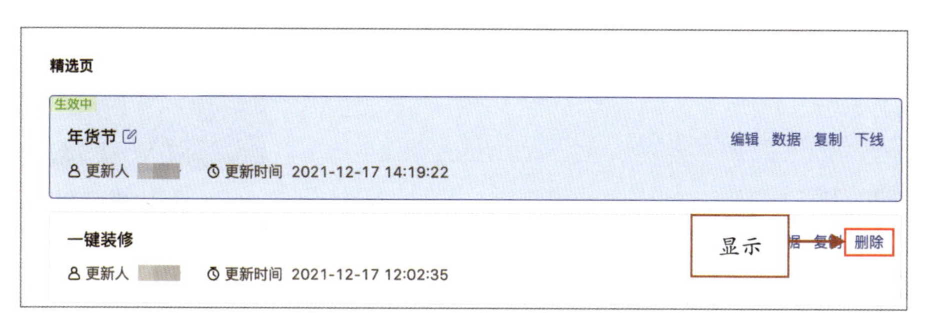

图 8-18　显示“删除”按钮

8.2.2 具体方法：抖店页面的装修

抖店的页面类型主要包括精选页、分类页、自定义页和大促活动页，下面，笔者对这4类页面的装修方法进行分别介绍。

1. 精选页的装修方法

单击精选页中对应版本的“编辑”按钮，即可进入该版本精选页的装修页面。例如，执行如图8-13所示的操作之后，会进入“年货节”页面，商家可以单击页面中的目标模块，对相关内容进行装修。

装修时，单击“海报”模块，会弹出“海报”设置窗口，如图8-19所示。商家在设置窗口中进行相关设置后，单击页面上方的“生效”按钮，即可完成对精选页海报的修改。

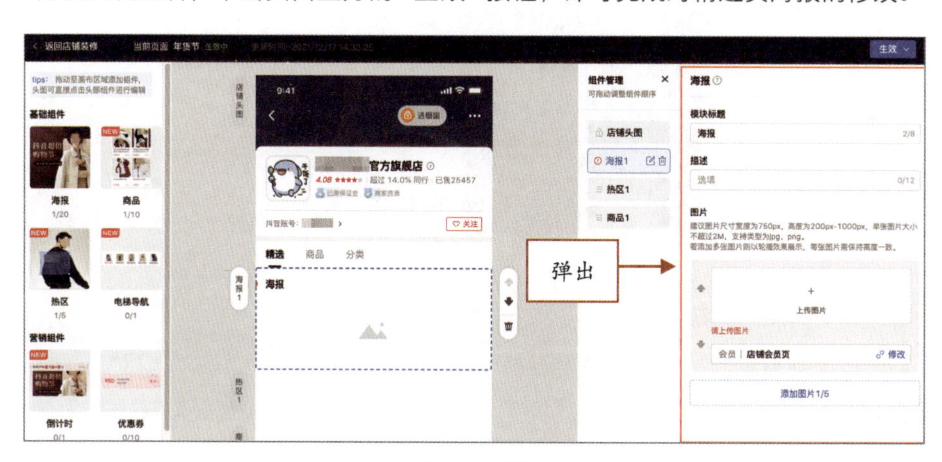

图 8-19　弹出“海报”设置窗口

2. 分类页的装修方法

编辑生效中的版本或新建版本，都可以进行分类页装修，下面，笔者以新建版本为例，讲解具体的装修方法。

步骤 01 单击“抖音店铺”板块中的“分类页”按钮，进入对应页面后，单击页面右上方的“新建版本”按钮，如图8-20所示。

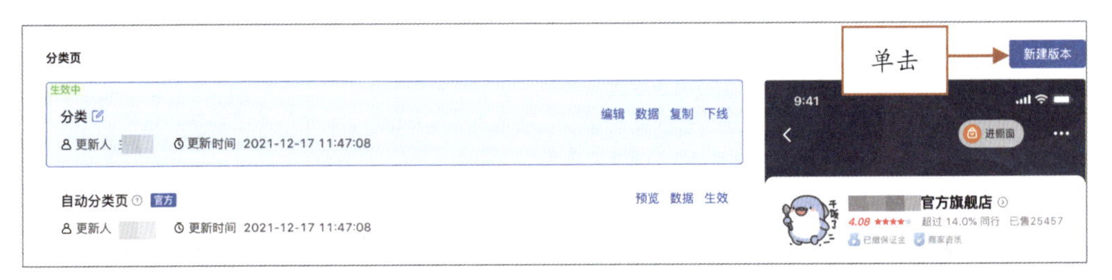

图 8-20 单击“新建版本”按钮

步骤 02 执行操作后，对版本信息进行基本设置，设置完成，即可进入分类页装修页面，如图8-21所示。商家在右侧的“分类列表”窗口中设置标题和商品信息后，单击页面右上方的“生效”按钮，即可完成对分类页的装修。

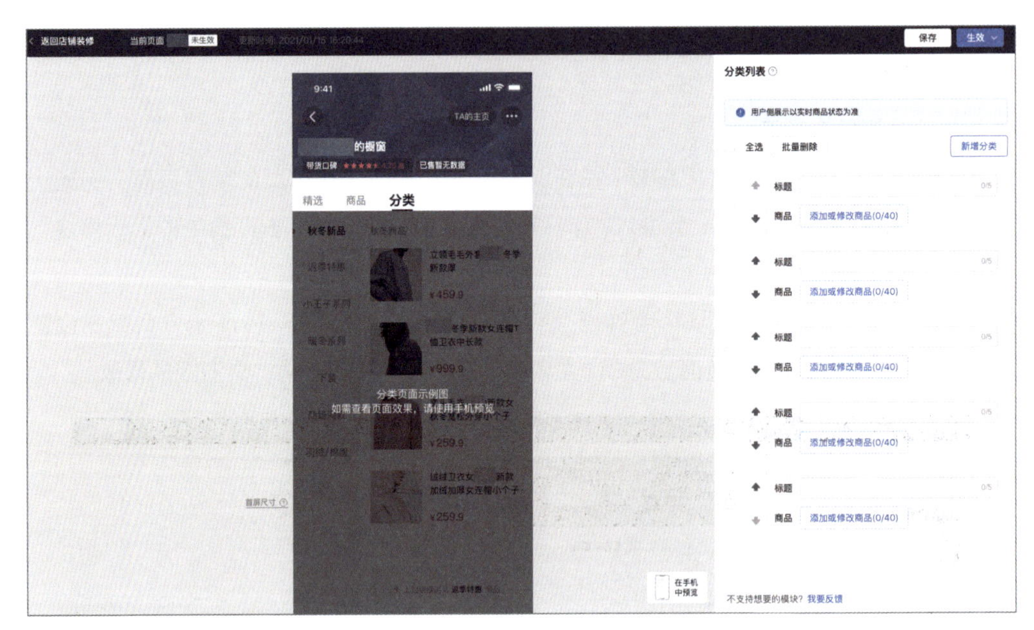

图 8-21 分类页装修页面

3. 自定义页的装修方法

与其他页面类型不同，自定义页是不能单独存在的。因此，商家想完成对自定义页的装修，需要先设置自定义页关联其他种类页面。下面，笔者以自定义页关联精选页为例，介绍具体的操作方法。

进入店铺精选页的装修页面后，❶单击需要添加的自定义页模块；❷在弹出的窗口中，单击“添加”按钮，如图8-22所示。执行操作后，对自定义跳转链接的相关信息进行设置，设置完成，即可将自定义页与精选页关联。

图8-22 店铺精选页的装修页面

4. 大促活动页的装修方法

很多抖店会在节日、周年庆等特殊时间节点进行大促（大规模促销），此时，商家可以通过如下操作对抖店的大促活动页进行装修。

步骤 01 单击“抖音店铺”板块中的“大促活动页”按钮，进入对应页面后，单击“装修页面”按钮，如图8-23所示。

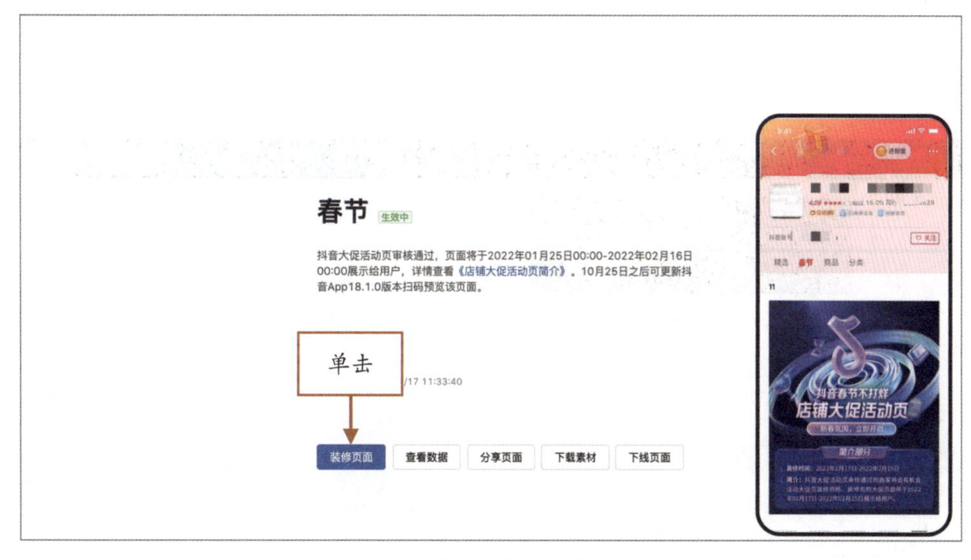

图8-23 单击“装修页面”按钮

步骤 02 执行操作后，进入“大促承接页”页面，如图8-24所示。商家可以根据需要将左侧列表中的组件拖至中间的店铺页面预览中，进行抖店装修，装修完成后，单击页面右上方的“生效”按钮，即可应用修改后的大促活动页。

图 8-24 “大促承接页”页面

8.2.3 保存生效：应用已装修的版本

完成店铺页面装修之后，商家可以对装修后的版本进行保存和生效设置。下面，笔者分别介绍装修版本的保存和生效设置方法。

1. 装修版本的保存设置

在店铺装修页面进行相关设置之后，页面右上方会出现“保存”按钮，商家单击该按钮，即可保存装修版本，如图8-25所示。

图 8-25 单击“保存”按钮

2. 装修版本的生效设置

装修版本的生效设置有两种，商家可以根据自身需要进行选择。

对装修版本中的各项信息进行设置之后，单击页面右上方的"生效"按钮，如图 8-26 所示，会弹出一个列表框，列表框中有"立即生效"和"定时生效"两个选项。

图 8-26 单击"生效"按钮

如果商家想让装修版本尽快生效，可以选择列表框中的"立即生效"选项。

如果商家想让装修版本过一段时间之后再生效，可以选择列表框中的"定时生效"选项，设置具体的生效时间。执行操作后，会弹出"定时生效"对话框，❶在对话框中输入生效时间；❷单击"确定"按钮，如图 8-27 所示。执行操作后，即可将装修版本设置为定时生效。

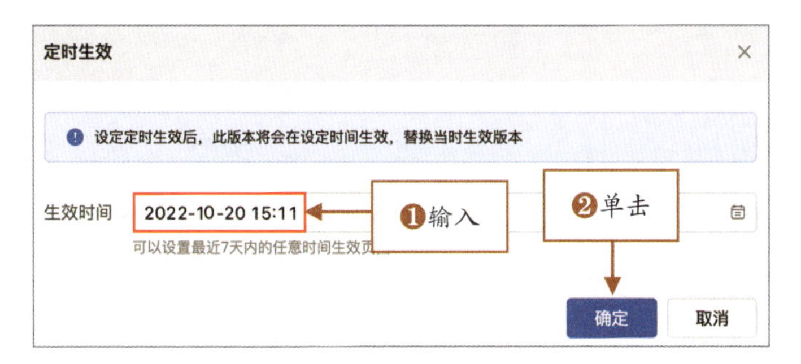

图 8-27 输入生效时间并单击"确定"按钮

8.3 客服管理：提高消费者的回头率

售后服务的优劣会对抖店的运营效果产生直接的影响，通常来说，售后服务好的店铺，能够收获更多的回头客。这一节，笔者对售后服务管理的相关技巧进行讲解，帮助大家更好地促进店铺成交并提高消费者的回头率。

8.3.1 客服服务：为潜在消费者答疑解惑

抖店的客服包括人工客服和机器人客服，商家可以使用客服服务，为潜在消费者答疑解惑，提高潜在消费者的购物意愿。与人工客服相比，飞鸽机器人服务具有可自动提供服务、可随时提供服务、可同时服务多位消费者、不需要花费成本等优势，不过，商家想使用飞鸽机器人，需要先开通机器人功能。下面，笔者对开通机器人功能的具体操作方法进行介绍。

步骤 01 进入抖店后台的“首页”页面，单击页面右上角的💬图标，如图8-28所示。

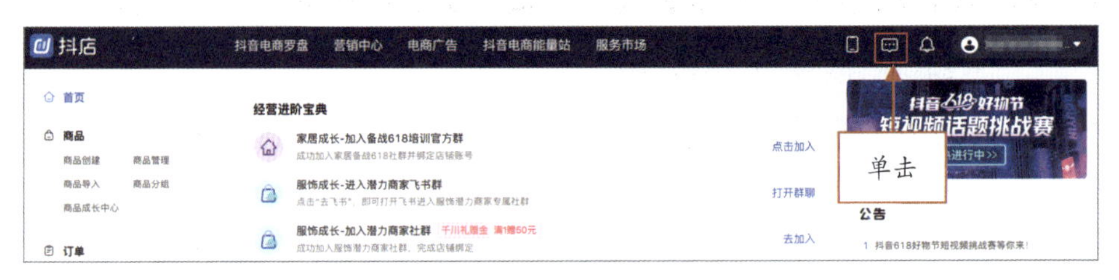

图 8-28 单击💬图标

步骤 02 执行操作后，进入飞鸽后台，单击左侧导航栏中的“基础设置”按钮，进入“基础设置”页面，如图8-29所示。

图 8-29 单击“基础设置”按钮

步骤 03 商家只需要向右滑动图8-29中“开通机器人”后方的滑块，完成页面中的配置任务，即可开通机器人功能，使用机器人客服接待用户。

8.3.2 发货履约：提高订单的管理效率

发货履约，指根据订单进行发货并履行相关约定。用户通过抖音平台购买抖店中的商品之后，商家需要根据订单信息及时给用户发货。为了做好店铺订单管理，提高发货效率，商家需要掌握一些订单管理技巧，例如，商家可以通过如下操作进行批量发货。

步骤 01 进入抖店后台后，单击左侧导航栏中的“批量发货”按钮。进入“批量发货”页面后，❶单击页面中的“下载模板”按钮，并根据模板编辑订单信息；❷单击“立即上传”按钮，上传编辑好的订单信息，如图8-30所示。

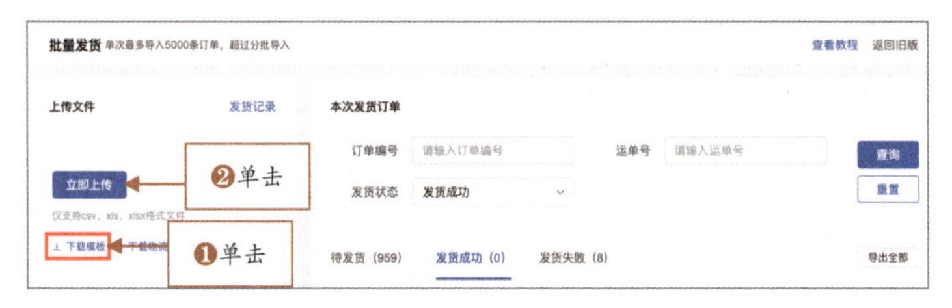

图8-30 编辑订单信息并上传

步骤 02 执行操作后，页面左侧会显示已上传的文件，同时，页面右侧的“待发货”选项卡中会出现相关的订单信息，❶选中目标订单对应的复选框；❷单击“批量发货”按钮，如图8-31所示。

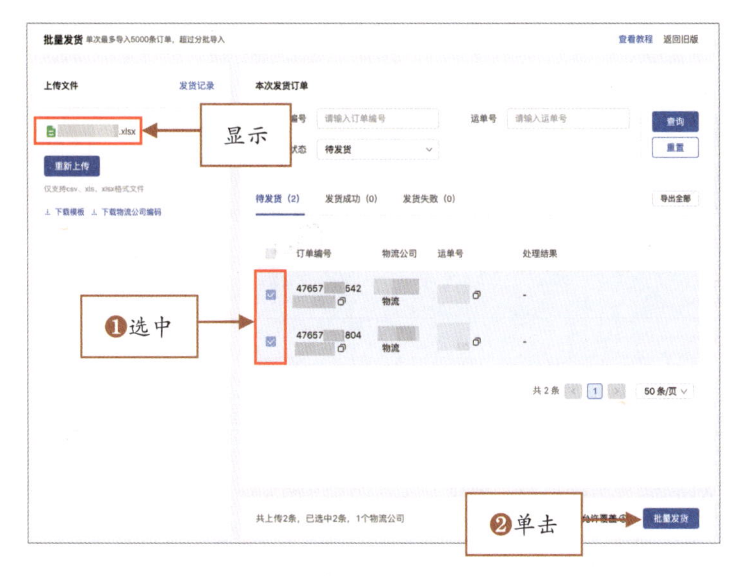

图8-31 单击“批量发货”按钮

步骤 03 执行操作后，切换至“发货成功”选项卡，选项卡中显示目标订单的发货状态为“成功”，说明批量发货操作已完成，如图8-32所示。

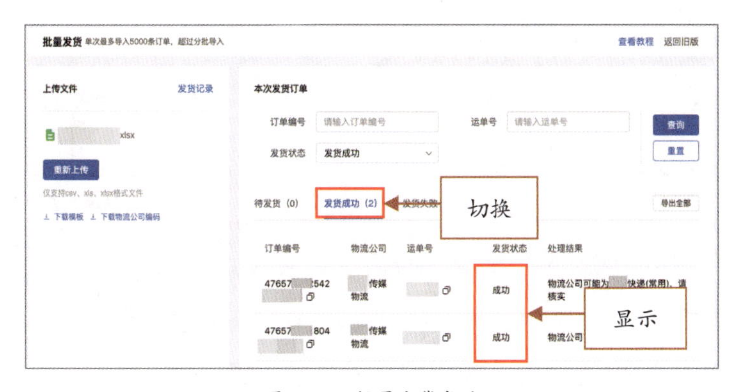

图8-32 批量发货成功

8.3.3 售后处理：提高消费者的满意度

在抖店的运营过程中，商家经常有售后问题需要处理。在处理售后问题的过程中，商家可以使用一些技巧，提高售后问题的处理效率和消费者的满意率，进而提高消费者的回头率。例如，商家可以使用抖店后台的小额打款功能，给消费者一些补偿，具体操作如下。

步骤 01 进入抖店后台，单击左侧导航栏中的“小额打款”按钮，进入“小额打款”页面并切换至“发起打款”选项卡，如图8-33所示。

图8-33 单击“小额打款”按钮并切换至“发起打款”选项卡

步骤 02 执行操作后，❶在“发起打款”选项卡中输入订单编号；❷单击“查询”按钮；❸单击目标订单对应的“发起打款”按钮，如图8-34所示。

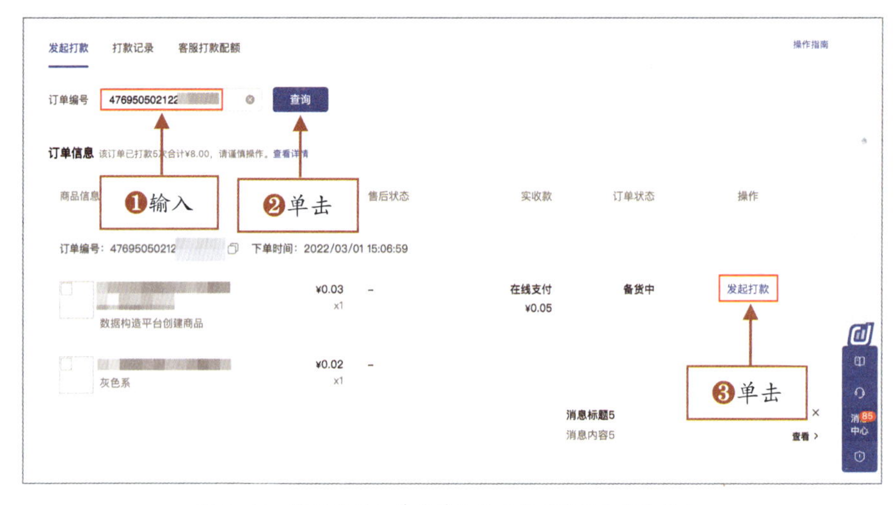

图8-34 找到目标订单后单击对应的“发起打款”按钮

步骤 03 执行操作后，弹出“发起打款”对话框，如图8-35所示。商家在对话框中设置相关信息后，单击“确认”按钮，即可完成对小额打款的设置。

图 8-35 “发起打款”对话框

第9章 商城搜索：提高带货内容和商品的曝光量

为了推动“人找货”模式的发展，抖音平台在“首页”界面中为用户提供了“商城”入口和“搜索”入口，商家可以使用抖音平台的“商城”功能和“搜索”功能，提高带货内容和商品的曝光量，获得更多带货收益。

9.1 借力营销：借助商城提高曝光量

为了方便用户寻找商品，打通“人找货”消费路径，抖音平台特意在抖音App的“首页”界面中添加了“商城”入口。商家上传至抖音平台的商品，可以在“商城”板块中得到曝光，店铺信息和商品信息设计得好的商家，很可能借助这些曝光获得稳定的销量。

9.1.1 主动出击：参加官方推出的活动

抖音官方时常推出活动，活动的相关信息会展示在“商城”板块的特定位置。用户进入“商城”板块之后，即可看到相关活动，点击中意的商品进行购买。

具体来说，用户进入“商城”板块之后，即可看到“超值购”“低价秒杀”等平台活动（随着系统的更新和平台推广策略的调整，活动名称和展示位置可能会有所变化）。用户可以点击感兴趣的活动板块，例如点击“超值购”板块，如图9-1所示，进入“超值购”界面，如图9-2所示，查看和购买“超值购”活动中的商品。

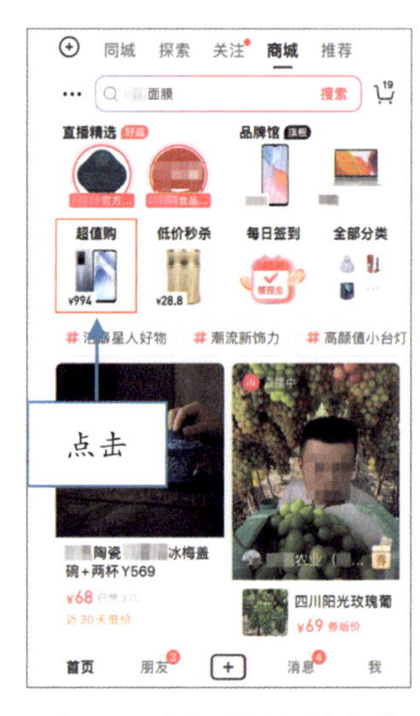

图9-1 点击“超值购”板块

图9-2 “超值购”界面

抖音官方推出活动后，商家

可以进入抖音电商学习中心平台，查看相关活动的招商规则，按照要求参加活动。例如，抖音电商学习中心平台上的《抖音商城超值购招商规则》文件就对参加“超值购”活动的价格、物流、商家要求，以及商品的参与条件进行了具体说明。

9.1.2 界面内容：设计好商品详情信息

用户挑选商品时，经常通过商品详情信息判断是否点击查看甚至购买商品，因此，详情信息设计得好的商品，更容易快速吸引用户的注意力，获得大量流量和销量。下面，笔者对商品详情信息的设计技巧进行介绍。

1. 文字要易于理解

设计商品详情信息中的文字时，商家要谨记，文字不仅是传达信息的载体，还是商品详情信息设计中的重要元素，商家必须保证文字的可读性，用严谨的设计态度进行创新，因为经过艺术设计的字体通常能更形象、更具美感地将相关信息呈现出来，让用户铭记于心。

随着智能手机的普及，人们在智能手机上进行操作、阅读与信息浏览的时间越来越长，因此，提升人们的阅读体验变得越来越重要。文字是影响用户的阅读体验的关键元素之一，商家在设计文字信息时，应尽量让文字可以被用户轻松、准确地识别并理解。

在进行商品详情信息的设计与文字编排时，建议商家多使用用户比较熟悉的词汇，这样不仅可以缩短用户阅读、思考的时间，还可以防止用户产生理解歧义。另外，商家应注意尽量避免使用不常见字体，缺乏识别度的字体可能会让用户难以识别与理解。

2. 色彩要绚丽夺目

色彩设计能够让图片富有表现力和冲击力。对于进入店铺的用户来说，他们首先会被店铺中图片的色彩吸引，然后根据色彩的走向，对画面的主次进行逐一了解。把店铺图片的色彩设计好，更容易在视觉上吸引用户，提高用户的停留时长和店铺的转化率。

图 9-3 使用多种色彩设计的图片

如图9-3所示，是使用多种色彩设计的商品宣传图，图中的各物体和背景被设计者添加了多种不同的颜色。这样设计图片可以让画面色彩更丰富，更容易吸引用户的注意力，让用户对商品产生浓厚的兴趣。

除了图片中物体的颜色之外，适当地增加文字的色彩，也可以增强内容的视觉表现力。常见的设计手法是在文字内容上穿插使用不同的颜色，或增强文字与背景色彩之间的对比，使文字具有更强的表现力，帮助用户快速理解文字信息，同时方便用户记忆文字内容。

例如，商家可以通过改变图片中文字的色彩，使自己要传达的文字信息更加突出、明显。使用此方法设计图片文字，不仅能提高图片的整体美观度，还能帮助用户快速把握关键信息。

3. 设计要富有创意

做商品详情信息设计时，商家要努力通过富有创意的视觉设计来吸引用户的目光，让用户感觉有东西可看，这样，用户才愿意停下来查看商品，并在此基础上判断是否下单购买。

那么，商家应该如何增加商品详情信息的可看性呢？如图9-4所示，商家可以采用明暗对比构图的方式展示商品，让明亮的商品（茶叶罐）与暗淡的背景相互映衬，营造节奏分明、有张有弛的视觉感受。

图 9-4　明暗对比的视觉设计

4. 做好文案优化

设计创意主图、撰写主图文案时，文案质量能够在很大程度上决定图片是否能吸引用户点击。需要注意的是，切忌把所有商品卖点罗列在创意主图上，因为主图的设计目的是吸引用户点击，而非全面展示卖点。下面，笔者对写好主图文案要注意的关键点加以概括。

（1）写给谁看——用户定位。

（2）他（她）的需求是什么——用户痛点。

（3）他（她）的顾虑是什么——打消疑虑。

（4）想让他（她）看什么——展示卖点。

（5）想让他（她）做什么——吸引点击。

商家不仅要紧盯用户需求，还要用精炼的文案提升商品点击率，切忌毫无规律地罗列、堆砌相关卖点。

5. 提炼商品卖点

用户在选购手机、空调、电视机、冰箱等功能性商品时，通常对品牌和性能有一定的要求，因此，销售这些功能性商品时，商家可以在商品详情信息的主图中提炼商品的核心卖点，展示商品的正品保障，吸引用户的注意，如图9-5所示。

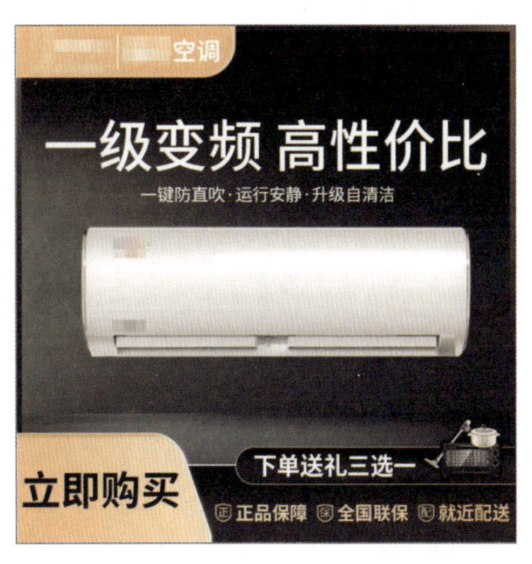

图 9-5 提炼商品的核心卖点、展示商品的正品保障

6. 调动用户的联想

人类不同感官的感觉可以通过联想的方式互通，俗语“一朝被蛇咬，十年怕井绳”就印证了这一心理效应，商家在借助各电商平台进行视觉营销时，可以利用用户的这一心理效应。例如，做食物类商品的营销时，如果能够将视觉效果打造得格外细腻、逼真，让用户联想到其美妙滋味，就能够达到视觉营销的目的。

如图 9-6 所示，是某款虾尾的宣传图，该宣传图便在利用通感这一心理效应，让用户看到虾尾之后垂涎欲滴，忍不住想买来尝尝。

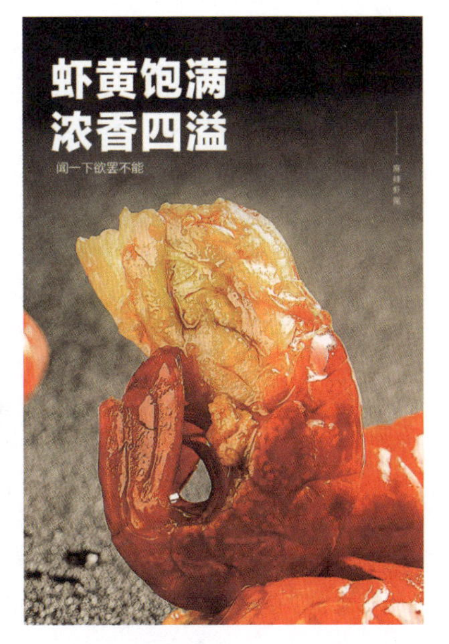

图 9-6 商品宣传图对通感这一心理效应的利用

7. 抓住用户的需求痛点

商品详情信息中的图片不但要设计得美观大气，还要能充分体现商品的核心卖点，只有戳中用户的痛点，用户才有可能为商品驻足。例如，商家卖的商品是卷纸，卷纸的层数多少和材质如何是一般用户所关注的，因此，商家应该在主图上体现该商品层数多、质量好的特点。

很多时候，商品销量不高并不是因为商家提炼的卖点不够好，而是因为商家宣传的卖点并不是用户的痛点。如果商品的卖点无法满足用户的需求，那么对用户来说，该商品就是没有吸引力的。因此，商家要做好商品定位，明确自己的目标受众群体追求的是什么，并以此为依据进行创意主图的优化设计。

8. 用一秒钟传达信息

“一秒法则”是指在一秒钟之内，将商品主图中的营销信息传达给用户，即让用户通过商品主图“秒懂”商品信息。如果商品主图中的信息非常多，包括商品图片、商品品牌、商品名称、广告语、商品卖点、商品应用场景等内容，对于用户来说，是无法在一秒钟之内看明白的。

因此，商品主图中的信息过于杂乱，用户很难快速看出该商品与同类型商品对比时拥有的差异化优势，商家也无法精准对接用户的真实需求。

如图 9-7 所示，是某商品的主图，虽然主图中只有一些简单的字眼，但是该主图能够让用户快速了解商品的特点。如果商品主图中的文案恰好对应了用户的痛点，自然很容易吸引用户点击主图，进一步查看商品详情。

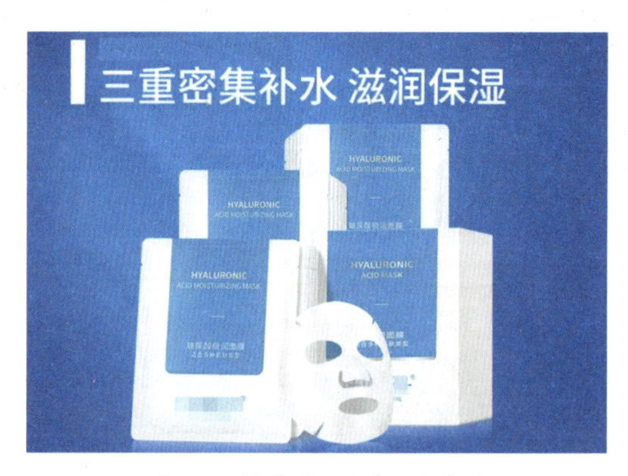

图 9-7　简单明了的商品宣传图

大部分用户浏览商品的速度是比较快的，可能短短几秒钟会看十几个同类型商品，通常不会太注意图片细节。因此，商家一定要在商品主图中放置能够引起用户购买兴趣的有效信息，不要让多余的信息成为用户的负担，否则，制作商品主图就成了无用功。

9.1.3 承接流量：做好用户转化和留存

对于商家来说，承接来自抖音商城的流量，做好用户转化是非常重要的，如果将用户从“商城”板块吸引到了自己的店铺中，却没有成功实现转化，那么各种宣传推广行为是事倍功半的。

通过商品详情信息提高用户转化率的方法有很多，其中比较直接、有效的方法之一是让用户看到商品的优惠力度。例如，商家可以让商品参加秒杀活动，让用户感受到活动价与原价之间的差距，如图9-8所示；又如，商家可以发放优惠券，让用户看到用券前后价格的差距，如图9-9所示。

图 9-8 商品参加秒杀活动

图 9-9 商家发放优惠券

如果商家想让用户持续在自己的店铺中消费，还需要用心做好用户留存。例如，商家可以使用店铺的入会功能，引导用户加入店铺会员，提高用户再次进店消费的可能性。

使用抖店的“店铺会员”功能，商家可以轻松引导用户加入店铺会员，让营销内容更好地触达用户，进而提升店铺收益。不过，商家要想在抖音平台上引导用户加入店铺会员，需要先在抖店后台开通会员功能。

开通会员功能的方法如图9-10所示，❶单击抖店后台左侧导航栏中的“人群触达”按钮，进入“开通会员”页面；❷选中“我已阅读并同意《抖店会员通功能服务协议》”对应的复选框；❸单击“立即开通”按钮，即可开通会员功能。

图 9-10　开通会员功能的方法

开通会员功能之后，商家可以进行店铺装修，在店铺的显眼位置展示入会口，吸引用户加入店铺会员。

9.2 搜索优化：利用关键词提高排名

搜索流量是非常精准、优质的被动流量，只要商家的短视频文案、直播文案、商品标题等与用户搜索的关键字精准匹配，就能提高搜索排名，带来更多流量和转化。

9.2.1 了解搜索：熟悉搜索界面

许多用户会使用搜索功能查找并观看抖音号内容，所以商家想借助搜索功能提升短视频播放量和账号曝光量，必须了解抖音搜索功能的运行规则，并据此打造更容易被搜索到的内容。

搜索功能的具体使用方法如下。

步骤 01 点击抖音 App“首页”界面中的🔍图标，如图 9-11 所示。

步骤 02 执行操作后，进入抖音搜索界面，点击抖音搜索界面中的搜索框，如图 9-12 所示。

图 9-11　点击🔍图标

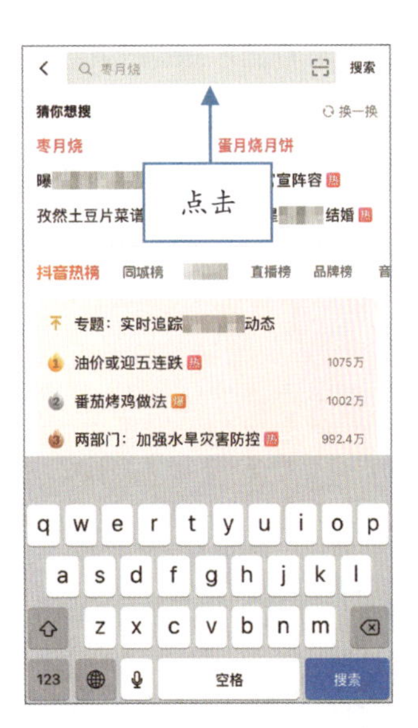

图 9-12　点击抖音搜索界面中的搜索框

步骤 03　执行操作后，❶在搜索框中输入需要搜索的内容，例如“女装”；❷点击“搜索”按钮，如图 9-13 所示。

步骤 04　执行操作后，进入“综合”搜索界面，该界面中会出现根据搜索词向用户推荐的内容，如图 9-14 所示。

图 9-13　输入搜索内容并点击“搜索”按钮

图 9-14　“综合”搜索界面

从如图 9-14 所示的搜索结果中可以看出，添加和展示相关商品的内容会被排在前列。所以，对于商家来说，在短视频、直播中添加和展示相关商品，是增加商品搜索曝光量的有效途径之一。

另外，搜索界面中有两个需要重点关注的板块，分别为“猜你想搜”板块和“抖音热榜”板块。“猜你想搜”板块会根据热搜内容和用户的个人兴趣推荐部分内容，“抖音热榜”板块则会对抖音平台上热度较高的内容加以展示。借助这两个板块，商家可以快速了解当前用户比较感兴趣的内容和抖音平台上热度较高的内容分别是什么，将这些内容中的关键词融入自己的作品，能够让自己的作品更容易被用户看到。

一般情况下，“抖音热榜”板块中的内容是根据搜索热度自动更新的，“猜你想搜”板块中展示的内容则会因人而异。如果商家想了解更多热搜内容，可以点击“猜你想搜”板块中的“换一换”按钮，如图9-15所示。执行操作后，“猜你想搜”板块中的热搜内容会发生变化，如图9-16所示。

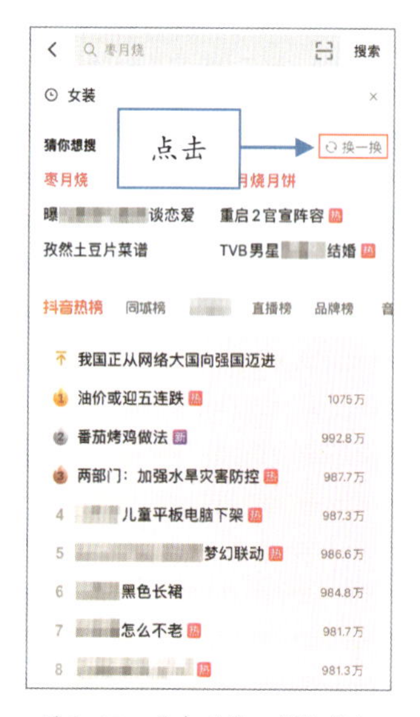

图 9-15　点击“换一换”按钮

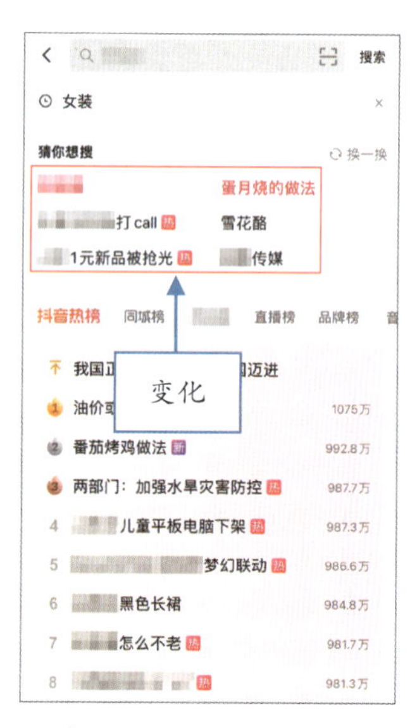

图 9-16　“猜你想搜”板块中的热搜内容发生变化

有的商家觉得抖音App的“猜你想搜”板块和“抖音热榜”板块中展示的很多内容很难与商品产生直接关系，对此，建议大家打开抖音盒子App，点击“首页”界面中的搜索框，进入搜索界面，看看“搜索发现”板块中的内容，如图9-17所示。

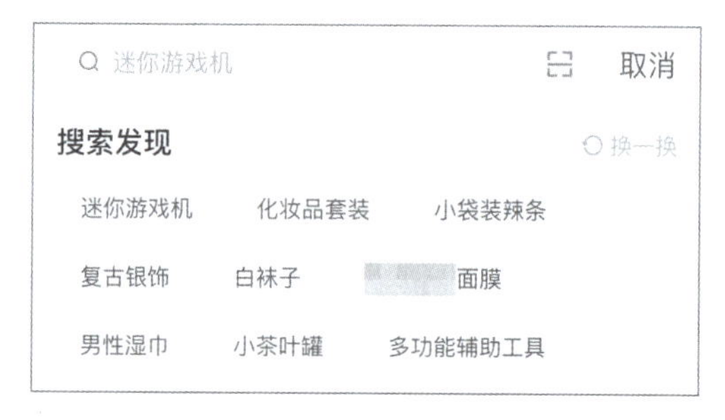

图 9-17　抖音盒子 App 的搜索界面

“搜索发现”板块中的内容是在抖音盒子平台上有一定热度的内容，抖音盒子平台是抖音主打的电商平台，在该平台上受欢迎的商品，通常在抖音平台上也有较高的热度。商家可以多多尝试将在这些板块中出现的词汇融入自己的作品，打造曝光量更高的带货内容。

9.2.2 深入研究：找到更合适的关键词

要想更全面、深入地了解抖音搜索，借助搜索功能做好兴趣电商，就得重视对关键词的研究。关键词选取的是否合适，会对抖音号发布内容的流量是否理想产生较大影响，关键词使用得当，更有希望获得较多流量。

一个优秀的抖音号运营者，需要具备比较好的写作基础和视频制作能力，以及敏锐的商品观察力与消费者观察力，这样才能更好地选择合适的关键词。抖音搜索中的关键词主要分为3种，即核心关键词、辅助关键词和长尾关键词，大家可以根据需要，选择适合的关键词。

1. 核心关键词

所谓“核心关键词”，指与抖音号定位及其内容主题相关，同时搜索量较大的词语。例如，某抖音号是一个搜索服务型账号，那么该抖音号的核心关键词就是搜索、网站优化、搜索引擎优化等。

此外，核心关键词也可以是产品、企业、网站、服务、行业等的名称，或是与之相关的属性和特色词汇，例如××公司、××网、××摄影师等。那么，应该如何选择核心关键词呢？具体分析如下。

（1）与抖音号密切相关。

这是选择抖音号内容的核心关键词时的最基本要求，如果某抖音号主要做服装销售相关业务，选择的核心关键词却是计算机器材，一定会影响自己的搜索呈现。

核心关键词与抖音号密切相关，具体表现在3个方面，一是要让用户明白抖音号是做什么的，即要与抖音号的运营领域有关联；二是要让用户了解抖音号能够提供什么服务，即要体现抖音号的功能；三是要让用户知道抖音号能为其解决什么问题，即要突出抖音号的价值和特色。

（2）符合用户的搜索习惯。

许多商家希望能够借助抖音号运营获得收益，因此，商家需要为自己的用户服务，以便更好地达到变现的目的。既然如此，设置关键词时要重点考虑用户的搜索习惯。

确定核心关键词之前，商家可以先列出几个关键词，然后换一下角色，思考若自己是用户，会怎么搜索，从而保证核心关键词的设置更加接近真实的用户搜索习惯。

（3）选择有竞争性的热词。

为什么有的词泛滥性地出现在很多短视频中，甚至导致很多带有该词的内容不一定能被用户看到，却还是有大量商家要将这个词作为核心关键词？为什么有的词很少用，很容易拥有好的搜索排名，却几乎没有商家愿意将这样的词作为核心关键词？

在此，不得不提及关键词的竞争力。关键词的竞争力如何，可以从搜索次数、竞争对手数量、竞价推广数量和竞价价格这4个方面分析，通常来说，一个关键词这4个方面的数值越大，该关键词的竞争力越强。

2. 辅助关键词

辅助关键词，又称相关关键词、扩展关键词，主要用于对抖音号内容中的核心关键词进行补充和辅助。与核心关键词相比，辅助关键词的数量更多，内容更丰富，能够更加清晰地表现运营者的意图，对短视频的搜索与呈现起推动与助力作用。

辅助关键词的形式有很多，可以是某个具体的词汇，也可以是短语、网络用语或流行语，只要是能为抖音号引流、吸粉的词汇，都可以称为辅助关键词。例如，某抖音号所发布内容的核心关键词是“摄影”，那么，“手机摄影”“相机”“短视频”等都是非常好的辅助关键词。

在抖音号运营过程中，对核心关键词进行适当增删，即可得到辅助关键词。例如，将核心关键词“摄影”与“技巧”进行组合，即可产生一个新的辅助关键词“摄影技巧”。

辅助关键词具有3个方面的作用，补充说明核心关键词、控制核心关键词数量、提高抖音号和短视频的曝光量。

3. 长尾关键词

长尾关键词是对辅助关键词的扩展，一般是短句，例如，某搜索服务型抖音号在发布的内容中使用了“哪家搜索服务公司好”“平台搜索服务优化找谁”等长尾关键词。

长尾关键词比较长，通常来说，商家会将长尾关键词用在抖音短视频的标题中或文案内容中，用以提高短视频的曝光量。

什么是有价值的关键词？简单来说，有人搜索的关键词就是有价值的关键词。因此，研究关键词，知道哪些关键词确实有用户在搜索非常重要。

除了发掘有价值的关键词之外，规避没有价值的关键词也很重要，以便降低事倍功半的情况出现的概率。通常来说，以下两种情况，是应该坚决规避的。

（1）没有品牌知名度的公司用公司名称作为关键词，或者在短视频文案中强调公司名称。

（2）抖音号名称和短视频标题中不包含通用关键词，如摄影短视频的标题中没有“摄影”这个关键词。

选定关键词并不断优化，可以提高抖音号及其内容、商品的搜索排名。下面，笔者对使用关键词的相关技巧进行介绍，供大家参照。

（1）在短视频、直播和商品标题中多次使用关键词。

（2）在短视频、直播和商品标题的第一句话中使用关键词。

（3）自然地使用关键词，不要给用户突兀之感。

（4）在短视频和直播封面中使用关键词。

（5）在短视频和直播标题中使用关键词。

（6）围绕内容选择关键词，或围绕关键词打造内容，让关键词与内容保持密切的联系。

9.2.3 做好预测：积极发挥关键词的作用

关键词的搜索热度会随时间的变化呈现升降趋势，因此，学会预测关键词非常重要，下面，笔者从两个方面介绍如何预测关键词。

1. 预测社会热点关键词

社会热点新闻是人们普通关注的重点内容，每当社会热点新闻出现时，都会更新一大波关键词，其中搜索量相对较高的关键词为社会热点关键词。

运营抖音号时，不仅要关注社会新闻，还要懂得如何预测社会热点，及时使用社会热点关键词。下面，笔者对社会热点关键词的预测方向进行介绍，给大家提供一些参考，如图9-18所示。

预测社会热点关键词

- 从社会现象入手，找少见的社会现象和新闻
- 从用户共鸣入手，找用户感触很深的社会现象和新闻
- 从与众不同的点入手，找特别的社会现象和新闻
- 从用户喜好入手，找用户感兴趣的社会现象和新闻

图9-18　预测社会热点关键词

2. 预测时间性关键词

时间性关键词的变化节奏比较稳定，主要体现在季节和节日两个方面，如服装的季节关键词会包含四季名称，即夏季、冬季等，如图9-19所示，而节日关键词会包含节日名称，例如春节服装。

时间性关键词是比较容易预测的，抖音号运营者除了可以从季节和节日名称上入手进行预测，还可以从以下几方面入手进行预测，如图9-20所示。

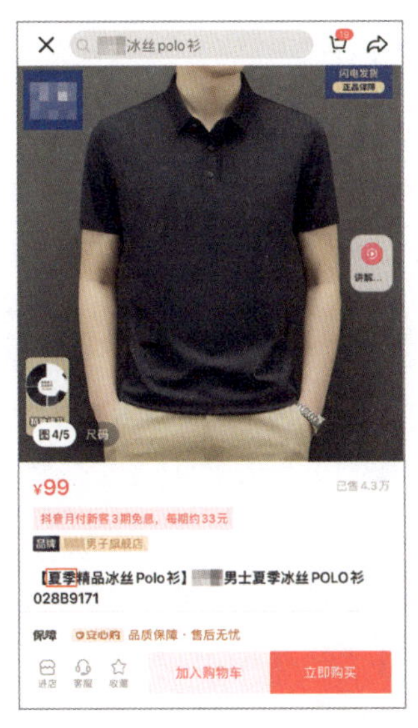

图9-19　季节关键词

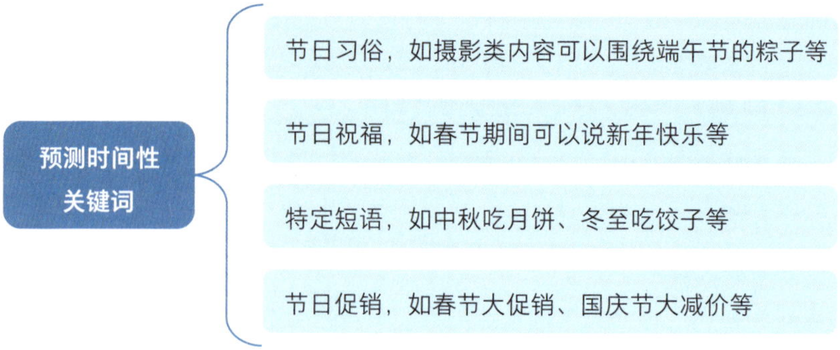

预测时间性关键词

- 节日习俗，如摄影类内容可以围绕端午节的粽子等
- 节日祝福，如春节期间可以说新年快乐等
- 特定短语，如中秋吃月饼、冬至吃饺子等
- 节日促销，如春节大促销、国庆节大减价等

图 9-20 预测时间性关键词

第10章 营销推广：增加账号、内容和店铺的流量

商家对商品、店铺进行营销推广和运营者对商品、内容、账号进行营销推广时，可以通过使用营销推广技巧，快速吸引用户的目光，获得更多流量，进而增强营销推广的效果。

10.1 常用工具：利用抖店后台做好营销

商家可以使用抖店中的各种营销工具进行营销推广，吸引更多用户的关注，甚至刺激用户下单购物。这一节，笔者对抖店中常见营销工具的使用方法进行介绍。

10.1.1 购买优惠：给用户提供购买优惠

商品优惠券是用户在购买商品时获得的电子优惠券。虽然有时候使用优惠券获得的优惠有限，但是只要有优惠券，就能增加商品对用户的吸引力。因此，商家可以通过给潜在消费者（用户）发放优惠券来刺激消费。具体来说，商家可以通过如下操作创建商品优惠券，让用户看到优惠信息。

步骤 01 进入抖店后台，单击“首页”页面上方菜单栏中的“营销中心”按钮，如图10-1所示。

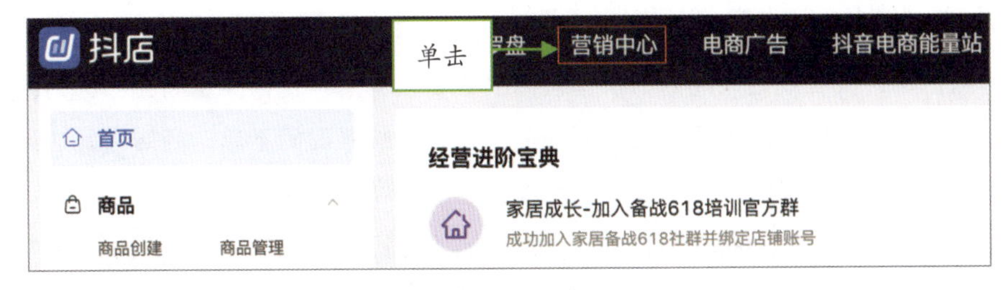

图 10-1 单击“营销中心”按钮

步骤 02 执行操作后，在“抖店｜营销中心”页面中，❶单击“营销工具”板块中的“优惠券”按钮，进入对应页面；❷单击“商品优惠券”对应的“立即新建”按钮，如图10-2所示。

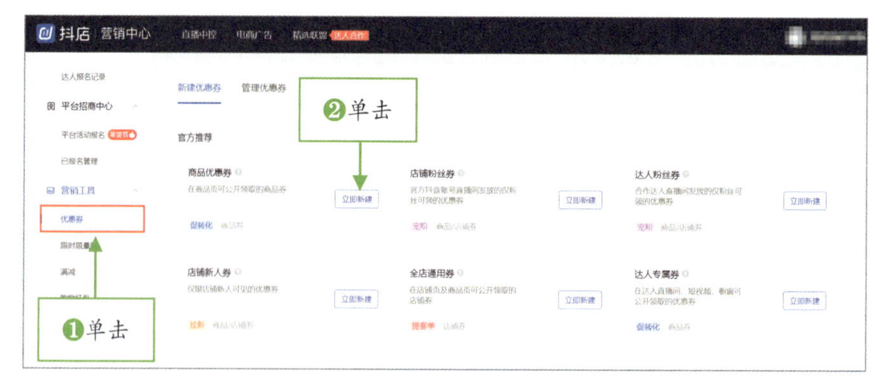

图 10-2 进入“优惠券”页面并单击“商品优惠券”对应的“立即新建”按钮

步骤 03 执行操作后，进入“新建商品优惠券”页面，如图10-3所示。商家根据要求在该页面中填写相关信息后，单击页面下方的“提交”按钮，即可完成对商品优惠券的创建。创建完成后，相关商品的详情信息中会显示优惠券信息。

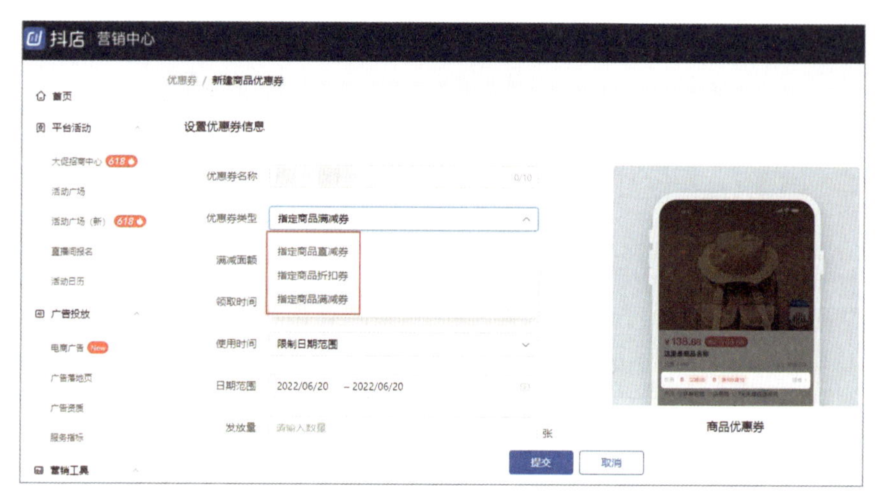

图 10-3 “新建商品优惠券”页面

10.1.2 限时限量：适当给用户制造压力

限时限量购，指在规定时间内低价销售商品或低价为用户提供少量商品。因为商品是限时或限量销售的，所以用户为了低价购买商品，往往会抓紧时间下单，商店借此达到促进销售的目的。具体来说，商家可以通过如下操作创建限时限量购活动。

步骤 01 进入抖店后台的营销中心，❶单击“营销工具”板块中的“限时限量购”按钮，进入对应页面；❷单击“立即创建”按钮，如图10-4所示。

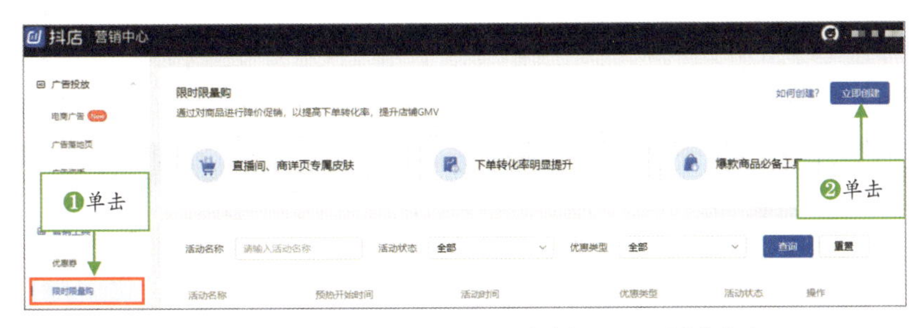

图 10-4　进入“限时限量购”页面并单击“立即创建”按钮

步骤 02 执行操作后，进入限时限量购信息设置页面的“设置基础规则”板块，如图10-5所示，根据系统提示，在该板块中填写相关信息。

图 10-5　“设置基础规则”板块

步骤 03 执行操作后，向下滑动页面至“选择商品”板块，❶单击该板块中的“添加商品”按钮；❷在弹出的“选择商品”窗口中，选中目标商品对应的复选框；❸单击“选择”按钮，如图10-6所示。

图 10-6　添加商品

步骤 04 执行操作后，"选择商品"板块中会出现已添加商品的相关信息，单击"提交"按钮，如图10-7所示，即可完成对限时限量购活动的创建。

图 10-7 单击"提交"按钮

10.1.3 满减活动：让用户享受一些福利

满减活动是通过设置购买金额或数量进行促销的营销方法之一，用户的单次购买金额或数量达到要求之后，便可以享受一定的优惠。进行满减活动，往往能有效刺激用户下单购物。具体来说，商家可以通过如下操作创建满减活动。

步骤 01 进入抖店后台的营销中心，❶单击"营销工具"板块中的"满减"按钮，进入对应页面；❷单击"立即新建"按钮，如图10-8所示。

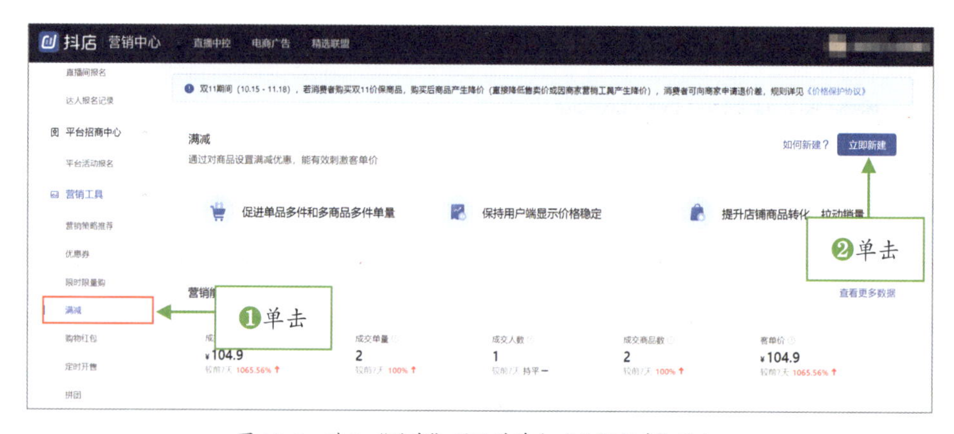

图 10-8 进入"满减"页面并单击"立即新建"按钮

步骤 02 执行操作后，进入"新建活动"页面。商家可以在该页面中根据活动类型（包括满N元优惠和满N件优惠）对满减活动的相关信息进行设置，如图10-9所示，是"满N件优惠”活动设置页面的部分信息。

图 10-9 “满 N 件优惠”活动设置页面的部分信息

步骤 03 商家在活动设置页面中填写相关信息后，单击页面下方的“提交”按钮，即可完成对满减活动的创建。

10.1.4 定时开售：通过售前预热进行造势

定时开售是将商品设置为固定时间开始销售，使用定时开售功能，可以引起用户的好奇心，达到为商品造势的目的。具体来说，商家可以通过如下操作将商品设置为定时开售。

步骤 01 进入抖店后台的营销中心，❶单击“营销工具”板块中的“定时开售”按钮，进入对应页面；❷单击“添加商品”按钮，如图10-10所示。

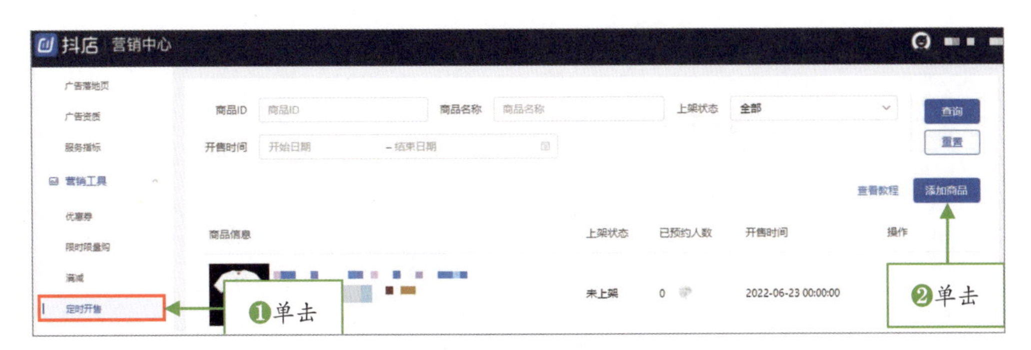

图 10-10 进入“定时开售”页面并单击“添加商品”按钮

步骤 02 执行操作后，弹出“添加商品”窗口，商家选中窗口中目标商品对应的复选框并单击“提交”按钮，即可将商品设置为定时开售。

10.1.5 拼团活动：引导大量潜在消费者同时下单

拼团活动是多人一起购买便可以享受优惠的活动之一，通过设置拼团活动，可以吸引大量潜在消费者同时下单，在短期内增加商品的销量。具体来说，商家可以通过如下操作设置拼团活动。

步骤 01 进入抖店后台的营销中心，❶单击“营销工具”板块中的“拼团”按钮，进入对应页面；❷单击“立即创建”按钮，如图10-11所示。

图 10-11 进入“拼团”页面并单击“立即创建”按钮

步骤 02 执行操作后，进入“创建活动”页面的“设置基础规则”板块，如图10-12所示。商家可以根据页面提示，填写相关信息。

图 10-12 “设置基础规则”板块

步骤 03 执行操作后，向下滑动页面至“选择商品”板块，❶单击该板块中的“添加商品”按钮；❷在弹出的“添加商品”窗口中，选中目标商品对应的复选框；❸单击“选择”按钮，如图10-13所示。

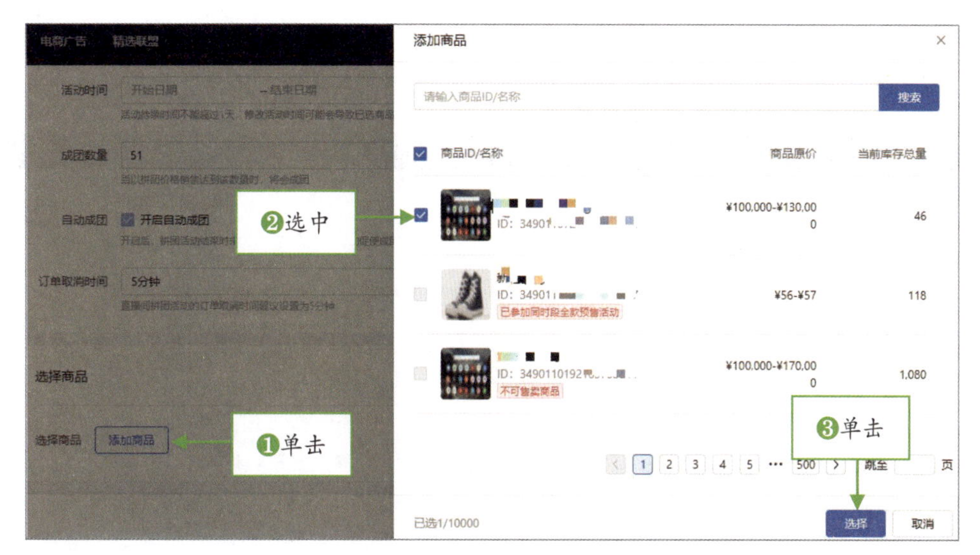

图 10-13　添加商品

步骤 04　执行操作后，返回“拼团”页面，选中“配置范围”中SKU（Stock Keeping Unit的缩写，意为库存量单位）对应的单选按钮，进入SKU选项卡。商家可以在SKU选项卡中设置拼团商品的拼团价、活动库存、每人限购等信息，如图10-14所示。设置完成后，单击“提交”按钮，即可创建拼团活动。

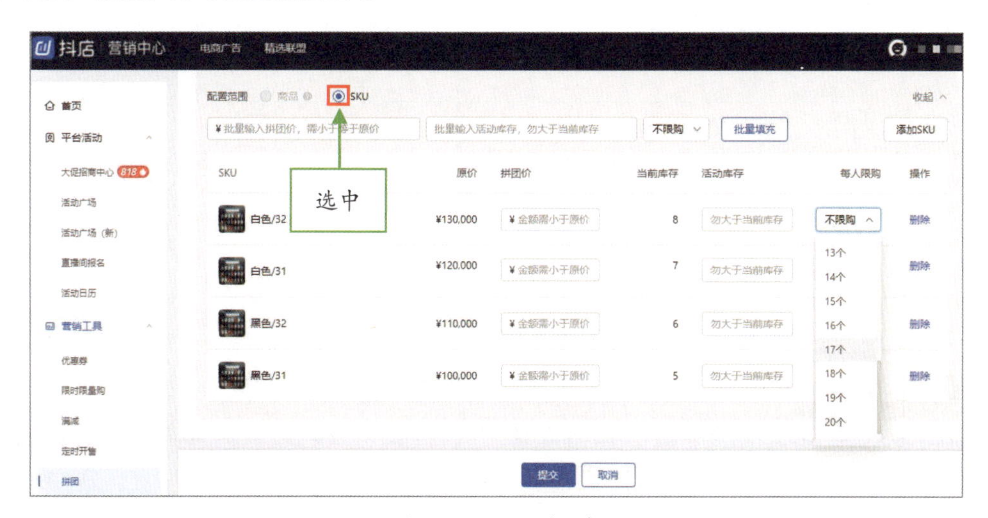

图 10-14　SKU 选项卡

10.1.6　定金预售：开售前先获得一些保障

定金预售指买家于开售前预付一部分定金用于预定商品，在约定时间内支付尾款即可完成交易。通过定金预售，商家可以在商品正式开售之前获得一批订单，给自己多一份保障。具体来说，商家可以通过如下操作创建定金预售活动。

步骤 01　进入抖店后台的营销中心，❶单击“营销工具”板块中的“定金预售”按钮，进入对应页面；❷单击“立即创建”按钮，如图10-15所示。

图 10-15　进入“定金预售”页面并单击“立即创建”按钮

步骤 02　执行操作后，进入“创建活动”页面的“基础规则”板块，如图10-16所示。商家可以根据页面提示，填写该板块中的信息。

图 10-16　“基础规则”板块

步骤 03　执行操作后，向下滑动页面至“选择商品”板块，❶单击该板块中的“添加商品”按钮；❷在弹出的“选择商品”窗口中，选中目标商品对应的复选框；❸单击“选择”按钮，如图10-17所示。

步骤 04　执行操作后，返回“创建活动”页面，页面中会出现已选择商品的相关信息。已选择商品的SKU选项卡如图10-18所示，商家对SKU选项卡中的信息进行设置后，单击页面下方的“提交”按钮，即可完成对定金预售活动的创建。

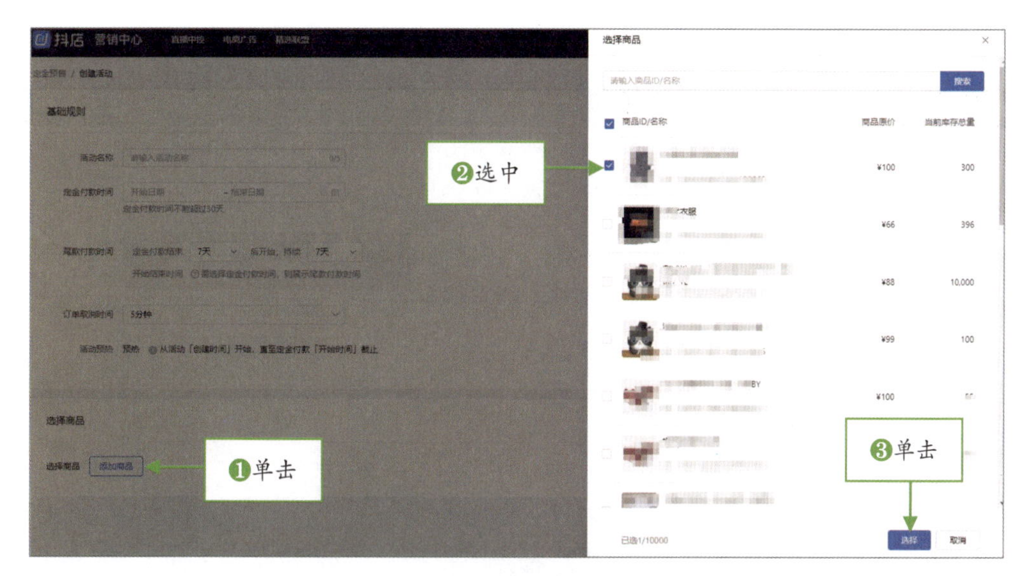

图 10-17　添加商品

图 10-18　已选择商品的 SKU 选项卡

10.1.7 拍卖活动：有效地提高商品成交价

拍卖活动，即专门进行商品拍卖（出价高者得）的活动。如果商家销售的是价值较高的商品，或者孤品，可以通过创建拍卖活动进行商品销售，提高商品的成交价。具体来说，商家可以通过如下操作创建拍卖活动。

步骤 01 进入抖店后台的营销中心，❶单击“营销工具”板块中的“拍卖”按钮，进入对应页面；❷单击“立即创建”按钮，如图10-19所示。

图10-19　进入“拍卖”页面并单击“立即创建”按钮

步骤 02　执行操作后，进入“创建活动”页面的“基础规则”板块，如图10-20所示。商家可以根据页面提示，在该板块中填写相关信息。

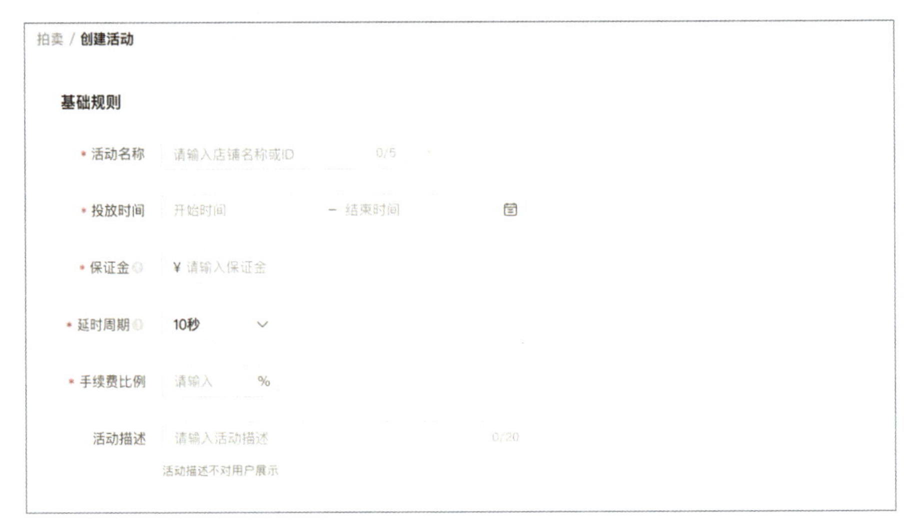

图10-20　“基础规则”板块

步骤 03　执行操作后，向下滑动页面至“选择商品”板块，❶单击该板块中的“添加商品”按钮；❷在弹出的“选择商品”窗口中，选中目标商品对应的复选框；❸单击“选择”按钮，如图10-21所示。

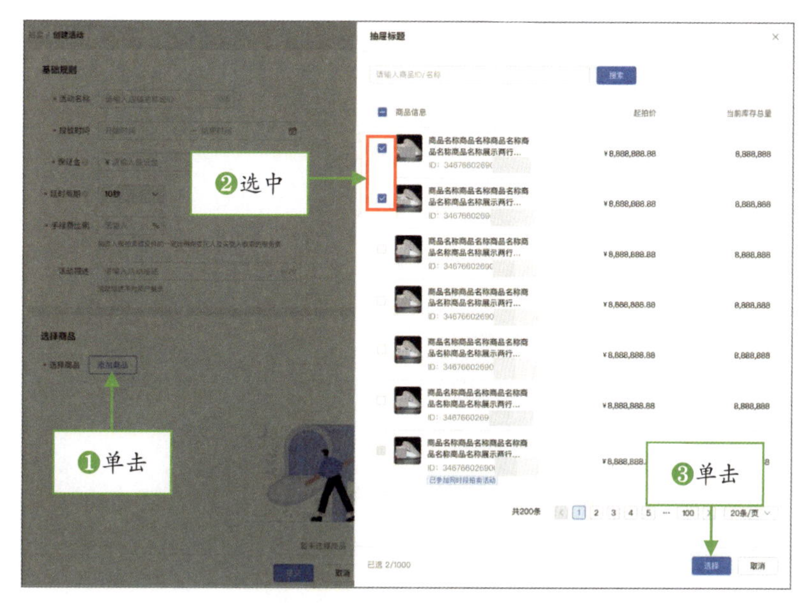

图 10-21 单击“选择”按钮

步骤 04 执行操作后，即可将商品设置为拍卖商品。随后，商家只需要在抖音直播中添加这些商品，便可以对商品进行拍卖。

10.1.8 裂变营销：提高用户分享直播的意愿

裂变营销是用来增加直播互动的新玩法之一，目的是刺激用户分享直播间，为直播间带来更多流量。下面，笔者对裂变营销的创建方法进行介绍。

步骤 01 进入抖店后台的营销中心，❶单击“营销工具”板块中的“裂变营销”按钮，进入对应页面；❷单击“立即创建”按钮，如图10-22所示。

图 10-22 进入“裂变营销”页面并单击“立即创建”按钮

步骤 02 执行操作后，进入“创建活动”页面的“设置基础规则”板块，如图10-23所示。商家可以根据页面提示，填写该板块中的信息。

图 10–23 “设置基础规则”板块

步骤 03 执行操作后，向下滑动页面至“选择合作达人”板块，如图10–24所示，在该板块中设置授权作者和达人账号。

图 10–24 “选择合作达人”板块

步骤 04 执行操作后，向下滑动页面至“设置优惠信息”板块，如图10–25所示。在该板块中设置分享者优惠和被分享者优惠的相关信息后，单击“提交”按钮，即可完成对裂变营销的设置。

图 10-25 “设置优惠信息”板块

10.2 引流技巧：掌握推广的实用方法

抖音聚合了大量短视频信息及流量，对于商家来说，使用抖音进行引流，让它为己所用是最关键的。本节，笔者对5种非常简单的抖音引流方法进行介绍，帮助大家实现粉丝的爆发式增长。

10.2.1 评论引流：解答用户的疑问

许多用户会在看抖音短视频时习惯性地查看评论区的留言，如果觉得短视频内容比较有趣，甚至会主动通过@抖音号的方式呼唤其他用户前来观看该短视频。因此，对评论区利用得当，有可能起到不错的引流效果。

抖音短视频文案中能够呈现的内容相对有限，很有可能出现有的内容需要进行很多补充的情况，此时，商家可以使用在评论区自我评论的方法进行进一步表达。另外，短视频刚发布时，给予评论的用户不是很多，此时商家进行自我评论，能起到增加短视频评论量的作用。

除了自我评论补充信息之外，商家还可以通过回复评论解答用户的疑问，引导用户的情绪，进而提高商品的销量。

回复抖音评论看似是一件再简单不过的事，实则不然。为什么这么说呢？因为进行抖音评论引流时有一些需要注意的事项，具体如下。

1. 第一时间回复评论

商家应该尽可能第一时间回复用户的评论，这样做有两个方面的好处，一是快速回复能够让用户感觉到商家对自己的重视，增加用户对该商家的好感；二是回复评论能够在一定程度上增加短视频的热度，让更多用户看到该短视频。

2. 不要重复回复评论

对于相似的问题，商家最好不要进行重复回复，这主要有两个方面的原因，一是商家回复的内容中或多或少地会带有营销痕迹，如果重复回复，评论区内广告痕迹过重，往往会让用户产生反感情绪；二是点赞量相对较高的评论会出现在评论区的靠前位置，商家对点赞量较高的评论进行回复后，有相似问题的用户自然能看到，相似问题只回复一次，能减少回复的工作量，节省大量时间。

3. 注意规避敏感词汇

对于敏感词汇，商家回复评论时一定要尽可能规避，如果避无可避，可以采取迂回战术，用意思相近的词汇或谐音字词代替敏感词汇。

10.2.2 矩阵引流：多账号合力推广

所谓矩阵引流，就是运营多个账号，合力进行营销推广，从而增强营销推广效果，获取稳定的流量池。抖音矩阵可以分为两种，一种是个人抖音矩阵，即某个运营者同时运营多个抖音号，组成营销矩阵；另一种是组合抖音矩阵，即将多个运营者的多个抖音号组成矩阵，共同进行营销推广。

10.2.3 互推引流：互相借势实现共赢

互推就是互相推广的意思，通过与其他抖音号进行互推，让更多用户看到自己的抖音号，从而提高抖音号的影响范围，获得更多流量。

在抖音平台上，互推的方法有很多，其中比较直接、有效的互推方法之一是在短视频文案中互相@，让用户看到相关短视频就能看到互推的账号。

10.2.4 直播引流：获得更多人的关注

直播对于商家来说意义重大，一方面，商家可以通过直播销售商品，获得收益；另一方面，直播是有效的引流方式之一，主播在直播的过程中引导用户关注账号，很可能将用户变为抖音号的粉丝。

在抖音直播中，主播可以引导用户点击账号头像左侧的“关注”按钮，如图10-26所示。用户执行操作后，如果“关注”按钮变成如图10-27所示的图标，用户便通过直播关注了该抖音号，成为该抖音号的私域流量。

图10-26 点击“关注”按钮

图10-27 “关注”按钮变成图标

10.2.5 分享引流：增加内容的曝光量

抖音中有分享转发功能，商家可以使用该功能，将抖音短视频分享至其他平台，达到引流的目的。那么，如何使用抖音的分享转发功能引流呢？接下来，笔者对具体的操作方法进行介绍。

步骤 01 登录抖音App，进入需要转发的短视频的播放界面，点击•••图标，如图10-28所示。

步骤 02 执行操作后，弹出“分享给朋友”窗口。在该窗口中，商家可以选择要分享短视频的平台。以将短视频分享给微信好友为例，点击窗口中的“微信”按钮，如图10-29所示。

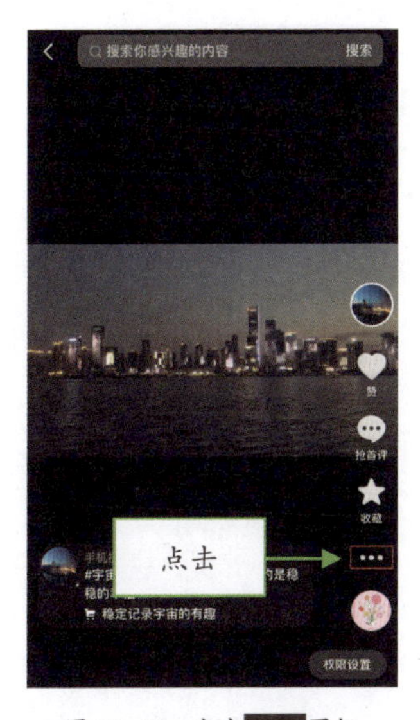

图10-28 点击•••图标

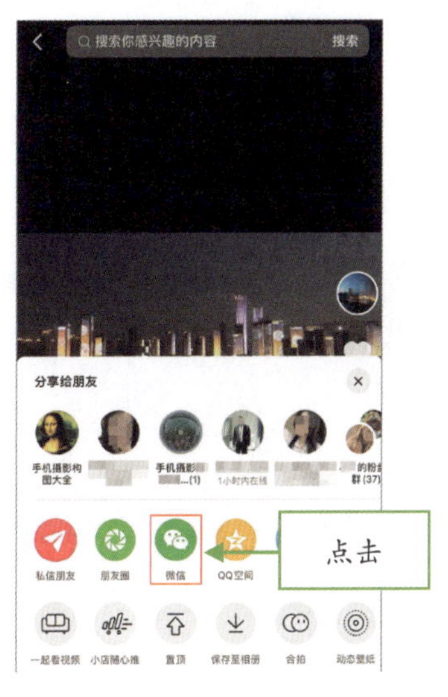

图10-29 点击“微信”按钮

步骤 03 执行操作后，弹出分享窗口，点击窗口中的“复制口令发给好友”按钮，如图10-30所示。

步骤 04 执行操作后，自动进入微信App，选择需要分享短视频的对象，如图10-31所示。

图 10-30 点击“复制口令发给好友”按钮

图 10-31 选择需要分享短视频的对象

步骤 05 进入微信聊天界面，长按输入栏，弹出操作选项后，点击操作选项中的“粘贴”按钮，如图10-32所示。

步骤 06 执行操作后，输入栏中会出现刚刚复制的短视频口令。短视频口令出现在输入栏中后，点击“发送”按钮，如图10-33所示。

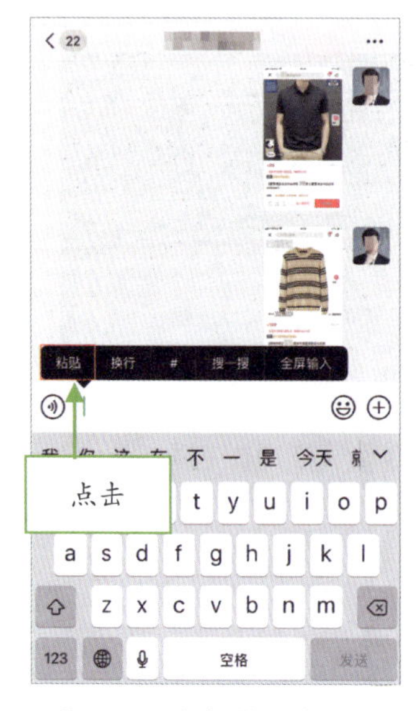

图 10-32 点击“粘贴”按钮

图 10-33 点击“发送”按钮

步骤 07 执行操作后，即可成功发送短视频口令，如图10-34所示。如果微信好友想查看该短视频，复制短视频口令，打开抖音App并在搜索框中粘贴该口令即可。

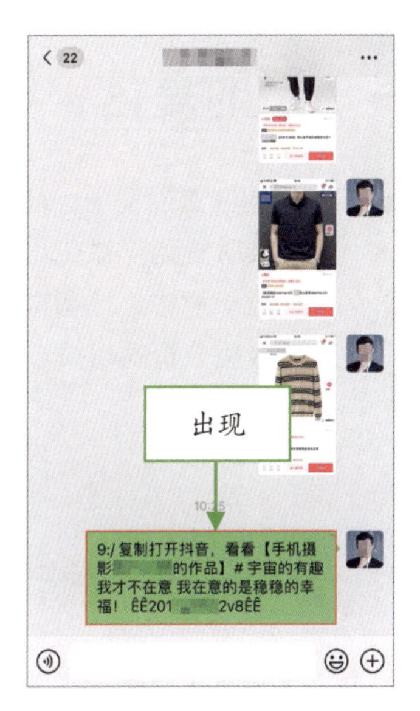

图 10-34 成功发送短视频口令

第11章

数据分析：及时复盘，寻找高效的带货方案

带货过程中，商家和运营者可以通过数据分析进行及时复盘，并在此基础上寻找更加高效的带货方案。在这一章中，笔者以蝉妈妈抖音版平台为例，重点讲解数据分析的相关方法。

11.1 账号数据：分析抖音号的带货情况

抖音号运营者可以使用一些数据平台查看抖音号的相关数据，了解自身的带货情况，在此基础上，通过对比分析，找到更适合自身的带货方案。以蝉妈妈抖音版平台为例，运营者可以通过如下操作查看抖音号的相关数据。

步骤 01 进入蝉妈妈平台的官网默认页面，❶输入目标抖音号的名字或名字中的关键词；❷单击图标；❸单击“达人”板块中的目标账号，如图11-1所示。

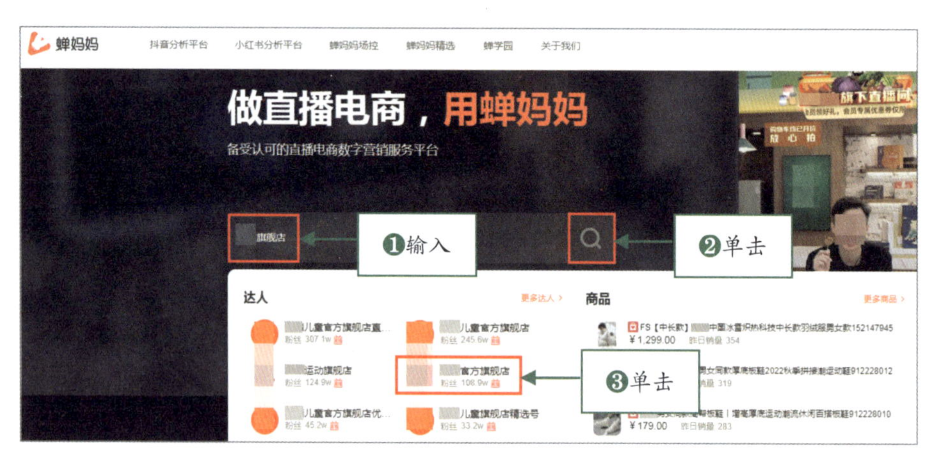

图 11-1 搜索并单击目标账号

步骤 02 执行操作后，进入目标抖音号的“基础分析”页面，如图11-2所示。运营者单击页面左侧导航栏中想查看的分析内容对应的按钮，即可查看并分析抖音号的相关数据。

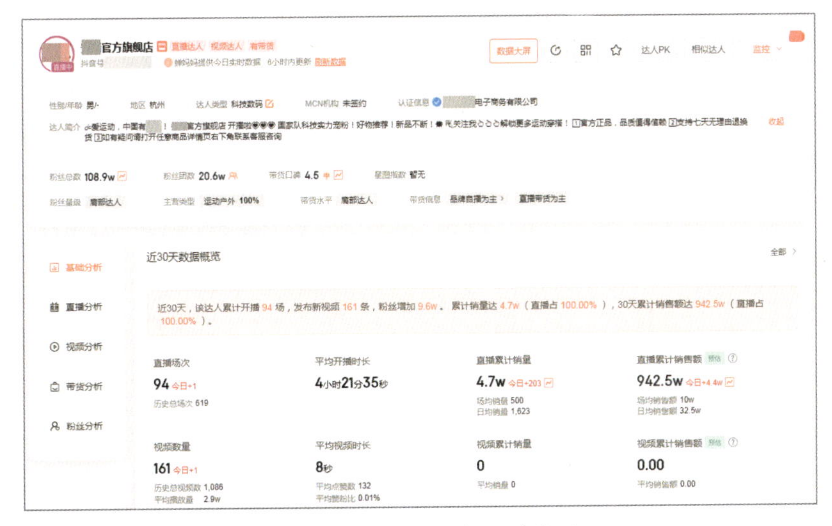

图 11-2 某抖音号的“基础分析”页面

11.1.1 直播数据：判断直播的带货效果

如果运营者主要是通过抖音直播进行带货，可以针对账号的直播数据进行分析。具体来说，运营者通过搜索进入目标抖音号的“基础分析”页面后，可以单击左侧导航栏中的“直播分析”按钮，进入对应页面，查看一段时间内的直播趋势分析等数据，如图 11-3 所示。

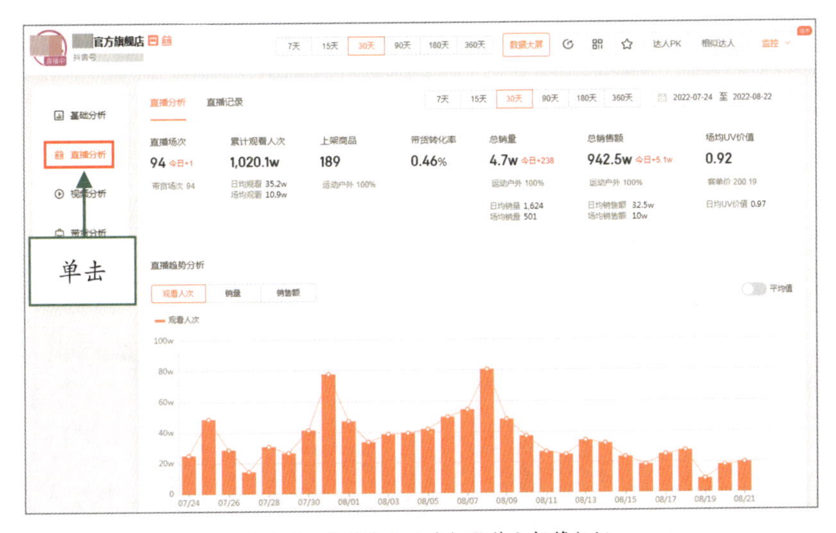

图 11-3 某抖音号的直播趋势分析等数据

除此之外，运营者还可以切换选项卡，在“直播分析”页面的“直播记录”选项卡中，查看目标抖音号各场直播的开播时间、观看人次、人气峰值、uv（unique visitor 的简写，意为独立访客，即通过互联网进行访问的自然人）价值、商品数、销量、销售额等信息，如

图11-4所示。

基础分析　直播分析　视频分析　带货分析　粉丝分析

直播记录　有引流视频　导出数据

直播场次	开播时间	观看人次	人气峰值	uv价值	商品数	销量	销售额	操作
818活动夏季抢新品、…	8/24 07:09	3.1w	630	1.33	99	191 预估	4.1w 预估	详情
818活动夏季抢新品、… 17小时57分58秒	8/23 07:10	33.9w	2,350	1.12	99	1,724 预估	38w 预估	详情
818活动夏季抢新品、… 4小时1分34秒	8/21 20:45	7.2w	825	1.12	102	367	8.1w	详情 引流视频
818活动夏季抢新品、… 4小时4分23秒	8/21 16:17	3.7w	173	1.33	100	237	5w	详情
818活动夏季抢新品、… 3小时46分8秒	8/21 12:15	3.7w	229	1.53	100	259	5.6w	详情

图 11-4　某抖音号的“直播分析”页面的“直播记录”选项卡

另外，运营者可以单击目标直播场次对应的“详情”按钮，查看该场直播的详细数据及数据分析。具体来说，运营者可以查看的数据分析包括目标直播场次的流量分析、商品分析、观众分析，以及直播诊断。如图11-5所示，是某场直播的“流量分析”页面。

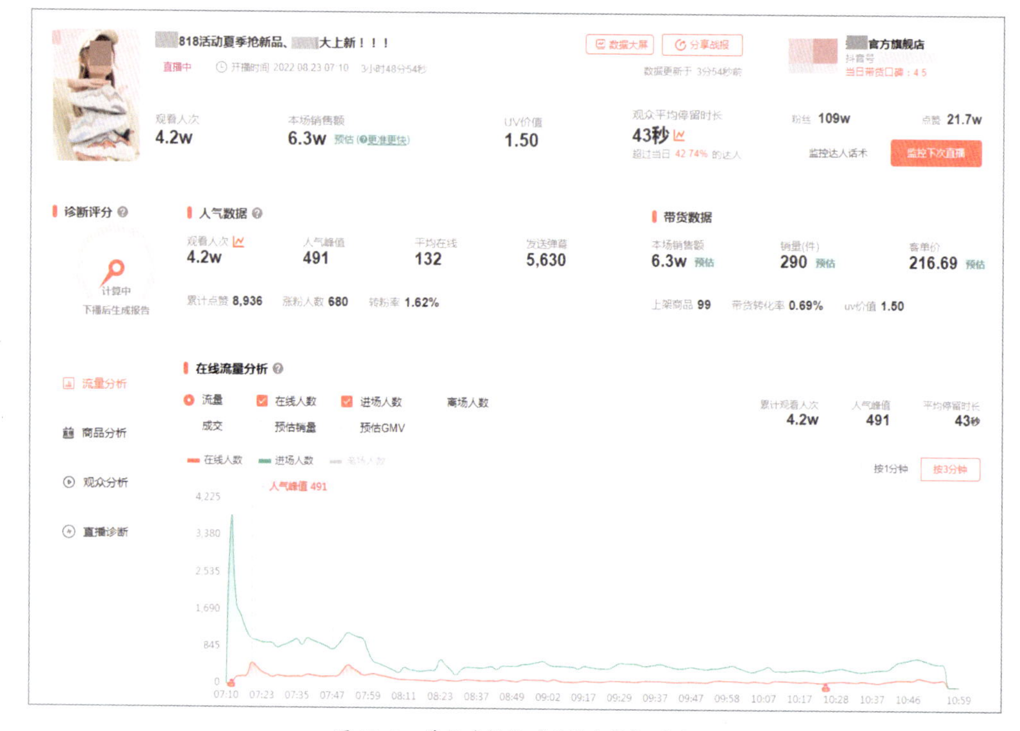

图 11-5　某场直播的“流量分析”页面

11.1.2 视频数据：分析短视频的带货效果

如果运营者主要通过发布短视频进行带货，那么可以重点对短视频进行数据分析，了解哪些商品比较受用户欢迎。这样，下次选品时就有了参照。

具体来说，运营者通过搜索进入目标抖音号的“基础分析”页面后，可以单击左侧导航栏中的“视频分析”按钮，进入对应页面，查看一段时间内的短视频相关数据，如图 11-6 所示。

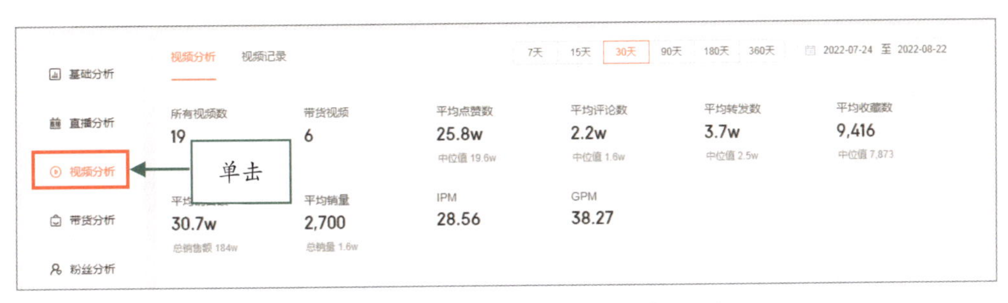

图 11-6 某抖音号“视频分析”页面的部分信息

除了以上数据之外，运营者还可以切换至“视频记录”选项卡，查看每条带货短视频的视频名称、发布时间、点赞数、评论数、转发数、预估销量、预估销售额等信息，如图 11-7 所示。

视频记录　　直播引流视频　请输入视频标题　导出数据

全部视频　带货视频　非带货视频

视频名称	发布时间	点赞数	评论数	转发数	预估销量	预估销售额	操作
二刷重庆特辣冒菜，13元一斤！… 4分54秒	08/21 16:50	19.7w	1.6w	2.5w	1,854	29.6w	查看商品 视频详情 播放
34.9元一位的自助小火锅，6种肉不… 4分59秒	08/17 16:50	11.1w	9,986	1.8w	0	0.00	查看商品 视频详情 播放
今天炫一个新疆爆辣炒蕾皮！双倍… 4分26秒	08/14 16:50	15.4w	1.1w	2w	7,567	66.6w	查看商品 视频详情 播放

图 11-7 某抖音号“视频分析”页面的“视频记录”选项卡

11.1.3 带货数据：评估整体的带货效果

使用蝉妈妈抖音版平台，可以在目标抖音号的“带货分析”页面中查看对账号带货数据进行的综合分析。具体来说，运营者可以单击抖音号“基础分析”页面左侧导航栏中的“带货分析”按钮，进入“带货分析”页面，查看账号某段时间内的直播带货趋势、视频带货趋势等信息，如图11-8所示。

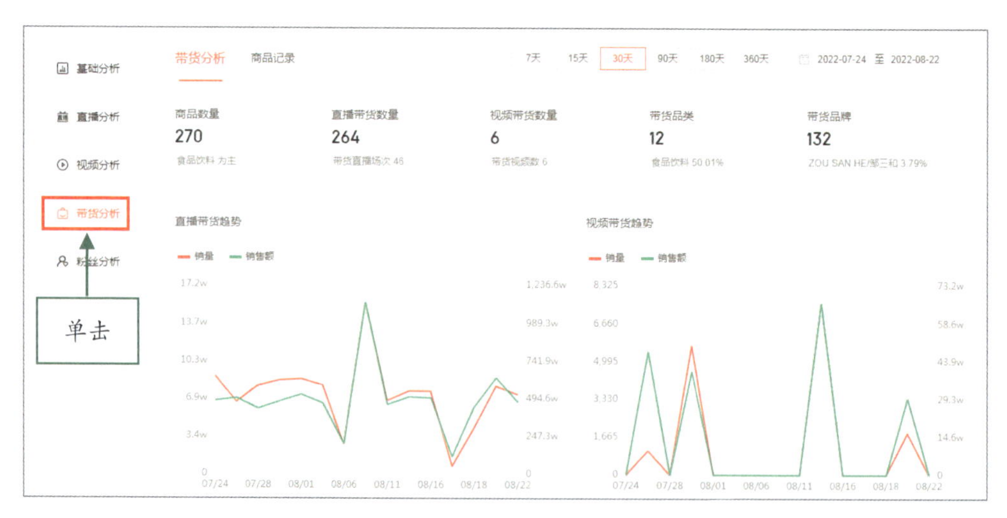

图 11-8　某抖音号“带货分析”页面的部分信息

向下滑动页面，运营者可以查看抖音号的带货品类、品牌及小店的数据分析。如图11-9所示，是某抖音号的带货品类数据分析。

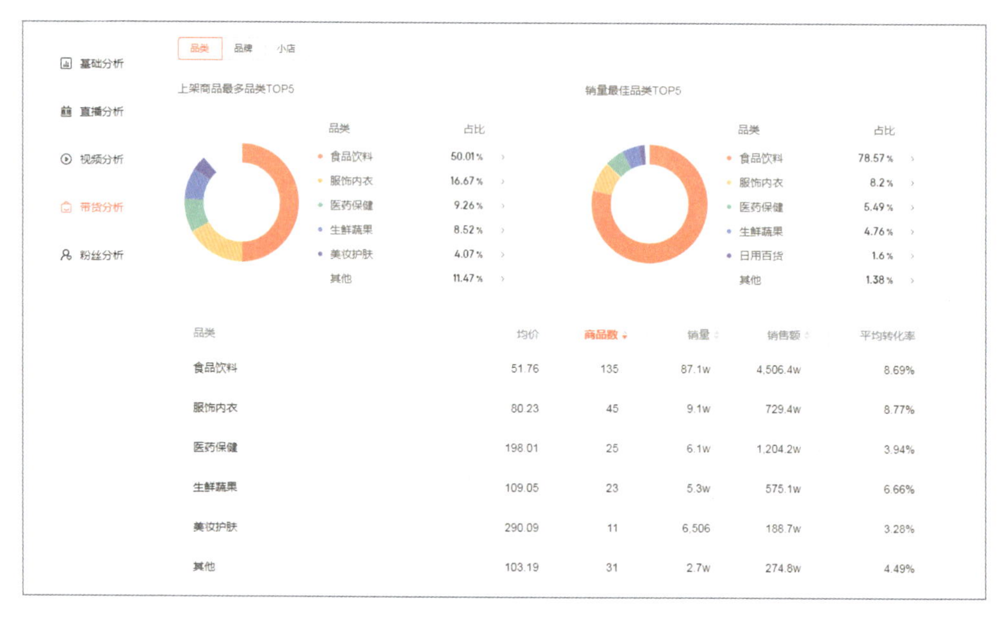

品类	均价	商品数	销量	销售额	平均转化率
食品饮料	51.76	135	87.1w	4,506.4w	8.69%
服饰内衣	80.23	45	9.1w	729.4w	8.77%
医药保健	198.01	25	6.1w	1,204.2w	3.94%
生鲜蔬果	109.05	23	5.3w	575.1w	6.66%
美妆护肤	290.09	11	6,506	188.7w	3.28%
其他	103.19	31	2.7w	274.8w	4.49%

图 11-9　某抖音号的带货品类数据分析

除了以上信息之外，运营者还可以切换至“商品记录”选项卡，查看各带货商品的名称、来源、价格、佣金比例、销量、销售额、关联视频（数）、关联直播（数）等信息。如图11-10所示，是某抖音号“带货分析”页面的“商品记录”选项卡。

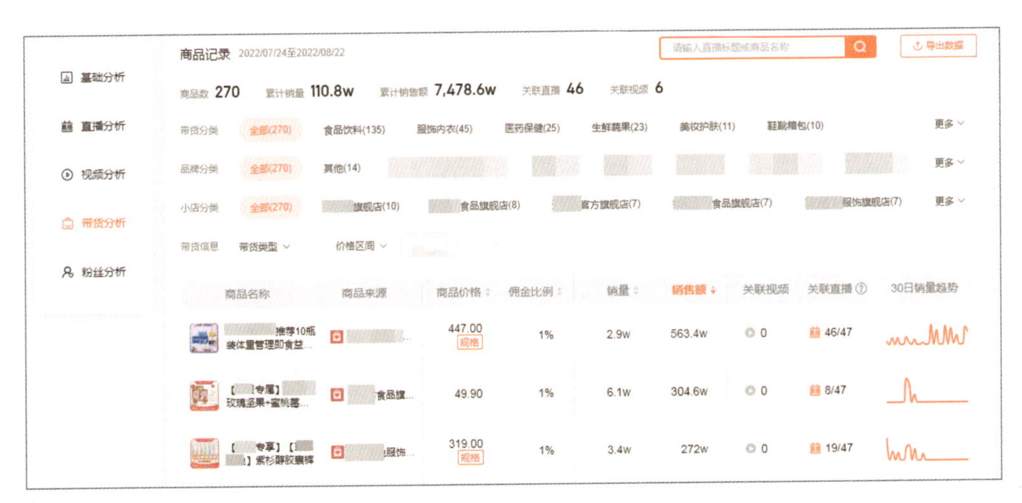

图 11-10　某抖音号“带货分析”页面的“商品记录”选项卡

11.1.4 粉丝数据：了解账号的粉丝画像

在借助兴趣电商运营账号、销售商品的过程中，运营者的账号会聚集海量粉丝，对粉丝（包括观看短视频和直播的用户）进行分析，可以帮助运营者了解粉丝画像，更好地打造带货内容，提高账号的带货能力。

具体来说，运营者可以单击抖音号“基础分析”页面左侧导航栏中的“粉丝分析”按钮，进入“粉丝分析”页面，向下滑动至“粉丝画像”板块，查看账号的粉丝画像情况。如图 11-11 所示，是某抖音号的“视频观众”画像。

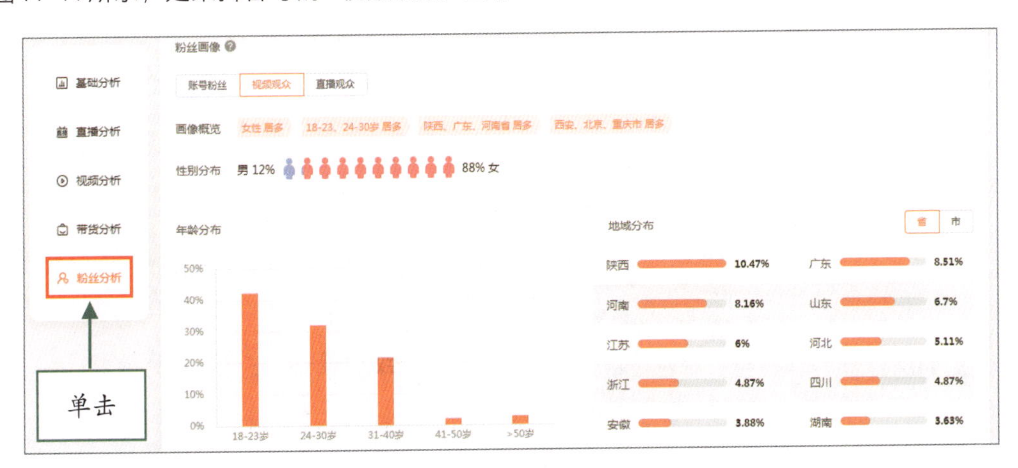

图 11-11　某抖音号的“视频观众”画像

除此之外，运营者还可以向下滑动页面，在“视频观众购买意向”板块中，查看视频观众购买意向的数据分析情况。如图 11-12 所示，是某抖音号的“视频观众购买意向”板块。

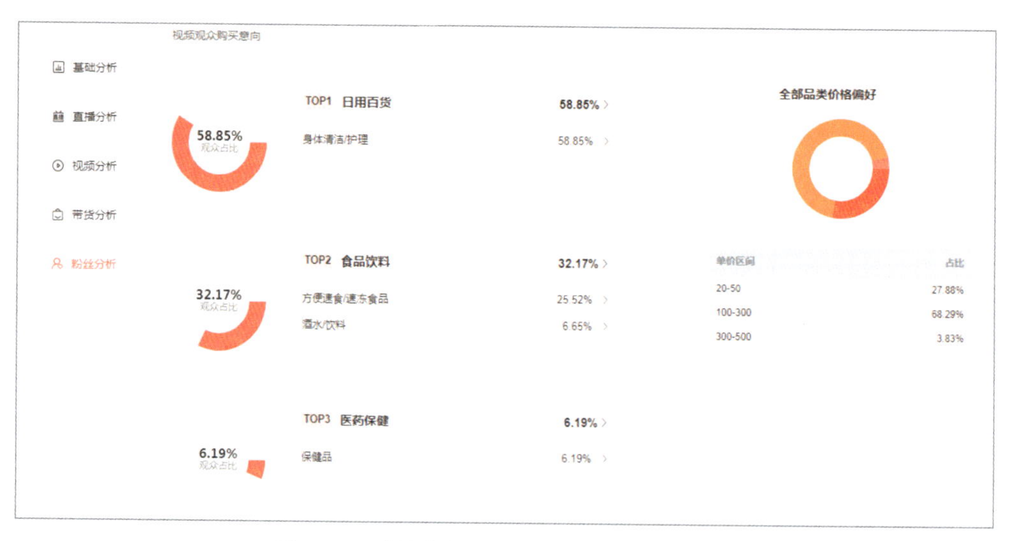

图 11-12　某抖音号的“视频观众购买意向”板块

11.1.5 数据监控：及时掌握带货的效果

如果运营者想掌握账号接下来一段时间内的动态数据，可以使用蝉妈妈抖音版平台的监控功能，对相关数据进行监控和分析。例如，运营者正在直播或准备进行直播时，可以通过如下操作监控直播数据，分析直播的带货效果。

步骤 01 打开蝉妈妈抖音版平台，进入目标抖音号的“基础分析”页面，❶单击“监控”按钮；❷在弹出的列表框中选择“监控直播”选项，如图11-13所示。

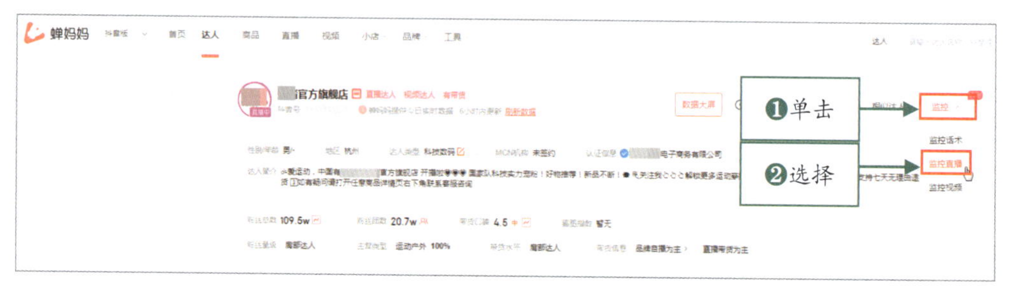

图 11-13　单击“监控”按钮并选择“监控直播”选项

步骤 02 执行操作后，弹出“添加监控”对话框，❶在对话框中设置监控时长；❷单击“确定”按钮，如图11-14所示。

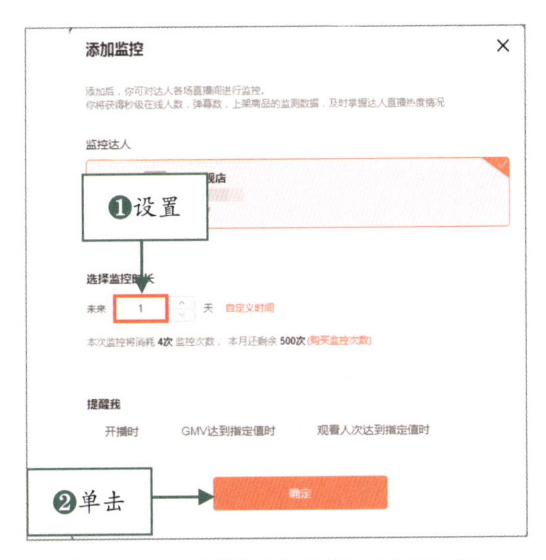

图 11–14　设置监控时长并单击“确定”按钮

步骤 03　执行操作后，即可完成对直播的监控设置。

监控设置成功之后，运营者即可在蝉妈妈抖音版平台上查看商品的监控数据和相关数据分析，具体操作步骤如下。

步骤 01　单击账号“基础分析”页面左上方的“首页”按钮，如图11–15所示。

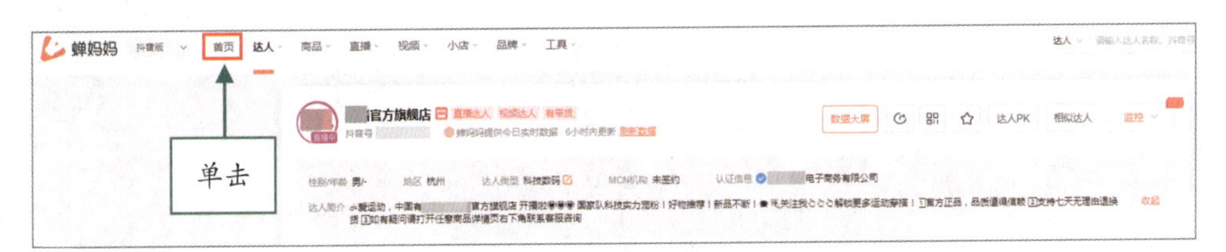

图 11–15　单击“首页”按钮

步骤 02　执行操作后，进入“首页”页面的“我的监控”板块，单击目标监控内容，如图11–16所示。

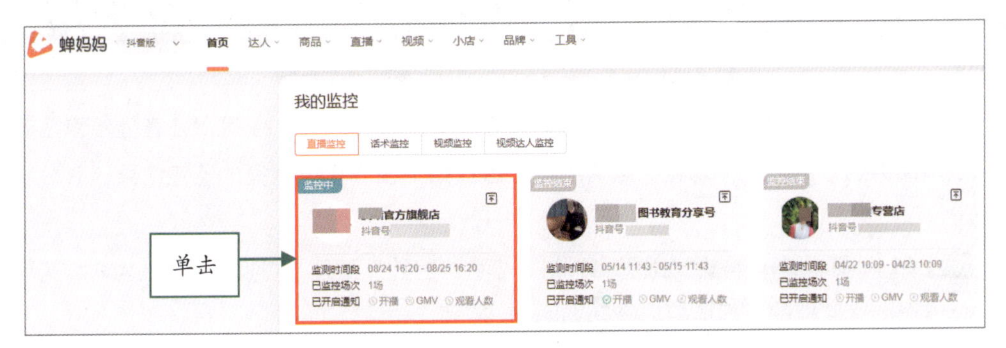

图 11–16　单击目标监控内容

步骤 03　执行操作后，如果监控正在进行，会弹出“正在监控”对话框。单击对话框中目标监控内容对应的“查看”按钮，如图11-17所示。

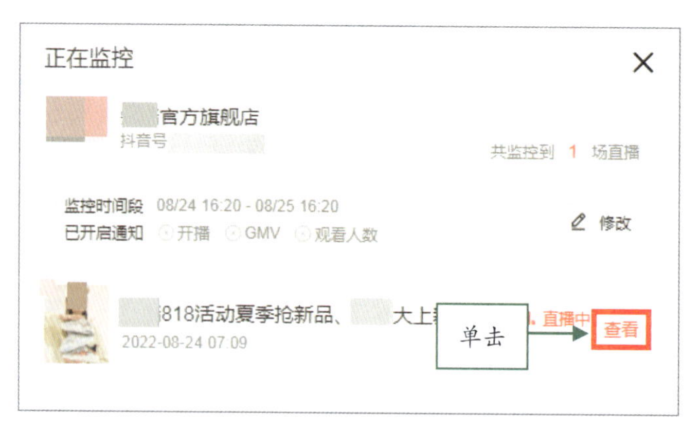

图 11-17 单击“查看”按钮

步骤 04 执行操作后，即可进入目标监控内容的监控页面，查看实时数据和数据分析，如图11-18所示。

图 11-18 查看目标监控内容的实时数据和数据分析

如果运营者监控的是直播，除了可以查看直播实时数据之外，还可以在直播结束后查看整场直播的数据分析。具体来说，运营者可以通过如下操作查看直播的监控结果，并分析直播效果。

步骤 01 打开蝉妈妈抖音版平台，进入“我的监控”页面。切换至“直播监控”选项卡后，单击已结束监控的目标监控内容，如图11-19所示。

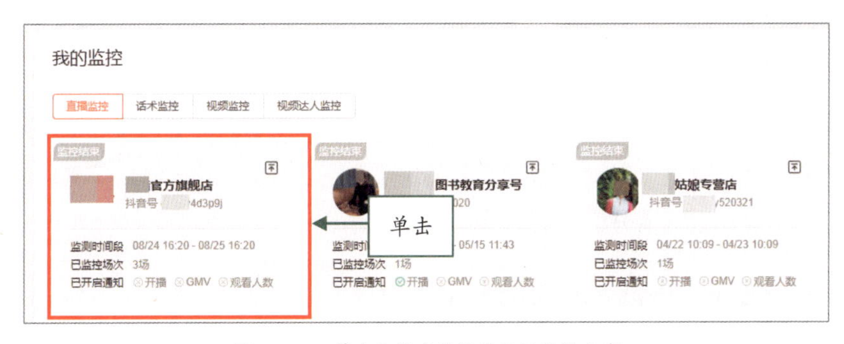

图 11-19　单击已结束监控的目标监控内容

步骤 02　执行操作后，弹出“监控完成”对话框，单击对话框中目标直播对应的“查看”按钮，如图11-20所示。

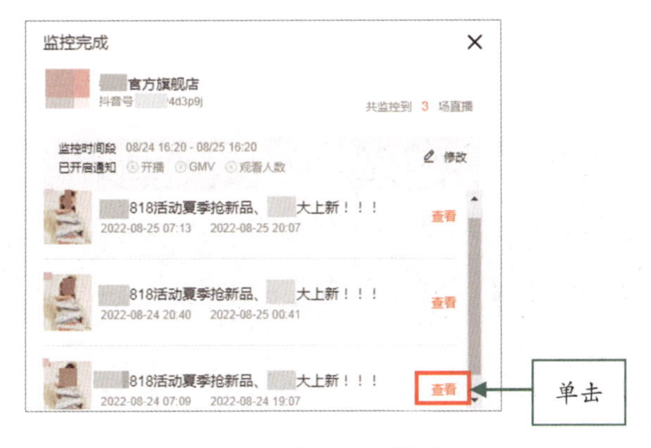

图 11-20　单击“查看”按钮

步骤 03　执行操作后，即可进入目标直播的数据监控页面，如图11-21所示。运营者根据相关数据，分析目标直播的带货效果即可。

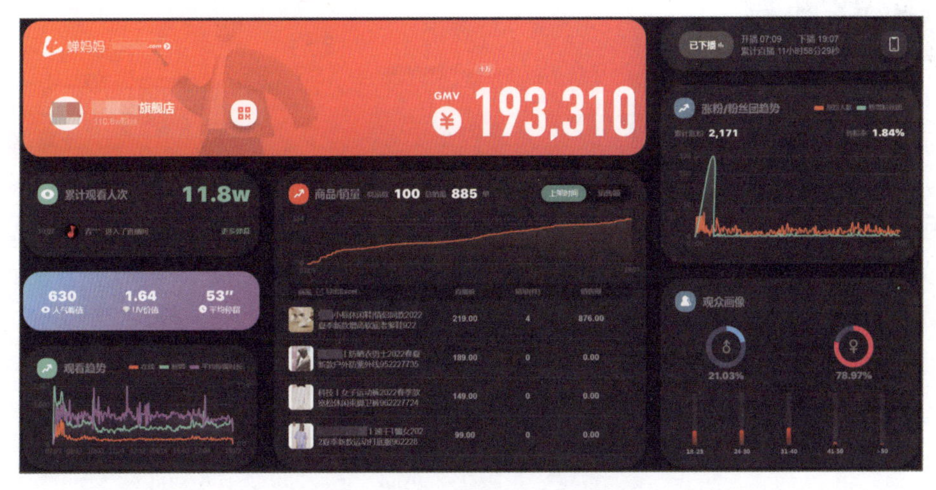

图 11-21　目标直播的数据监控页面

11.2 店铺数据：了解抖店的运营情况

运营者入驻抖店后，可以通过对店铺数据进行分析，了解店铺的运营情况，判断店铺中哪些商品比较受用户欢迎，进而调整运营方案，获得更多收益。这一节，笔者以蝉妈妈抖音版平台为例，对店铺数据的分析方法进行介绍。

11.2.1 基础数据：了解店铺的大致情况

商家可以使用蝉妈妈抖音版平台查看抖店的基础数据，了解店铺运营的大致情况。具体来说，商家可以通过如下操作查看抖店的基础数据。

步骤 01 进入蝉妈妈平台的官网默认页面，❶输入目标抖店的名字或抖店名字中的关键词；❷单击🔍图标；❸单击“小店”板块中的目标抖店，如图11-22所示。

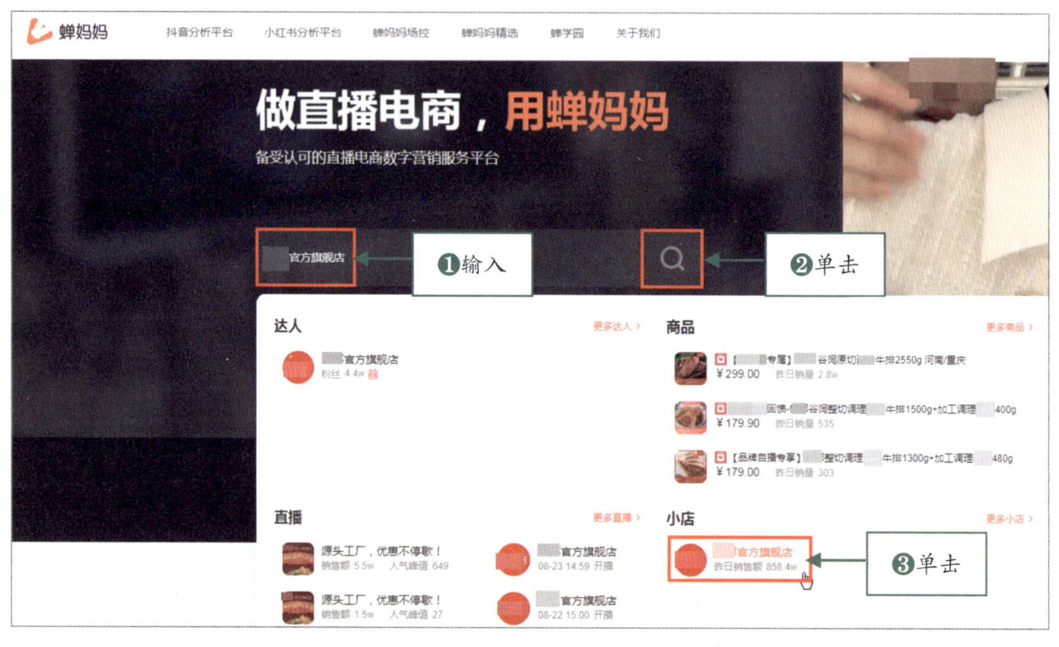

图 11-22 搜索并单击目标抖店

步骤 02 执行操作后，进入目标抖店的“基础分析”页面，即可查看目标抖店的基础数据，以及一段时间内该抖店的销量增长趋势和销售额增长趋势。如图11-23所示，是某抖店近30天的基础数据及销量/销售额增长趋势。

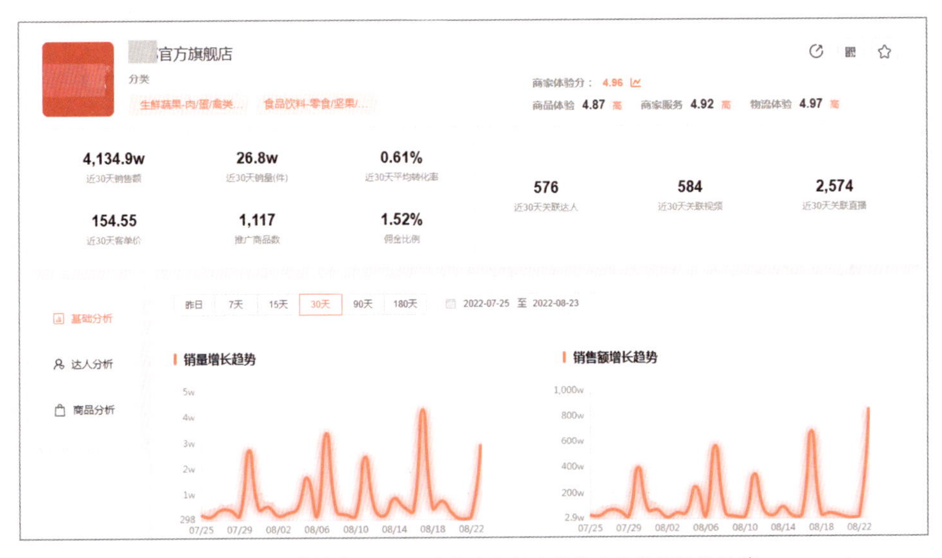

图 11-23　某抖店近 30 天的基础数据及销量 / 销售额增长趋势

步骤 03 除了上述数据之外，运营者还可以在“基础分析”页面中查看和分析其他数据。具体来说，运营者向下滑动页面，即可看到抖店的达人销售额占比、达人带货商品数占比、商品品类 Top5 和商品品牌 Top5 相关数据，如图 12-24 所示。

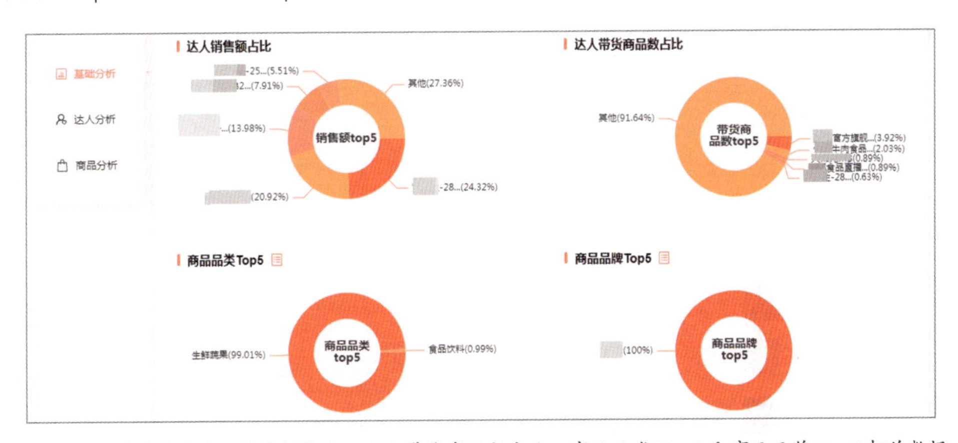

图 11-24　某抖店的达人销售额占比、达人带货商品数占比、商品品类 Top5 和商品品牌 Top5 相关数据

根据抖店“基础分析”页面中的数据，运营者可以判断店铺的运营情况，制定更加合适的销售方案。例如，运营者可以与销售额占比较高的达人加强合作，让达人更卖力地宣传商品，从而提高店铺中商品的销量。

11.2.2 达人数据：判断哪些达人更值得合作

根据蝉妈妈抖音版平台“达人分析”页面中的数据，运营者可以分析合作达人的带货情况，判断哪些达人更值得合作。具体来说，运营者单击店铺“基础分析”页面左侧导航栏中的“达人分析”按钮，即可进入“达人分析”页面，在该页面中的“达人列表”板块中，可以查看合作达人的粉丝数、带货口碑、推广商品数、关联视频（数）、关联直播（数）、预估销量（件）、预估销售额等信息，如图11-25所示。

图 11-25　某抖店“达人分析”页面的“达人列表”板块

如果运营者需要了解某位达人的推广商品情况，可以单击“达人列表”板块中的图标，在弹出的“商品详情”对话框中查看该达人所推广商品的名称、佣金比例、销量（件）、销售额等信息，如图11-26所示。

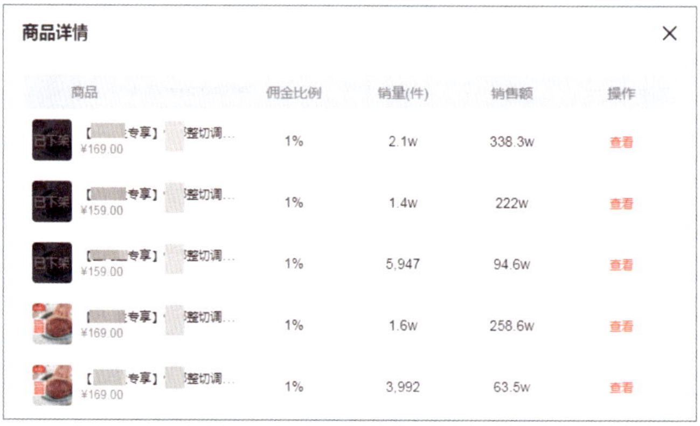

图 11-26　某达人的“商品详情”对话框

11.2.3 商品数据：查看各商品的销售情况

单击抖店“基础分析”页面左侧导航栏中的“商品分析”按钮，即可进入“商品分析”页面，在该页面中的“推广商品列表”板块中，运营者可以查看各商品的名称、价格、佣金比例、销售额、销量(件)、近30天浏览量、近30天转化率等信息，如图11-27所示。根据这些信息，运营者可以判断哪些商品比较受用户欢迎。

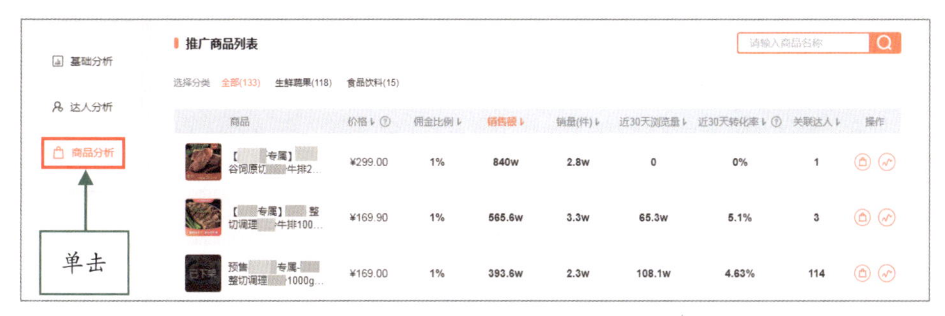

图 11-27 某抖店“商品分析”页面的“推广商品列表”板块

11.3 商品数据：评估单个商品的受欢迎程度

使用蝉妈妈抖音版平台，除了可以从账号和店铺的角度分析数据之外，还可以有针对性地分析某件商品的数据。这一节，笔者对单个商品带货数据的分析技巧进行讲解，帮助大家更好地评估商品的带货效果。

11.3.1 基础数据：分析商品的总体带货效果

商家可以使用蝉妈妈抖音版平台查看各商品的带货数据，分析总体带货效果，具体操作方法如下。

步骤 01 进入蝉妈妈平台的官网默认页面，❶输入目标商品名称或商品标题中的关键词；❷单击🔍图标；❸单击“商品”板块中的目标商品，如图11-28所示。

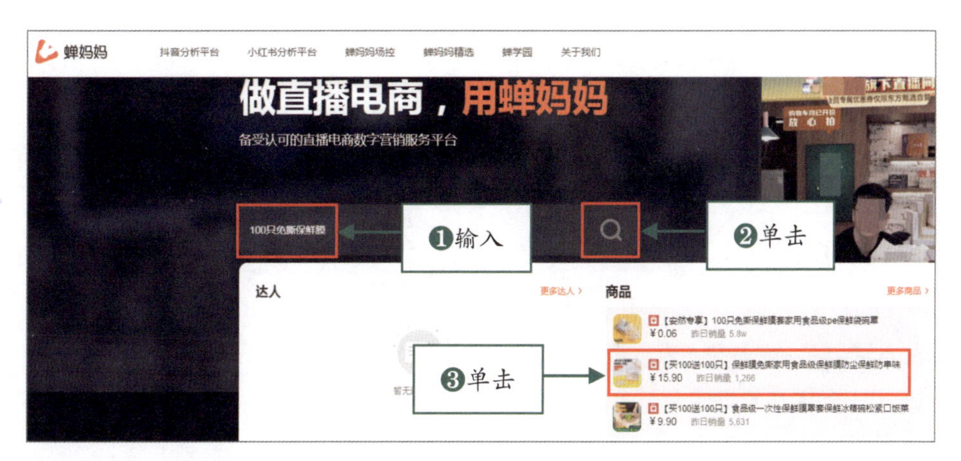

图 11-28 搜索并单击目标商品

步骤 02 执行操作后，即可进入目标商品的“基础分析”页面，查看其近30天数据概览、热推达人趋势、每日视频/直播趋势等信息，如图11-29所示。

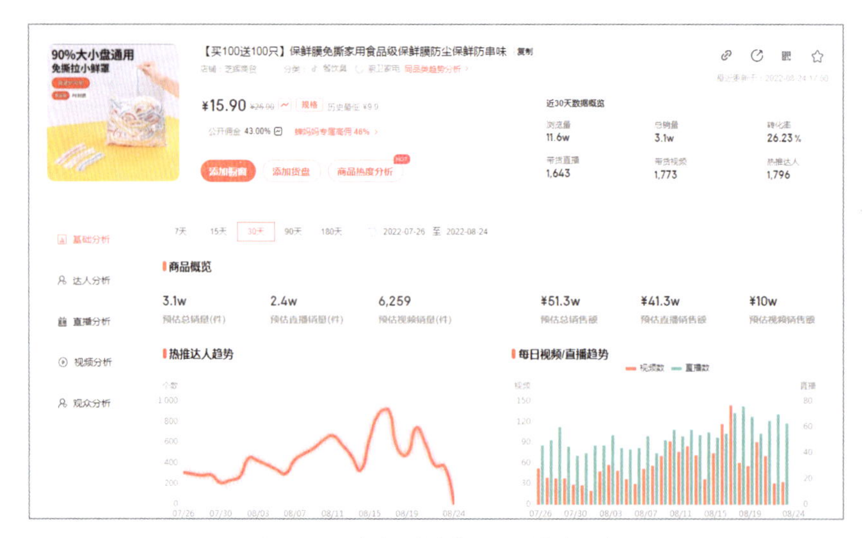

图 11-29 “基础分析”页面的部分信息

步骤 03 向下滑动页面，运营者还可以在“抖音销量趋势”板块中查看目标商品的抖音销量趋势及相关销售数据，如图11-30所示。

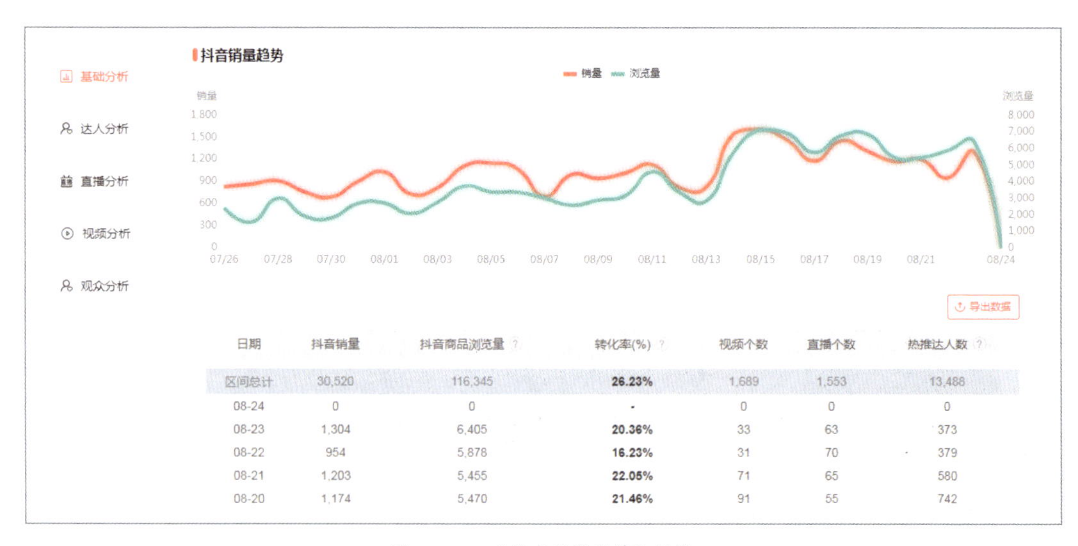

日期	抖音销量	抖音商品浏览量	转化率(%)	视频个数	直播个数	热推达人数
区间总计	30,520	116,345	26.23%	1,689	1,553	13,488
08-24	0	0	-	0	0	0
08-23	1,304	6,405	20.36%	33	63	373
08-22	954	5,878	16.23%	31	70	379
08-21	1,203	5,455	22.05%	71	65	580
08-20	1,174	5,470	21.46%	91	55	742

图 11-30 “抖音销量趋势”板块

运营者可以结合“基础分析”页面中的相关信息，分析目标商品的基础带货数据。例如，可以将近30天的销售数据综合起来进行对比分析，看看目标商品是短视频带货的效果好，还是直播带货的效果好。

11.3.2 达人数据：了解哪些达人的贡献比较大

查看带货达人的达人数据，可以评估出哪些达人的带货效果比较好。具体来说，在蝉妈妈抖音版平台上搜索商品，进入“基础分析”页面，单击页面导航栏中的“达人分析”按钮，即可在“达人分析”页面的“达人概览”板块中查看销量最高的3位达人及其销量的占比情况，如图11-31所示。

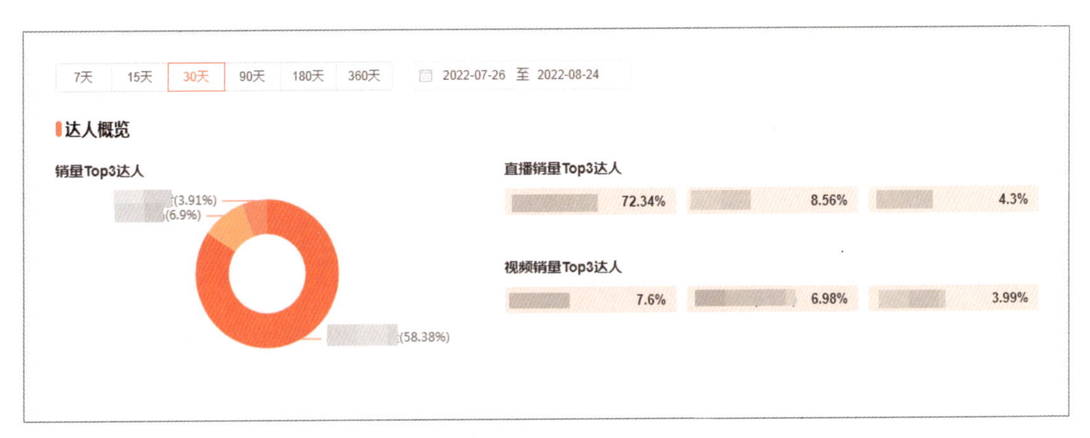

图 11-31　“达人概览”板块

另外，向下滑动页面，可以在“达人列表”板块中查看各带货达人的带货口碑，以及仅目标商品的预估销量（件）、预估销售额、关联视频（数）、关联直播（数）等信息，如图11-32所示。

达人列表　导出数据　请输入达人昵称或抖音号

分类　全部(764)　测评(456)　时尚(152)　生活(63)　家居家装(21)　教育培训(12)　母婴亲子(10)　颜值达人(8)　其他(8)　美食(7)　才艺技能(5)　音乐(4)　剧情搞笑(3)　影视娱乐(3)　随拍(3)　情感(3)　运动健身(1)　科技数码(1)　舞蹈(1)　二次元(1)　旅行(1)　萌宠(1)

粉丝　全部　<1w　1w-10w　10w-100w　100w-500w　500w-1000w　>1000w

口碑　全部(764)　高(242)　中(310)　低(27)　无(185)

筛选　有联系方式

达人	分类	带货口碑	预估销量(件)	预估销售额	关联视频	关联直播
	生活	4.67	1.9w	30.4w	0	41
	生活	4.99	2,200	3.9w	0	30
	生活	4.91	1,247	2.2w	1	8

图 11-32　“达人列表”板块

根据上述数据，特别是“达人列表”板块中的数据，运营者可以对多位达人的带货数据进行对比分析，看看哪些达人的带货效果比较好。有需要的运营者还可以直接与带货效果比较好的达人进行沟通，通过适当提高佣金等方式，让这些带货达人更卖力地宣传推广商品。

11.3.3 直播数据：评估商品的直播销售情况

如果商品主要是通过抖音直播进行销售，运营者可以单独分析商品的直播数据。具体来说，在蝉妈妈抖音版平台上搜索商品，进入“基础分析”页面，单击页面导航栏中的“直播分析”按钮，即可在“直播分析”页面的“直播销量趋势”板块中查看目标商品的预估直播销量、预估直播销售额及直播销量的变化趋势，如图11-33所示。

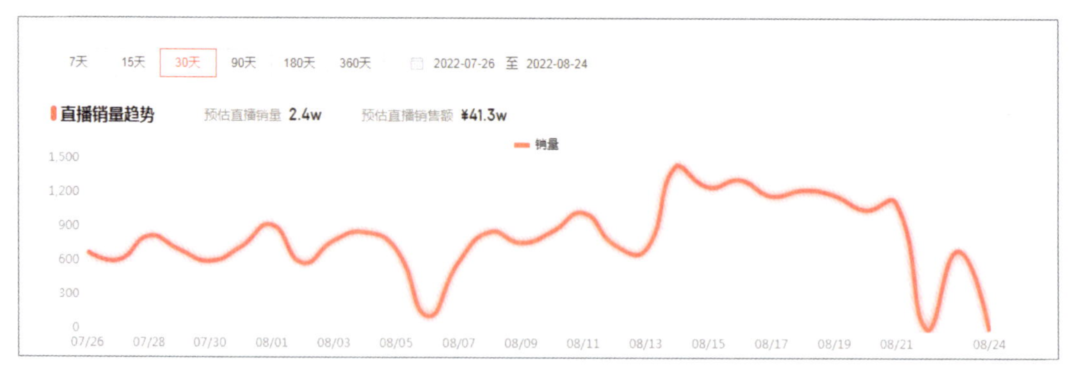

图 11-33 “直播销量趋势”板块

除此之外，向下滑动页面，进入“直播记录”板块，还可以查看与目标商品关联的直播相关数据，例如商品的讲解时长、直播间售价、销量（件）、销售额（元）、点击率、转化率等，如图11-34所示。

直播记录

直播	达人	讲解时长	直播间售价	销量(件)	销售额(元)	点击率	转化率	操作
- 08-24 16:56		-	15.90	0	0.00	0%	0%	直播数据
9.9福利快来快来1 08-24 16:40		-	15.90	30	477.00	0%	19.61%	直播数据
正在直播 08-24 16:09		-	15.90	0	0.00	0%	0%	直播数据

图 11-34 “直播记录”板块

如果运营者想单独了解商品在某场直播中的数据，可以单击图11-34中目标直播对应的“直播数据”按钮。执行操作后，即可在弹出的“商品直播数据”对话框中查看目标直播中该商品的数据详情，如图11-35所示。

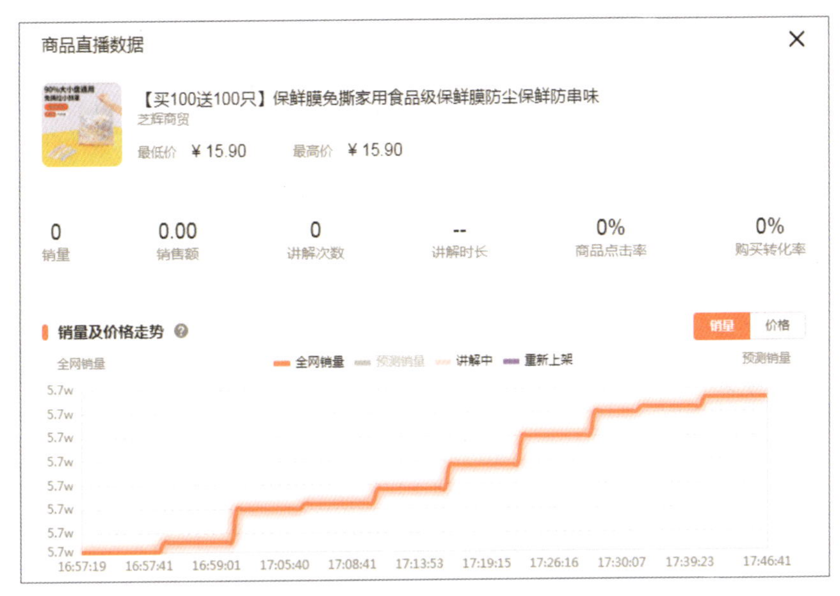

图 11-35 “商品直播数据”对话框

11.3.4 视频数据：评估商品的短视频销售情况

如果商品主要是通过发布短视频进行销售，运营者可以单独分析商品的短视频数据，评估带货效果。具体来说，在蝉妈妈抖音版平台上搜索商品，进入“基础分析”页面，单击页面导航栏中的“视频分析”按钮，即可在“视频分析”页面的“视频销量趋势”板块中查看目标商品的预估视频销量、预估视频销售额及视频销量的变化趋势，如图 11-36 所示。

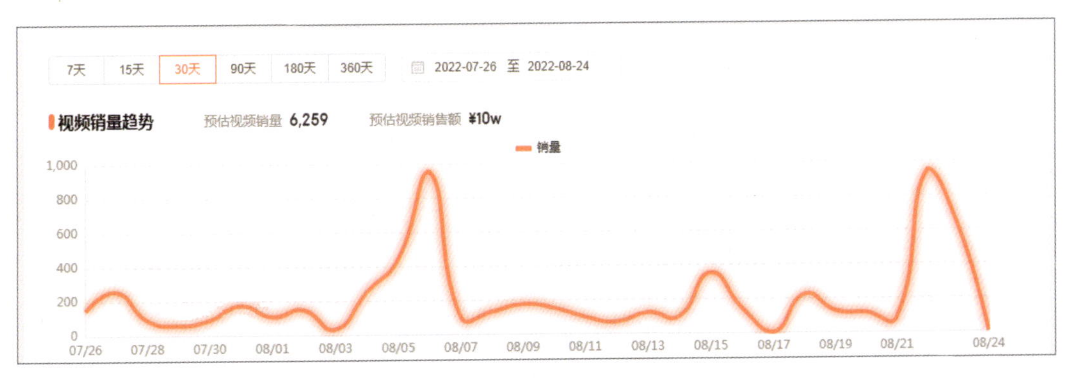

图 11-36 “视频销量趋势”板块

除此之外，向下滑动页面，进入“视频记录”板块，还可以查看各带货短视频的预估销量（件）、预估销售额（元）、点赞（数）、评论（数）、转发（数）等数据，如图 11-37 所示。通过这些数据，运营者可以分析哪类短视频的带货效果更好。

视频记录

视频	达人	发布时间	预估销量(件)	预估销售额(元)	点赞	评论	转发
#一次性保鲜膜套 #好物推荐 #生…	好物分享	08.24 12:14	0	0.00	5	1	0
#好物分享 这个#一次性保鲜膜套是…		08.24 08:06	0	0.00	35	5	0
剩菜剩饭多，免撕的保鲜膜使用方…	好物推荐	08.23 21:48	0	0.00	2	0	1
#一次性保鲜膜套 #食物保鲜 #保鲜…	好物优选	08.23 20:01	0	0.00	1	0	0
#创作灵感 #保鲜膜套 #食物保鲜 #…	好物家居	08.23 19:10	0	0.00	10	8	0

图 11-37 “视频记录”板块

11.3.5 观众数据：了解商品购买者的相关信息

除了可以查看销售相关数据之外，运营者还可以查看商品的观众数据，看看哪些人群对目标商品感兴趣。具体来说，在蝉妈妈抖音版平台上搜索商品，进入“基础分析”页面，单击页面导航栏中的“观众分析”按钮，即可在“观众分析”页面中查看粉丝（观众）的性别分布、地域分布、年龄分布等信息，如图11-38所示。

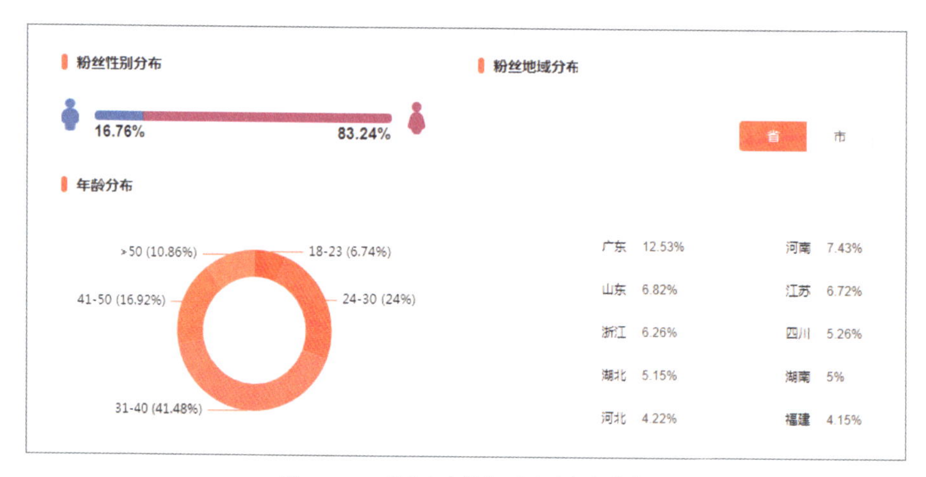

图 11-38 “观众分析”页面的部分内容

根据图11-38中的数据，运营者可以分析购买目标商品的粉丝信息，根据粉丝的特点优化商品详情信息，进一步提高商品转化率。例如，从图11-38中可以看出，购买目标商品的粉丝的年龄大多在31岁至40岁之间，这个年龄段的人有一些相对一致的特点，即上有老下有小，经济压力比较大，希望买到物美价廉的商品。因此，推广该商品时，运营者可以重点展示商品的质量、用处和优惠的价格，强调商品的高性价比。

专家提醒

如果运营者觉得某款未添加在自己的抖音商品橱窗中的商品可能比较受用户欢迎，可以单击目标商品“基础分析”页面右上方的图标，如图 11-39 所示，复制目标商品的链接后在抖音 App 上添加商品的位置粘贴该链接，即可将目标商品添加至自己的抖音商品橱窗中。

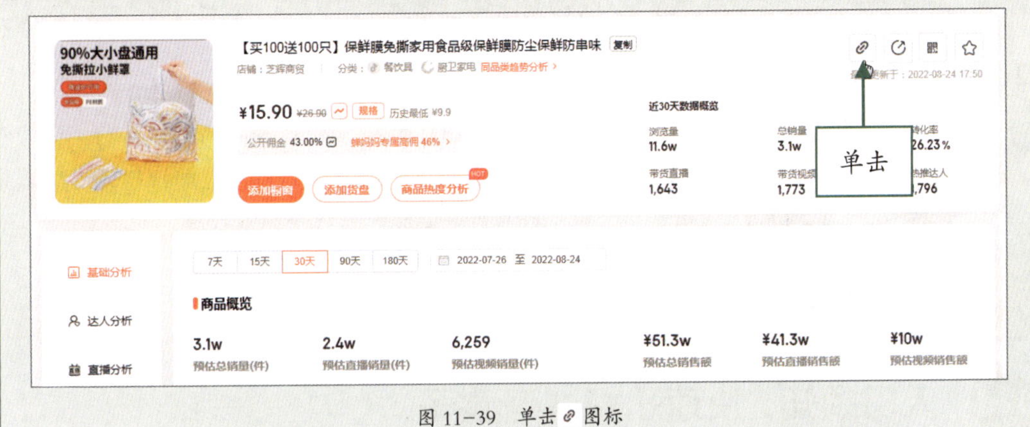

图 11-39 单击图标

第12章

抖音盒子：增加全域兴趣电商的带货渠道

对于希望通过带货获得佣金收益的运营者来说，抖音盒子是推广商品、提升收益的绝佳平台。运营者可以通过在该平台上发布内容，增加带货商品的曝光量，进而有效地提升销量及佣金收益。

12.1 入门须知：快速了解抖音盒子

部分用户可能连“抖音盒子”这个词都没有听说过，更不用说对抖音盒子有什么了解了，但是，对于运营者来说，了解并高效使用抖音盒子是很有必要的，因为运营者可以通过在抖音盒子App上发布带货内容，增加商品的曝光量，进而提升商品销量及佣金收益。这一节，笔者对有关抖音盒子的基础知识进行讲解，帮助大家从零开始快速了解抖音盒子。

12.1.1 快速认知：什么是抖音盒子？

什么是抖音盒子？抖音盒子是字节跳动公司推出的一款独立电商App，其宣传语为“开启潮流生活”。背靠抖音的强大流量，抖音盒子有望成为下一个短视频+直播带货风口。

抖音布局电商之路由来已久，从2018年8月上线抖店（购物车），到2021年年底推出抖音盒子，抖音的“电商梦”默默发展了3年多的时间，如今终于开始步入正轨。抖音盒子的推出，预示着抖音已经开启了一条全新的商业化道路，努力与淘宝、京东、拼多多等传统电商巨头争夺用户、流量与市场。

抖音盒子的定位是“潮流时尚电商平台”，在其应用描述中，软件介绍内容为“围绕风格、时尚、购物，从街头文化到高端时装，从穿搭技巧到彩妆护肤，和千万潮流玩家一起，捕捉全球流行趋势，开启潮流生活”。

在软件介绍内容中，“潮流”“风格”“时尚”等字眼非常显眼，可见其重点用户人群是一线城市、二线城市中的年轻人，这一点与抖音最初的产品定位如出一辙。

由此可见，抖音盒子是一款致力于成为年轻人首选电商App的电商App，值得运营者加以关注。

12.1.2 入驻方法：使用抖音号进行登录

运营者登录抖音盒子App，即可直接入驻抖音盒子平台。如果运营者的抖音号开通了电商功能，还可以使用抖音账号入驻抖音盒子平台，在该平台上发布带货内容。具体来说，运营者可以通过如下操作登录抖音盒子App。

步骤 01 打开抖音盒子App，进入“首页”界面，点击界面下方的“我的”按钮，如图12-1所示。

步骤 02 执行操作后，进入登录界面，❶选中“已阅读并同意‘用户协议’和‘隐私政策’”对应的复选框；❷点击“使用上述抖音账号一键登录”按钮，如图12-2所示。

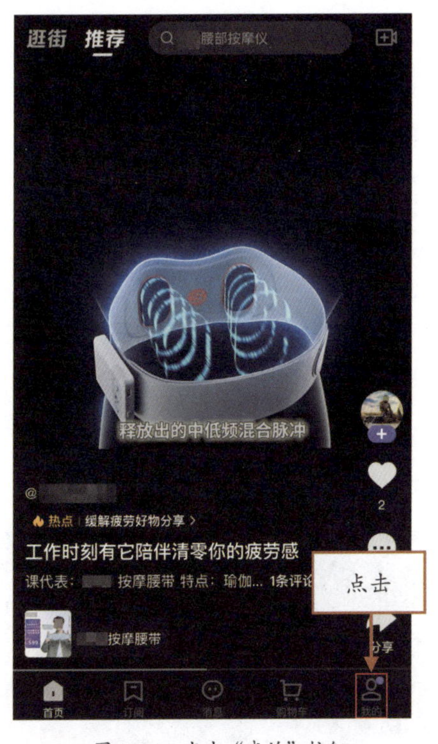

图 12-1 点击“我的”按钮

图 12-2 登录抖音盒子 App

步骤 03 执行操作后，即可使用抖音账号登录抖音盒子App，并自动进入“我的”界面，如图12-3所示。

除了可以使用抖音账号登录抖音盒子App之外，运营者还可以使用其他账号登录抖音盒子App。具体来说，运营者可以点击图12-2中的“登录其他账号”按钮，执行操作后，即可在跳转至的“欢迎登录”界面中使用抖音账号的认证手机号或其他手机号登录抖音盒子App，如图12-4所示。

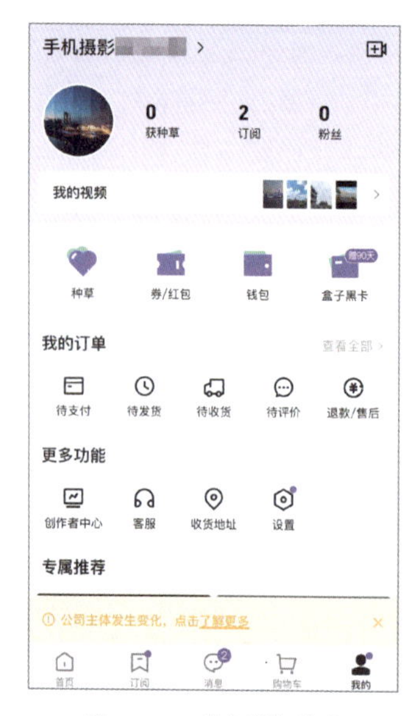

图 12-3 “我的”界面

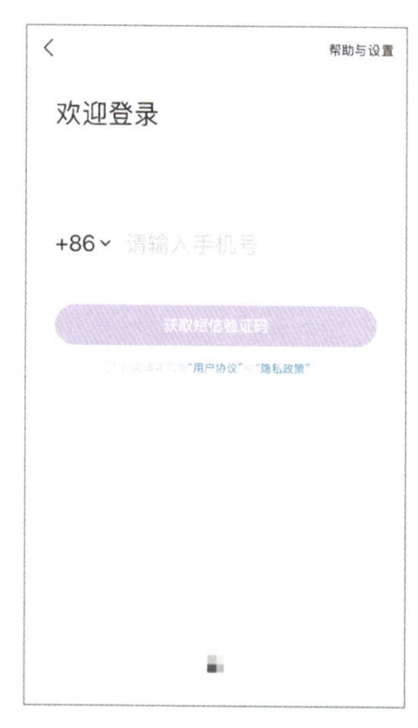

图 12-4 “欢迎登录”界面

12.1.3 了解平台：抖音盒子的界面介绍

抖音盒子App的功能设计与抖音App类似，打开抖音盒子App，即可直接进入“首页—推荐”界面，看到短视频和直播信息流。抖音盒子App主界面中有“首页”“订阅”“消息”“购物车”和“我的”共5个一级入口，其中，“首页”的产品优先级最靠前。下面，笔者对抖音盒子App的基本界面进行介绍，帮助读者快速了解抖音盒子。

1. “首页-推荐”界面

打开抖音盒子App后，出现的第一个界面便是“首页—推荐”界面，该界面采用推送短视频和直播信息流的逛街模式，为用户打造沉浸式购物场景，如图12-5所示。

虽然在抖音盒子App上发布的短视频无法像在抖音App上发布的短视频一样置入“小黄车”，但是抖音盒子App有“搜索视频同款”功能，运营者可以使用该功能进行短视频带货，用户则可以便捷购买短视频中的同款商品。

图 12-5 “首页—推荐”界面

具体来说，如果运营者发布的短视频关联了商品，短视频中即会出现同款商品的宣传图，用户点击宣传图，即可在弹出的窗口中查看对应商品的相关信息。有需要的用户可以将窗口中的商品添加至购物车，或者直接购买商品。

同理，在直播信息流中，用户可以直接点击屏幕进入直播间，直播间中有购物车图标，有需要的用户可以点击该图标选购商品。

2. “首页–逛街”界面

抖音盒子“首页”界面中的另一个重要板块是“逛街”，在“首页—逛街”界面中，可以看到“宝藏直播”“时尚潮服”“爆款排行”“二手高奢”4个类目，如图12-6所示。点击目标类目按钮，即可进入对应的类目详情界面，查看更多相关产品，如图12-7所示。

图 12-6 “首页—逛街”界面

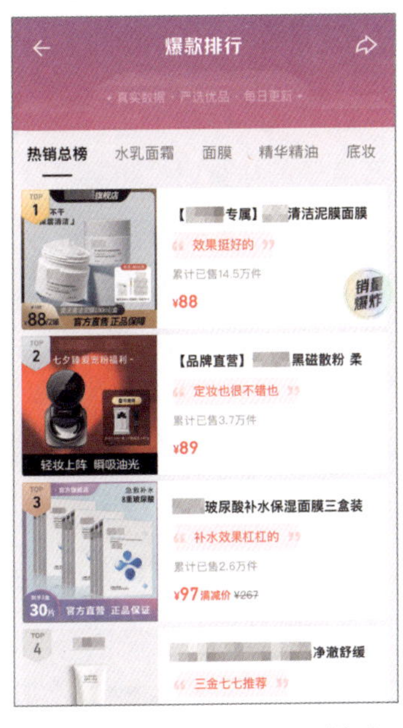

图 12-7 “爆款排行”类目详情界面

用户在“首页—逛街”界面中点击目标商品，进入目标商品的详情界面查看商品信息后，有需要即可下单购买。

3. “订阅”界面

抖音盒子的定位非常明确，即一个针对年轻人的潮流平台，它不仅提供商品，还围绕商品生产大量短视频“种草”内容，增强了社交属性、弱化了交易属性。

用户在抖音盒子App上看到喜欢的抖音盒子账号之后，可以点击账号头像，进入其账号主页，点击账号主页中的“+订阅”按钮，如图12-8所示。执行操作后，会显示“已订阅”，完成对目标账号的订阅，如图12-9所示。

图 12-8　点击“+ 订阅”按钮

图 12-9　显示“已订阅”

订阅账号之后，用户点击“首页”界面中的“订阅”按钮，即可进入“订阅”界面，查看已订阅账号发布的内容。

从抖音盒子的社交属性和交易属性上可以看出，抖音盒子App不同于纯粹的娱乐型短视频App及购物App，主要是通过将转化路径延长，来吸引一批拥有优质原创内容和较高创作积极性的时尚达人，作为平台的首批忠实运营者。因此，运营抖音盒子账号，在内容上用功很重要。

4. “消息”界面

“消息”界面主要用于为运营者展示来自粉丝、商家和官方账号的信息。运营者选择目标聊天选项，即可查看相关信息。例如，选择“创作者小助手”聊天选项，如图12-10所示，即可进入对应界面，查看创作者小助手发送的信息，如图12-11所示。

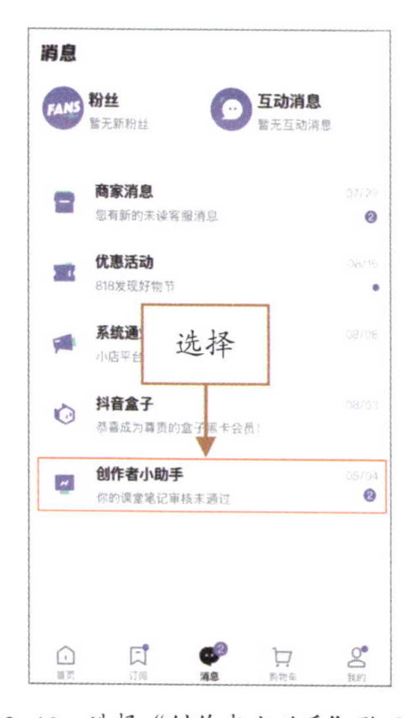

图 12-10　选择“创作者小助手”聊天选项

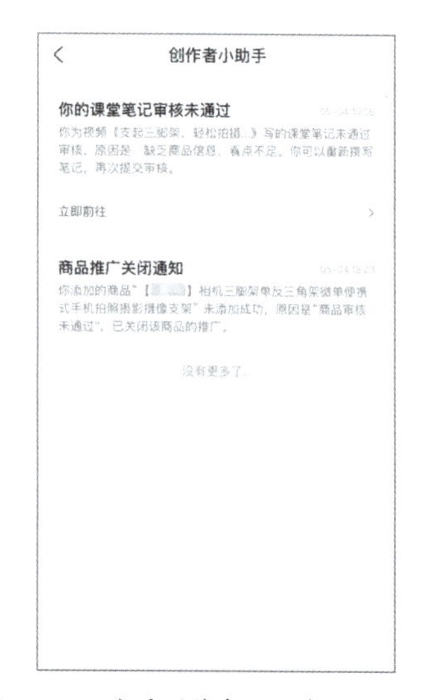

图 12-11　查看创作者小助手发送的信息

5. “购物车”界面

“购物车”界面用于展示已被添加至购物车中的商品（无论是使用抖音App添加的商品，还是使用抖音盒子App添加的商品，都会出现在该界面中），用户可以在该界面中选择需要的商品进行购买。

具体来说，使用抖音盒子App购买商品的具体操作方法如下。

步骤 01 ❶选中目标商品对应的复选框；❷点击“结算”按钮，如图12-12所示。

步骤 02 执行操作后，进入“确认订单”界面。核对界面中的信息后，点击“立即支付”按钮，如图12-13所示，支付对应的金额，即可完成下单。

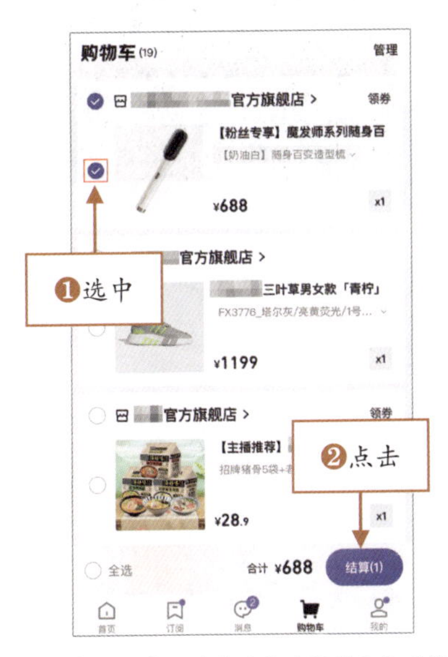

图 12-12　选中目标商品对应的复选框并点击“结算”按钮

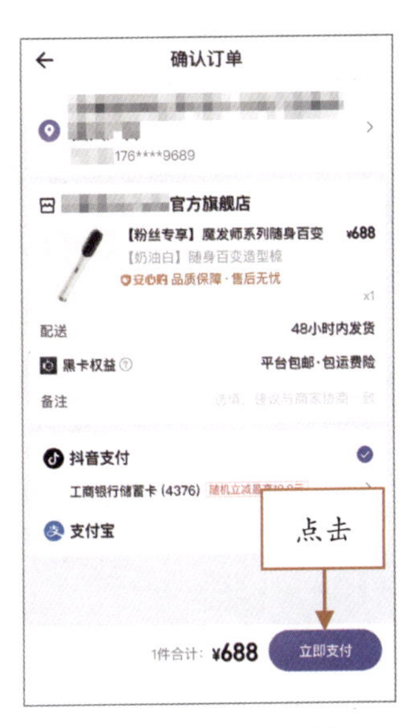

图 12-13　点击“立即支付”按钮

> **专家提醒**
>
> 抖音盒子App的购物车与其他电商App的购物车大同小异，不仅可以存放用户精挑细选的商品，还可以方便地帮助用户将多个商品组合起来购买，同时帮助抖音盒子平台节省物流成本。

6. “我的”界面

在抖音盒子App上，推荐入口的重要性大于搜索入口，因为所有短视频、图文和直播内容都是围绕“卖货”生产的。抖音盒子App的“我的”界面集成了全部电商基础功能，用户可以点击界面中的目标按钮，查看账号的相关信息。例如，点击“我的”界面中的“钱包”按钮，如图12-14所示，即可进入“钱包”界面，查看账号资金信息，如图12-15所示。

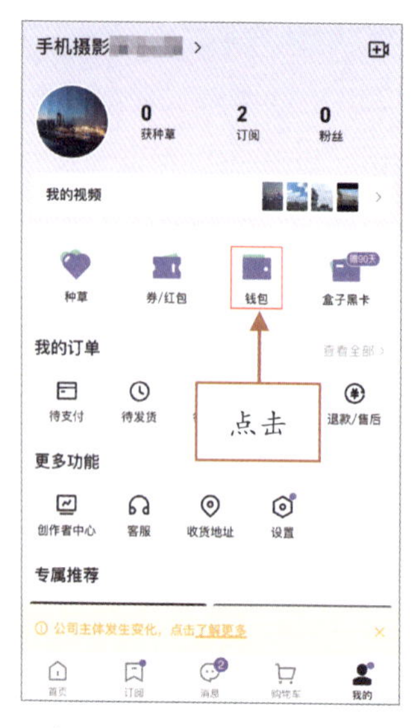

图 12-14　点击“钱包”按钮

图 12-15　“钱包”界面

需要注意的是，抖音盒子平台与抖音平台毕竟是两个不同的平台，部分个人数据并没有打通，例如，粉丝、点赞、评论等信息是被分开的，不过，购物数据、视频内容和直播间是相通的。

12.1.4 入驻原因：为何要入驻抖音盒子？

抖音平台拥有海量流量，只要做好抖音号运营，就可以获得可观的收益。那么，为什么要花费心力运营抖音盒子账号呢？这主要是因为运营抖音盒子账号有以下几个好处。

1. 快速获取更多粉丝

无论是在抖音平台，还是在抖音盒子平台，只要运营者发布的内容有吸引力，用户便会选择订阅账号，成为账号的粉丝。抖音平台和抖音盒子平台的粉丝数据并不互通，因此，抖音盒子平台是另一个获取粉丝的有效渠道。通常来说，获取粉丝的渠道越多，运营者积累粉丝的速度越快，运营抖音盒子账号，有利于快速获取更多粉丝，提高账号的变现能力。

2. 增加商品的曝光量

对于运营者来说，商品的宣传渠道越多，获得的曝光量越多。抖音盒子App是一个独立的App，部分用户可能会使用该App搜索并购买商品，因此，运营者可以通过在抖音盒子App上发布短视频或开直播向用户展示商品，增加商品的曝光量。

例如，运营者可以为商品拍摄专门的短视频，展示商品的外观、功能、优势等信息，并在短视频中添加商品购买链接。这样，运营者将短视频发布到抖音盒子App上后，可以获得抖音盒子App的流量，商品的曝光量将随之增加。

3. 提高抖店商品的销量

除了增加商品的曝光量之外，运营抖音盒子账号还可以提高抖店商品的销量。具体来说，运营者不仅可以通过短视频宣传或直播宣传提高所宣传商品的销量，还可以提高抖店中其他未宣传商品的销量。

通过短视频宣传或直播宣传，可以提高所宣传商品的销量，这一点很好理解，因为部分用户看到宣传信息后，会被吸引，愿意购买商品，商品的销量自然会增加。不过，为什么抖店中未宣传商品的销量也能提高呢？因为绑定了抖店后，账号主页会出现店铺入口，用户可以一键进入抖店浏览、购买商品。所以，有时候，即便运营者没有进行短视频宣传或直播宣传，抖店中的商品销量也会提高。

例如，某账号的主页界面中显示了“店铺”按钮，用户点击该按钮，如图12-16所示，即可进入抖店的“商品”选项卡，查看当前的在售商品。如果用户对某个商品感兴趣，可以点击目标商品的封面或标题，如图12-17所示，进入目标商品的详情界面，如图12-18所示，在该界面中查看或直接下单购买商品。

图 12-16 点击“店铺”按钮

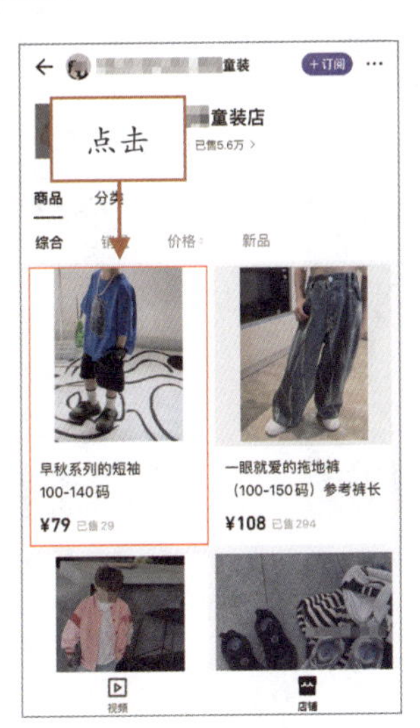

图 12-17 点击商品信息

图 12-18 商品的详情界面

4. 提供更优质的服务

将抖店与抖音盒子账号进行绑定之后，运营者可以使用抖音盒子App为用户提供更优质的服务。例如，运营者可以在商品详情界面中设置客服咨询入口，有需要的用户点击“客服”按钮，即可与客服人员就商品的相关问题进行在线沟通。

12.2 流量获取：快速提高带货效果

在运营抖音盒子账号的过程中，不断获取更多流量是很有必要的，这不仅可以帮助运营者发布的内容和商品吸引更多用户的关注，还可以快速提高带货效果。这一节，笔者对流量获取的相关方法进行介绍，帮助大家提高带货效果，获得更多收益。

12.2.1 口碑引流：将带货好评转化为流量

抖音盒子平台会根据运营者的带货情况对带货账号进行口碑评估，并且将账号的带货口碑分和评级展示在“首页”界面中，因此，带货口碑比较好的运营者会有希望获得更多流量。

如图12-19所示，某个账号的带货口碑分达到了4.99分（总分为5分），很多用户看到这个口碑分后，会忍不住点击查看直播内容，这样一来，运营者便可以借助口碑分获得一定的流量。

图 12-19　借助口碑分获得流量

为了提高带货口碑，运营者需要做好选品、商品讲解、售后服务等工作，让用户享受良好的购物过程，只有这样，才会有更多的用户给出好评。

12.2.2 账号引流：通过信息编辑获得流量

一方面，运营者可以合理地使用自己的抖音盒子账号进行引流，即在自己的抖音盒子账号简介中展示自己的微信号等联系方式，等与用户成为更便于联系的微信好友后，将其拉入社群中，将用户变为自己的私域流量。

另一方面，运营者可以换一个思路，在其他平台上展示抖音盒子账号的相关信息，增加抖音盒子账号的曝光量，让更多用户主动来搜索并关注自己的抖音盒子账号。用户搜索账号时，如果账号正在进行直播，账号头像会带有一个紫色的边框，用户点击账号头像进入直播间，如图12-20所示，直播自然能获得更多流量。

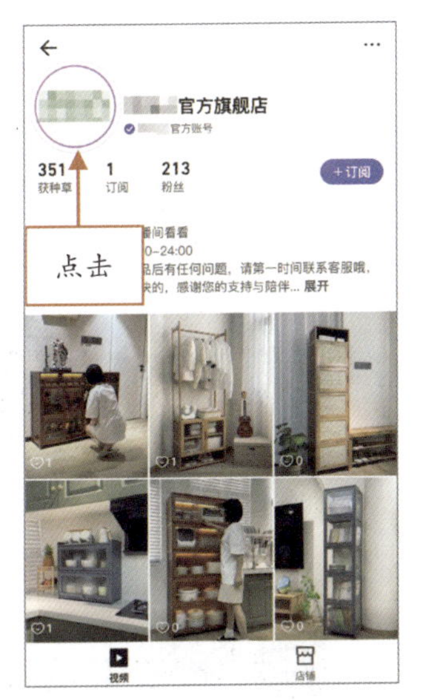

图 12-20 点击账号头像进入直播间

12.2.3 红包引流：增加用户的停留时间

红包引流，即通过发送红包吸引用户的注意力，让用户为了得到红包，在直播间中停留更长时间。具体来说，运营者可以通过如下操作在直播间中发送红包，增加用户的停留时间。

步骤 01 进入抖音盒子App直播界面，点击…图标，如图12-21所示。

步骤 02 执行操作后，弹出“更多”窗口，点击窗口中的“礼物”按钮，如图12-22所示。

图 12-21 点击…图标

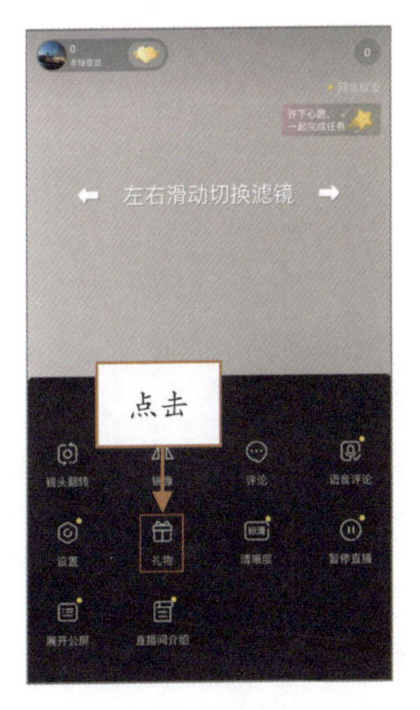

图 12-22 点击“礼物”按钮

步骤 03 执行操作后，弹出“礼物”窗口，选择窗口中的“红包”选项，如图12-23所示。

步骤 04 执行操作后，❶选择红包种类；❷选中合适的红包可领取时间对应的复选框；❸点击“发红包”按钮，如图12-24所示。

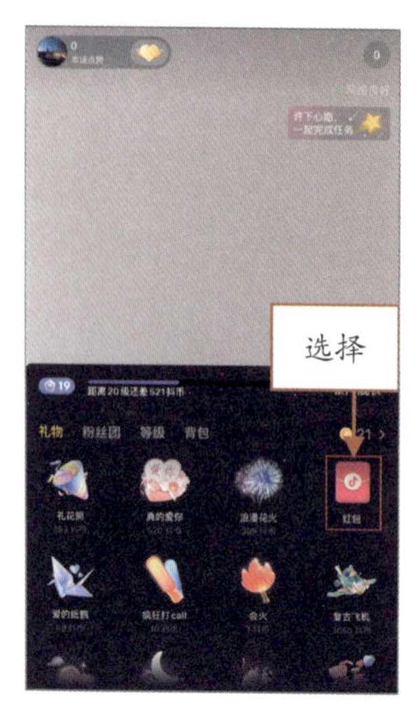

图 12-23　选择“红包”选项

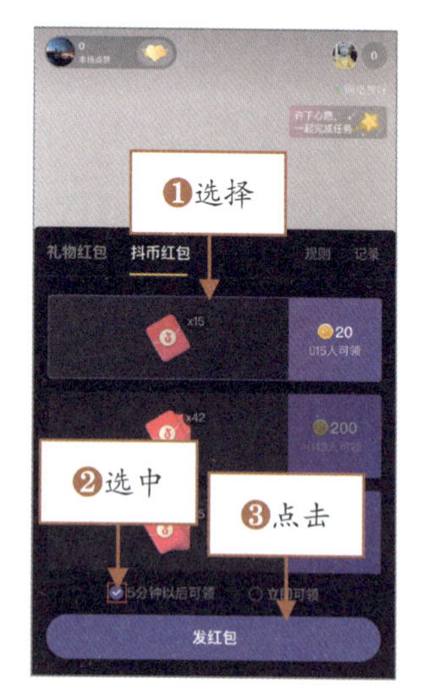

图 12-24　设置红包种类及领取时间并点击“发红包”按钮

步骤 05 执行操作后，直播间中出现图标，并且显示可抢红包的倒计时，证明红包已发送成功。

12.2.4 福袋引流：引导用户分享直播间

福袋中可以放置直播礼物或抖币（抖音平台和抖音盒子平台上的虚拟货币），很多用户看到福袋之后，会积极参与福袋活动，因此，运营者可以通过设置福袋活动的参与方式，引导用户分享直播间，达到引流的目的，福袋引流的具体操作方法如下。

步骤 01 进入抖音盒子App直播界面，点击图标，如图12-25所示。

步骤 02 执行操作后，弹出“互动玩法”窗口，点击窗口中的“福袋”按钮，如图12-26所示。

步骤 03 执行操作后，弹出“抖币福袋”窗口，点击“参与方式”栏的“口令参与”按钮，如图12-27所示。

图 12-25　点击图标

图 12-26　点击“福袋”按钮

步骤 04 执行操作后，❶选择“分享直播间参与”选项；❷点击“确定”按钮，如图12-28所示。

步骤 05 执行操作后，“参与方式”栏中会显示“分享直播间参与”，点击“发起福袋”按钮，如图12-29所示。

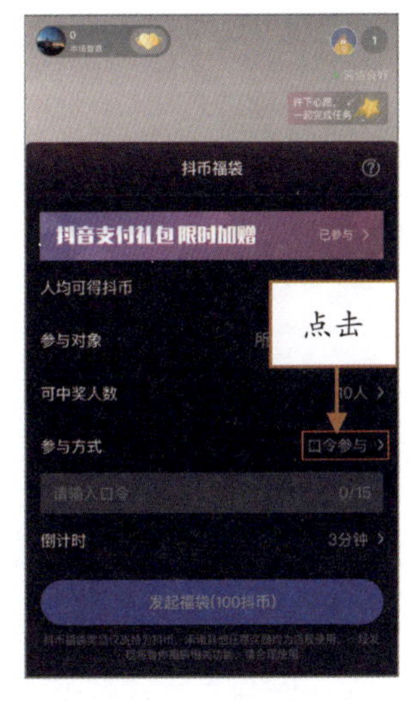

图12-27 点击“口令参与”按钮

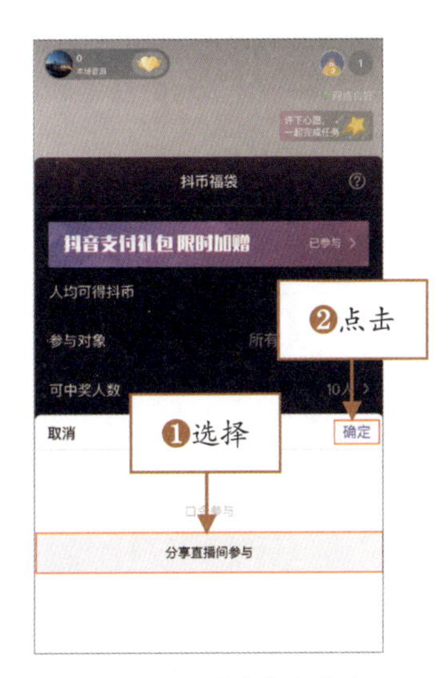

图12-28 设置参与方式并点击“确定”按钮

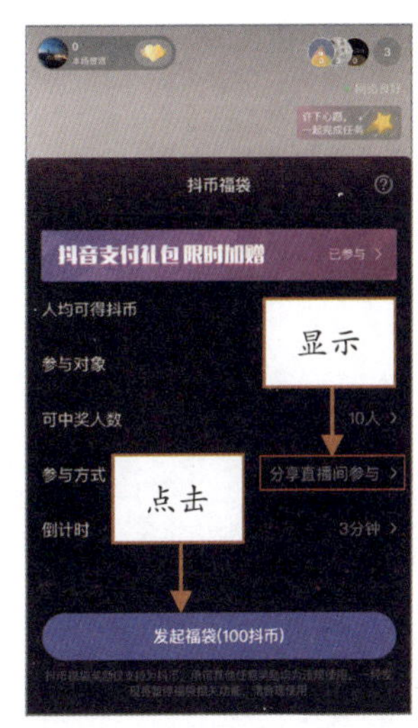

图12-29 点击“发起福袋”按钮

步骤 06 执行操作后，直播间中出现图标，并且显示福袋开奖倒计时，证明福袋已发送成功。

> **专家提醒**
>
> 红包是所有用户都可以抢的，福袋则需要设置参与方式，只有达到条件的用户才有参与资格。因此，相比之下，福袋引流更有针对性。

12.2.5 同步引流：借助抖音平台做营销

运营者可以直接使用抖音账号登录抖音盒子App，通过如下操作开启“抖音作品及电商直播间”功能，将在抖音平台上发布的短视频或开启的直播同步至抖音盒子平台。

步骤 01 进入“我的”界面，点击“设置”按钮后进入“设置”界面，选择“账号与安全”选项，如图12-30所示。

步骤 02 执行操作后，进入“账号与安全”界面，选择“信息管理”选项，如图12-31所示。

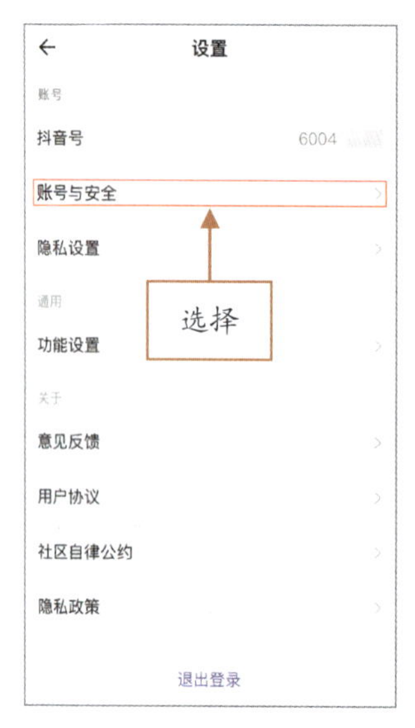

图 12-30 选择“账号与安全”选项

图 12-31 选择“信息管理”选项

步骤 03 执行操作后，进入“信息管理”界面，选择“抖音作品及电商直播间”选项，如图12-32所示。

步骤 04 执行操作后，进入“抖音作品及电商直播间”界面，启用“抖音作品及电商直播间”功能，如图12-33所示，即可将在抖音平台上发布的短视频或开启的直播同步至抖音盒子平台。

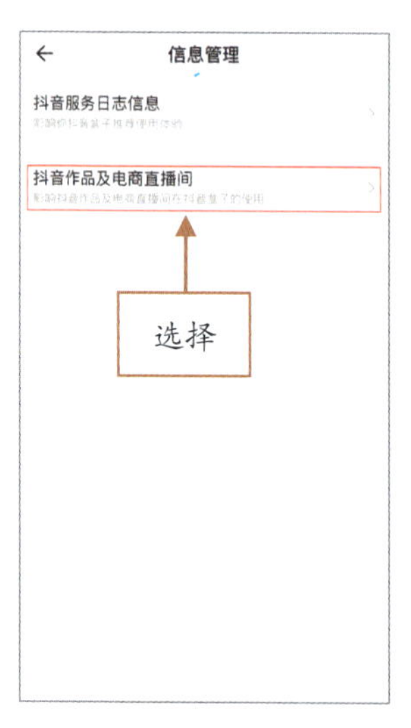

图 12-32 选择“抖音作品及电商直播间”选项

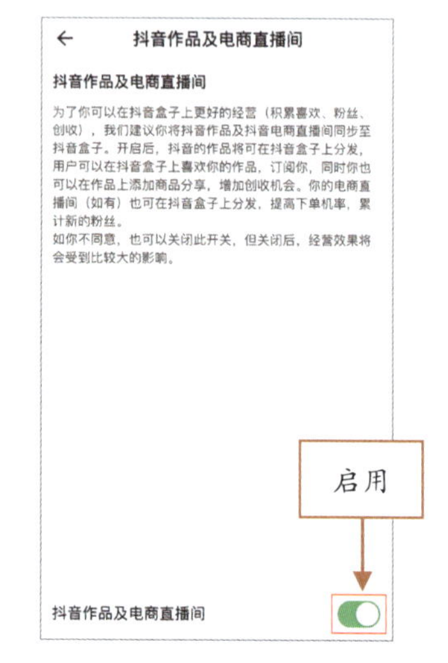

图 12-33 启用“抖音作品及电商直播间”功能

启用“抖音作品及电商直播间”功能之后，运营者在抖音平台上发布短视频或开启直播时，短视频内容与直播内容会同步至抖音盒子平台。如图12-34所示，为抖音App和抖音盒子App上同步的直播画面，相当于开一场直播可以同时获得两个平台的流量，直播的带货效果自然会更好。

图 12-34 抖音 App 和抖音盒子 App 上同步的直播画面

12.3 灵活变现：多种方法获得带货收益

很多运营者之所以愿意花费心力运营抖音盒子账号，主要是因为在运营过程中可以通过多种方法获得收益。这一节，笔者对抖音盒子的常见变现方法进行介绍，帮助大家快速提升账号的运营收益。

12.3.1 视频"种草"：提高商品的曝光量

如今，越来越多的用户习惯于在闲暇时间看短视频，因此，运营者可以通过发布短视频来宣传商品，给用户"种草"，从而增加商品销量。具体来说，运营者可以在抖音盒子平台上发布"种草"短视频，并在"种草"短视频中添加商品的购买链接。这样，在该"种草"短视频的播放界面中，会出现商品的图片链接，用户点击图片链接，即可在弹出的窗口中查看商品详情，有需要的用户可以直接购买商品。

为了增加用户购买相关商品的意愿，运营者需要努力提高"种草"短视频对用户的吸引力。例如，运营者可以在"种草"短视频中重点展示商品的核心功能，或者通过使用发放优惠券、设置秒杀等功能，让用户觉得商品物美价廉。

12.3.2 逛街推荐：直接展示商品信息

抖音盒子App上有一个"逛街"板块，该板块用于展示平台上的各种在售商品，用户点击某款商品的信息，即可进入目标商品的详情界面，查看或购买该商品，如图12-35所示。

图 12-35 通过“逛街”板块进入商品详情界面

对此，运营者可以注册一个抖店，并将商品发布至抖音盒子平台。这样，运营者便可以在“逛街”板块中销售商品，获得收益。

12.3.3 直播销售：获取佣金和礼物收入

表达能力比较强的运营者，可以通过直播销售商品获得带货佣金和礼物收入。与大多数平台不同，抖音盒子平台上，只有已添加到购物车中的商品才能进行直播带货，也就是说，抖音盒子直播都是电商直播。

具体来说，抖音盒子平台上的直播中都有🛒图标，用户点击该图标，即可在弹出的窗口中查看直播间销售的商品，有需要的用户可以直接进行购买。

对于运营者来说，直播带货是提高自身收益的重要途径之一。如果运营者自身的表达能力比较好，可以自己当主播，进行商品讲解；如果运营者自身的表达能力有所欠缺，可以招聘专业的带货主播。

12.3.4 内容搜索：借助关键词精准引流

因为抖音盒子平台上的内容太多了，随机浏览不一定能快速看到自己感兴趣的内容，所以与随机浏览平台推荐的内容相比，很多用户更喜欢通过搜索查找感兴趣的内容。

具体来说，用户可以通过如下操作搜索感兴趣的商品。

步骤 01 点击“首页”界面中的搜索框，如图12-36所示。

步骤 02 执行操作后，进入搜索界面，❶输入关键词；❷点击“搜索”按钮，如图12-37所示。

步骤 03 执行操作后，即可在搜索结果中查看相关商品，如图12-38所示。

图 12-36 点击搜索框

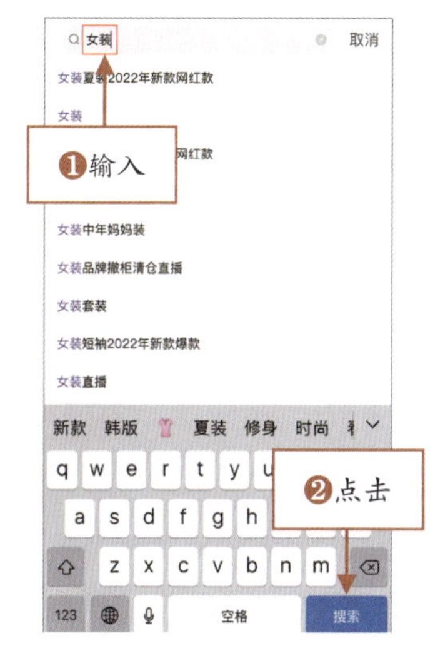

图 12-37 输入关键词并点击“搜索”按钮

图 12-38 查看相关商品

通常来说，商品标题中包含用户的搜索关键词，该商品就更容易被用户看到。因此，运营者最好根据搜索关键词优化商品标题，帮助商品获得更多搜索流量和销量。